金诚同达30周年——创始合伙人寄语

乘风奋楫，笃志超越！——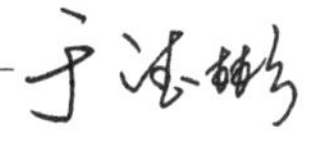

1992年邓小平南方谈话开启了“春天的故事”，那年我们创办律所。30年，须臾之间，我们也将成为律所发展史中的过客。然而，留下的“金诚同达”（JT&N）律所名称、制度、文化，将伴随律所“做久、做强、做大、做出品牌”，直到永远……

——

我一直坚信，人有双手，可取亦可予。从孤独前行到浩浩荡荡，从筚路蓝缕到广大海内，30载朝乾夕惕，半甲子参赞化育，成就了今天的金诚同达。我们在这里奋斗、奉献，也在这里收获、成长。愿以我们这30年的梯山航海，化作一代代金诚同达人英特迈往的灯火航标。最后我想对金诚同达说：浮世三千，吾爱有三，日月与卿，日为朝，月为暮，卿为朝朝暮暮……

——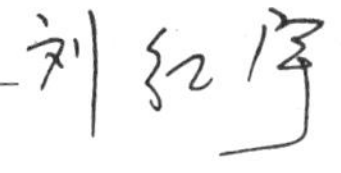

祝贺文集出版！感谢改革开放，给了法律人凭心做事、实现自我并且服务社会的机会。30年，很开心与各位金诚同达人相伴同行。祝福金诚同达！

——

祝贺金诚同达30年！百尺竿头更进一步！——

11位创始合伙人30年不离不弃的坚守，铸就了金诚同达今日的辉煌，也成就了律师业界一段传奇佳话。感恩30年风雨同舟的同仁，感恩改革开放的伟大时代，感恩30年一路同行、共同成长的“衣食父母”！祝愿金诚同达明天会更好！

——

30年前，11位创始合伙人中的大部分人是大学老师；在邓小平南方谈话精神的鼓舞下，大家认为法律的更大价值在于实施，中国未来不缺大学教授，缺的是优秀律师，从而投身于律师行业。30年来，身为法律人，我们一只手擎着客户的信任委托，为维护客户权益和增进客户利益殚精竭虑，另一只手托着宪法法律，为法治中国建设不遗余力。未来日子里，希望金诚同达人仍然保持谦逊谨慎、不骄不躁的优良传统，尊崇“进取、合作、诚信、包容、创新”的核心价值观，永远有担当，永远去争先，永远都靠谱！

——

30年前，我们顺应时代召唤，放弃“铁饭碗”投身律师行业，以钻木取火之心寻安身立命之处。30年弹指一挥间，得益于众同仁拾柴添薪，得益于志同道合，当年的星星之火已呈燎原之势。希冀30年后，金诚同达能成为更多法律人愿意“以身相许”，共同砥砺前行的一座永不熄灭的灯塔。

——

30年恍如瞬间，但它是我们最好的青春创业的30年。有赖于不离不弃的11位创始合伙人和诸位同仁戮力工作，金诚同达持续发展壮大；看到年轻同仁的专业著述、重大案例不断涌现，倍感欣慰。祝愿金诚同达行稳致远！

——

三十年过往，如歌，未忘……

卅年后启程，既往，奋扬！

——梁明

JT&N is not only 30 years old, we are also 30 years stronger, better!

We will be even better and stronger in the next 30 years! ——Lan Lan

JT&N 金诚同达

金诚同达30周年文集

最高人民法院民商事再审改判经典案例评析

方燕、王新军律师团队◎著

ANALYSIS AND COMMENTS ON THE SUPREME PEOPLE'S COURT CIVIL AND COMMERCIAL RETRIAL CASES

法律出版社 LAW PRESS · CHINA | 北京

图书在版编目(CIP)数据

最高人民法院民商事再审改判经典案例评析 / 方燕、王新军律师团队著. -- 北京:法律出版社,2023
ISBN 978-7-5197-8103-3

Ⅰ.①最… Ⅱ.①方… Ⅲ.①民事诉讼-再审-案例-中国 Ⅳ.①D925.118.205

中国国家版本馆 CIP 数据核字(2023)第 137418 号

最高人民法院民商事再审改判经典案例评析
ZUIGAO RENMIN FAYUAN MINSHANGSHI ZAISHEN GAIPAN JINGDIAN ANLI PINGXI

方燕、王新军律师团队 著

策划编辑 周 洁 林 蕊
责任编辑 周 洁 林 蕊
装帧设计 李 瞻

出版发行 法律出版社
编辑统筹 司法实务出版分社
责任校对 王 丰 王语童
责任印制 胡晓雅
经　　销 新华书店

开本 710 毫米×1000 毫米 1/16
印张 21.5 **字数** 311 千
版本 2023 年 10 月第 1 版
印次 2023 年 10 月第 1 次印刷
印刷 固安华明印业有限公司

地址:北京市丰台区莲花池西里 7 号(100073)
网址:www.lawpress.com.cn
投稿邮箱:info@lawpress.com.cn
举报盗版邮箱:jbwq@lawpress.com.cn
销售电话:010-83938349
客服电话:010-83938350
咨询电话:010-63939796

书号:ISBN 978-7-5197-8103-3
定价:88.00 元

凡购买本社图书,如有印装错误,我社负责退换。电话:010-83938349

作 者

方　燕　王新军　郑　妍　张艳利　张汇子　陈思伟

主要作者简介

方燕，北京金诚同达律师事务所高级合伙人，北京金诚同达（西安）律师事务所主任。担任第十三、十四届全国人大代表，最高人民法院特约监督员，最高人民检察院特约监督员，全国人大常委会副委员长直接联系代表，中华全国律师协会理事会理事，中华全国律师协会老年人权益保障专业委员会主任、婚姻家庭法专业委员会副主任，中华全国妇女联合会权益部兼职副部长，陕西省妇女联合会兼职副主席，陕西省律师协会监事长、党委委员，中央电视台《法律讲堂》主讲人，中国人民大学律师学院实务导师，中国人民大学商学院特聘专家等职务。

王新军，北京金诚同达律师事务所高级合伙人，自2002年开始律师执业至今，办理过二十余件最高人民法院再审、二审等案件，在诉讼与仲裁、证券与资本市场、并购与重组、房地产与基础设施建设等领域具有丰富的实务经验。

1992-2022
JT&N 30th ANNIVERSARY

制度为舟，文化扬帆

——30周年文集代序

2022年，金诚同达成立30周年！

金诚同达过往30年的发展可分三个阶段来概括：第一个10年谋生存，第二个10年求发展，第三个10年上台阶。这三个阶段也是中国社会经济发展脉络的真实写照。1992年，邓小平南方谈话，迎着改革大潮，金诚同达正式创立。进入21世纪，中国加入世界贸易组织，成功举办奥运会，社会经济进入高速发展期，包括金诚同达在内的诸多中国律所也进入快速发展轨道，在和世界的接触与碰撞中，不断突破自我。进入第三个10年，我国继续强化国内法治与涉外法治建设，中国律师行业亦加速变革以适应社会变化带来的机遇和挑战。在这10年间，金诚同达脚步坚实，锐意进取，不仅迈入千人大所行列，也不断夯实律所制度与文化建设，取得越来越多的成绩。

在这30年里，未曾改变的是，金诚同达一直在坚持不懈地修炼内功，其中最关键的有两件事情——一是建设完善我们的制度，二是总结弘扬我们的文化。

金诚同达的制度体系有“四梁八柱”，涵盖了合伙人会议以及管理机构批准通过的100多项规章制度。我们在制度建设和完善的过程中，始终把制度执行放在一个非常重要的位置，也就是一切以制度为准绳，没有人和事可以超越制度。

制度是硬件，文化是软件，两者相辅相成，主要调整和丰富三方面的关系：一是合伙人之间的关系；二是合伙人和律师、职能人员的关系；三是律所和社会的关系。

金诚同达最值得骄傲的事情之一，就是建所30周年了，11名创始合伙人都还在所里，没有一人离开。据我了解，这在有30年历史的综合性中国律所中，可能是唯一的一例。“人和”是合伙文化的基础，深深根植在我们的基因里。“人和”的文化也是靠制度保障的，我们有一套合理的退休制度，其中3名创始合伙人已经在事务所正式退休了。

我们在2019年做管理体制改革时，制度上明确了合伙人参与事务所管理和决策的权力主要通过合伙人会议行使，在律所日常运营中，合伙人也是律所的全职员工，要服从律所的管理，所以合伙人个体与员工个体之间不是老板和雇员的关系，合伙人、律师和职能人员，都是律所的平等一员。基于这个理念，我们倡导并特别注重建设律所平等的工作氛围，并有计划地促进员工之间的互动交流。比如，我们打造一个品牌活动——“文化周”，新冠肺炎疫情暴发前已经举办了两届。在“文化周”期间，我们会密集组织全国同仁进行专业探讨，也会举办多场文体和公益活动，得到了很多员工以及家属的热烈欢迎。我们的培训活动也是全方位、多层次的，针对初、中、高不同年级的律师，有“金石计划”“金鹰计划”“金牌律师计划”，此外还有专门针对合伙人和职能部门的培训。金诚同达研究院在近5年时间里，举办了200多场培训，还有很多线上课程。更重要的是，我们的培训会从拓展活动开始，然后再进行专业领域的互动交流，大家都非常喜欢。

作为一家在社会颇有影响力的品牌律所，我们也很注重加强律所和社会的互动交流，这也是我们文化建设的重要组成部分。比如，我们和上海辅读学校进行结对共建后，律所宣传画用了很多辅读学校孩子们的画。我们还把他们的画在律所相关活动中进行义卖，使孩子们能够感受到自己作品的价值。今年我们还和中国非物质文化遗产保护协会、敦煌研究院签署了公益法律服务合作协议，作为我们30周年庆祝活动的重要组成部分，所以今年律所的宣传画、节日海报等均以非遗文化作品作为背景进行创作。金诚同达参与的其他公益活动还有许多，我们希望金诚同达发展到30周年之际，除了在律所内部继续完善制度、弘扬文化之外，还能够更多地与社会形成互动，更多地展现一家30年律师事务所的社会责任和担当。

物有甘苦，尝之者识；道有夷险，履之者知。当前全球化与逆全球化激烈交锋、国际局势变幻莫测，中国正面临百年未有之大变局。“坚持统筹推进国内法治和涉外法治”是习近平法治思想“十一个坚持”的重要组成部分。中国在向世界展示深化改革开放、积极参与全球多边经贸治理、构建更高水平的制度型开放体系的信心和决心，中国律师行业也正加速改革以适应变化带来的机遇和挑战，沿着专业化、品牌化、规模化、国际化的方向快速推进。

历史长河中，30年转瞬即逝，生命岁月的30年也是骐骥过隙，但对于一家全国领先的综合性律所而言，三十而立，风华正茂，在磨砺中闪耀，在奋斗中升华。

金诚同达将继续遵循“进取、合作、诚信、包容、创新”的核心价值观，加快业务布局、加大人才引进，为持续高质量发展积聚能量，力求“做久、做强、做大、做出品牌”。

金诚同达也将继续坚持“行稳致远”的发展理念，以制度为舟，文化扬帆，乘风奋楫，笃志超越！

金诚同达律师事务所主任

二〇二二年八月十五日

金诚同达30周年文集序言

一元复始，万象更新，凡是过往，皆为序章。

守望三十载，诗文会今朝
玉筵鸿鹄至，仙音凤凰调
乘风蹈墨海，奋楫动文潮
长歌九万里，月引和青霄

2022年，金诚同达成立30周年。历史长河的30年转瞬即逝，生命岁月的30年也是骐骥过隙。金诚同达，三十而立，经历了中国合伙制律师事务所求生存、谋发展、上台阶的整个历程，从蹒跚学步到意气风发，凝聚着一代人的奋斗与担当。在过去的30年里，金诚同达铸就了自己的文化和底蕴；在未来，文化和底蕴将滋养和成就金诚同达。

金诚同达律师素来重视专业研究和业务探讨，不少律师出版过专著、案例集、文集。为了三十周年所庆，所内专门征集了一批近期完成的新作，统一出版，作为律所知识管理的重头戏——金诚同达30周年文集。

金诚同达在业内有一个故事：创所初期的11位创始合伙人，自1992年至今没有一位离开，其中除了3位已经从所内退休，其他8位还在业务一线。这样一代一代的言传身教，潜移默化地吸引、影响金诚同达人。"进取、合作、诚信、包容、创新"的核心价值观，在金诚同达的文化和制度的相互支持与促进中，得到坚守、传承。

“争做法律服务行业的领航者。”这是金诚同达人的使命。在“守信金诚，励志同达”理念的坚持下，金诚同达必定会在法律服务市场上不断突破创新、稳健向前。

30周年，是金诚同达的全新开始。

金诚同达三十周年筹备委员会

2022年7月6日

序　一

习近平总书记指出，“努力让人民群众在每一个司法案件中感受到公平正义”。要做到公平正义，使人民群众相信司法，一个基本的标准是“同案同判”“类似问题类似解决”。

今天中国特色社会主义法律体系已经形成，但国家专门立法机关制定的法律，也就是成文的法律的齐备，并不意味着这些法律可以包打天下。事实上，任何法律都不能自动适用，况且制定法的法律条文具有较大程度的抽象性，法官对它的理解也不可能完全一致。为统一法律适用，规范法官裁量权行使，我国最高人民法院早在2005年出台的《人民法院第二个五年改革纲要(2004—2008)》中就正式提出要“建立和完善案例指导制度”。2008年12月出台的中央政法委员会《关于深化司法体制和工作机制改革若干问题的意见》将案例指导制度作为国家司法改革的一项重要内容。2010年11月26日，最高人民法院颁布《关于案例指导工作的规定》，其中第7条规定，“最高人民法院发布的指导性案例，各级人民法院审判类似案例时应当参照”，这项要求标志着中国特色案例指导制度的正式确立。2020年，最高人民法院又颁布了《关于统一法律适用加强类案检索的指导意见（试行)》，继续强调同案同判的重要性。至此，我国案例指导、类案检索制度发展逐步完善，最高人民法院的指导案例、公报案例、各高院的参考案例、上级法院和本法院的生效案例等都成为“同案同判”工作的重要一环，在法治统一建设中发挥不可代替的作用。

在这种情况下，我们就可以看到，人民法院尤其是最高人民法院产生的案例，就不仅成为我们观察当代中国司法的“绝佳窗口”，而且也成为我们学习研究预判案件裁判结果的前车之鉴。因为最高人民法院的案例不仅从反映社会生活尤其是市场经济发展方面的角度看其内涵是十分丰富的，而且，因为最高人民法院作为我国最高审判机关，汇聚各审判业务领域的专家和权威，他们具有精深的法律素养和丰富的裁判经验，代表我国司法审判的最高水准，因此从这里产生的案例就更具有裁判指导的价值。也正因如此，展现在大家面前的这本书就具有了很好的研究价值。因为，这本书从最高人民法院制作的案例中进一步进行了择选，主要选择了由最高人民法院作出再审而产生的民商事案例来进行研究，其主要的工作是进一步地理解我国最高审判机关对法律条款内涵的把握、立法价值的取舍和法律背后的权益衡量。这些研究，相信能够让我们进一步掌握“活的”法律，能够从最高人民法院的裁判中获得案件分析和裁判方面的丰富启迪。

本书的作者之一方燕律师作为杰出律师当选第十三届、第十四届全国人民代表大会代表，另一位作者王新军律师从事法律执业二十余年。他们都曾经代理过不少最高人民法院和高级人民法院的再审案件，他们不仅是扎实有功力的法律实务专家，也曾经参与国家的立法修法活动。因此，他们的研究思路和成果无疑能够给人更多的教益。

受作者所托为本书作序，是本人的一份荣誉，也给了本人一个先睹为快的机会。因为阅读获得不少启发，故在此将本书衷心推荐给各位读者，希望大家都能够从中获得教益。是以为序。

第十四届全国人大常委会委员，全国人大宪法和法律委员会委员
中国社会科学院学部委员，国家一级文科教授
孙宪忠
2023 年 7 月 12 日

序　二

30多年前，我的法律人生自中国人民大学起航。时至今日，我已作为一名律师执业近30年，累计代理了大量诉讼案件，从最基层的地方法院到区院、市院、省院直至最高院，我在守护委托人合法权益的路上不断奔走。在这期间，我也遇到过一些“无法可依”的疑难案件，限于条件，我与团队开始悉心钻研，逐步形成了分析研究类案的工作方式。

随着我国社会的发展，商业交易呈现多样性和复杂性的特点，疑难复杂案件、新类型案件逐渐增多，但传统成文法存在相对滞后性，一些新型案件可能被遗漏在成文法的调整范围之外，因此，在代理诉讼案件的过程中，律师经常需要寻找类似案件对相似性进行分析判断，了解类似案件的处理方式及结论。2010年11月26日，最高人民法院发布了《关于案例指导工作的规定》，其中第7条明确规定，“最高人民法院发布的指导性案例，各级人民法院审判类似案件时应当参照”，以此正式确立了中国特色的案例指导制度，有效弥补了成文法的不足。

最高人民法院作为我国最高审判机关，其法官不仅具有扎实的民商法理论功底，也具备丰富的审判实践经验，对于相关法律问题具有专业且深入的研究和思考。以最高人民法院的案例作为类案参考无疑是大多数律师的最优先选择，尤其是再审改判案例，更加能够体现出最高人民法院法官对于法律问题、各方权益独到且精准的把握。

因此，本书聚焦最高人民法院再审改判案例的分析研究，通过精简的案件基本情况，结合一审、二审判决对案件焦点问题的认定，从学理、法律解释方法、法律适用方法等多种维度分析再审法院裁判观点的法理基础、法律依据及价值权衡，并给读者提出相应的风险防控建议或纠纷解决思路。其中，关于最高人民法院再审改判案例的分析研究结合了我们团队多年的切身体验与实战心得，凝聚了我们团队对再审改判案例潜心钻研的心血，希望能为各位读者提供些许指导和启发。当然，对于再审改判案例的分析研究仅为我们团队的观点和意见，欢迎广大读者或实务工作者围绕相关法律问题与我们进行研究、探讨，期待不吝赐教。

方燕

2023 年 7 月 13 日

序　三

20 多年前，我作为公司法律事务处的工作人员，参与一宗合同纠纷诉讼案件，面对案件中存在合同双方混合过错的违约问题，不得不请教一位有经验的前辈，他告诉我对案件事实要会“剥”，对法律关系要会“榨”，再追问，答曰：案件会涉及方方面面的复杂情况，但有些案件事实和法律关系是无关紧要的，需要一次次地“榨”、一次次地“剥”，最后留下的就是实质的法律问题，再集中进行分析，最终做到能用两三句话将案件关键的法律问题概括出来。我当时似懂非懂。现在回头看，当初令人困扰的问题，在多年诉讼的跌打滚爬中不知不觉得到了解决，但是对于当时尚不会对案件事实和法律关系化繁为简、去伪存真的茫然状态，仍然记忆犹新。

我们的法眼观判，正是体现了通过“剥”和“榨”的方法，实现对最高法院再审裁判意见的提炼，在精简概括案件事实的基础上，在准确总结三级法院裁判文书核心观点的基础上，对再审案件改判思路进行比较性分析，从而实现准确解读最高法院再审改判案件的审理裁判标准。

我们的法眼观判，题目本身就是体现再审改判依据的最新裁判意见，如同出台新的司法解释条款，字斟句酌；“案情摘要”是对三级法院文书的查明事实部分，有目的地去除大量的枝节事实后，确保案件核心事实一目了然；“原审观点”和“改判要旨”，则是对三级法院文书中的“本院认为”部分，进行法律关系和法律适用的高度提炼，最后归纳核心法律要点，力求准确；最重要的“观判解判”，是对一审、二审和再审的裁判意见，进行独立的学理解释和剖析，力求一针见血地揭示原审判决的错误基础，同时也对最高法院个别再审改判在说理上的不足进行了探讨性研究等。

我们参与写作法眼观判的律师团队，迄今已经办理过 30 余件最高法院的二审和再审案件，具有较为丰富的最高法院诉讼经验，对最高法院的裁判思路具有较为准确和深刻的理解，希望通过法眼观判的各篇文章，能够为专业法律人士在提升阅读最高法院判例的方面提供有益的帮助，相信通过阅读法眼观判的解读案件的思路，在积累诉讼经验方面取得事半功倍的效果。

王新军

2023 年 7 月 13 日

目 录

·一、公司篇·

·二、物权篇·

·三、合同篇·

·四、知识产权篇·

·五、诉讼程序篇·

一、公司篇

具备监督股东履行出资义务便利条件的公司董事不履行催缴出资勤勉义务的，应对公司股东欠缴出资承担赔偿责任

◇ 方燕　王新军

案例索引

最高人民法院（2018）最高法民再366号

案情摘要

原告深圳斯曼特公司系外国法人独资的有限责任公司，股东是开曼斯曼特公司。深圳斯曼特公司章程规定，股东认缴注册资本额为1600万美元，公司成立后90天内股东应缴付出资300万美元，第一次出资后一年内应缴付出资1300万美元；董事会是公司最高权力机关，拥有法律赋予的最终决定权，并承担对公司决定有关经营管理和事务之总体政策的责任。开曼斯曼特公司欠缴出资5,000,020美元。根据另案裁判文书，开曼斯曼特公司在5,000,020美元范围内对深圳斯曼特公司某债权人承担清偿责任，经强制执行仍欠缴出资4,912,376.06美元，开曼斯曼特公司没有其他可供执行的财产，法院已经裁定终结该次执行程序。

原告深圳斯曼特公司起诉主张，胡某某等6名董事未尽到监督并促使开曼斯曼特公司按深圳斯曼特公司章程规定缴纳认缴出资的义务，因此造成了深圳斯曼特公司和债权人的经济损失，应对深圳斯曼特公司的损失承担相应的法律责任。起诉请求：胡某某等6名董事对开曼斯曼特公司欠缴出资所造

成深圳斯曼特公司的损失承担连带赔偿责任，赔偿责任范围为开曼斯曼特公司欠缴的注册资本 4,912,376.06 美元。

原审观点

本案一审判决认为，胡某某等 6 名董事消极未履行追缴股东欠缴出资的勤勉义务，与股东欠缴出资之间并不存在必然联系。在董事消极未履行某种勤勉义务，且该等消极未履行与公司所受损失并无直接因果关系的情况下，董事不应当受到追责。一审法院判决：驳回深圳斯曼特公司的诉讼请求。

本案二审判决认为，开曼斯曼特公司未按公司章程规定按时足额履行出资义务，深圳斯曼特公司有权请求股东依法全面履行出资义务。出资义务是股东的基本义务，但非公司董事的法定义务。在股东未全面履行出资义务时，董事或因协助股东抽逃出资、或因负有监督职责而未履行、或因对增资未尽忠实勤勉义务等情形而承担相应责任，但不应将股东未全面履行出资义务的责任一概归因于公司董事。如果董事仅仅是怠于向未全面履行出资义务的股东催缴出资，以消极不作为的方式未尽忠实勤勉义务，而该不作为与公司所受损失之间没有直接因果关系，那么要求董事对股东未履行全面出资义务承担责任，则缺乏事实和法律依据。开曼斯曼特公司未全面履行出资义务，深圳斯曼特公司可依法向其主张权利。6 名董事在不同时期分别担任深圳斯曼特公司股东中方董事，在公司章程没有明确规定其负有监督股东履行出资义务、没有证据显示其消极未向股东催缴出资与公司所受损失存在因果关系的情况下，深圳斯曼特公司请求上述 6 名中方董事对股东欠缴的出资承担连带赔偿责任，不予支持。二审法院判决：维持原判。

再审焦点

本案再审审理的争议焦点为：胡某某等 6 名深圳斯曼特公司董事是否应对开曼斯曼特公司所欠出资承担连带赔偿责任。

再审改判

最高人民法院再审认为，根据《公司法》第147条第1款的规定，董事、监事、高级管理人员应当遵守法律、行政法规和公司章程，对公司负有忠实义务和勤勉义务。上述规定并没有列举董事勤勉义务的具体情形，但是董事负有向未履行或未全面履行出资义务的股东催缴出资的义务，这是由董事的职能定位和公司资本的重要作用决定的。根据董事会的职能定位，董事会负责公司业务经营和事务管理，董事会由董事组成，董事是公司的业务执行者和事务管理者。股东全面履行出资是公司正常经营的基础，董事监督股东履行出资是保障公司正常经营的需要。参照《最高人民法院关于适用〈中华人民共和国公司法〉若干问题的规定（三）》第13条第4款“股东在公司增资时未履行或者未全面履行出资义务，依照本条第一款或者第二款提起诉讼的原告，请求未尽公司法第一百四十七条第一款规定的义务而使出资未缴足的董事、高级管理人员承担相应责任的，人民法院应予支持；董事、高级管理人员承担责任后，可以向被告股东追偿”的规定，在公司注册资本认缴制下，公司设立时认缴出资的股东负有的出资义务与公司增资时是相同的，董事、高级管理人员负有的督促股东出资的义务也不应有所差别。

深圳斯曼特公司是外商独资企业，实行注册资本认缴制。在公司注册资本认缴制下，股东未履行或未全面履行出资义务，董事、高级管理人员负有向股东催缴出资的义务。胡某某等6名董事在开曼斯曼特公司认缴出资额期限届满即2006年3月16日之后均担任过深圳斯曼特公司董事。胡某某等6名董事作为深圳斯曼特公司的董事，同时又是开曼斯曼特公司的董事，对股东开曼斯曼特公司的资产情况、公司运营状况均应了解，具备监督股东开曼斯曼特公司履行出资义务的便利条件。胡某某等6名董事未能提交证据证明其在股东出资期限届满即2006年3月16日之后向股东履行催缴出资的义务，以消极不作为的方式构成了对董事勤勉义务的违反。股东开曼斯曼特公司欠缴的出资即为深圳斯曼特公司遭受的损失，开曼斯曼特公司欠缴出资的行为与胡某某等6名董事消极不作为共同造成损害的发生、持续，胡某某等6名董事未履行向股东催缴出资义务的行为与深圳斯曼特公司所受损失之间存在法律上的因果关系。一审、二审判决认为胡某某等6名董事消极不作为与深圳斯曼特公司所受损失没有直接因果关系，系认定错误。胡某某等6名董事未履行向股东催缴出资的勤勉义务，违反了《公司法》第147条第1款规定，对深圳斯曼特公司遭受的股东出资未到位的损失，应承担相应的赔偿责任。最高人民法院再审改判：胡某某等6名董事应向深圳斯曼特公司连带赔偿4,912,376.06美元。

观判解判

本案一审、二审判决的主要观点，是认为在董事消极未履行某种勤勉义务，该等消极未履行与公司所受损失并无直接因果关系的情况下，董事不应当受到追责。最高人民法院根据本案的具体事实作出了改判，对于最高人民法院的再审改判的理由和依据，观判作出如下解读：

第一，最高人民法院援引《最高人民法院关于适用〈中华人民共和国公司法〉若干问题的规定（三）》第13条第4款“股东在公司增资时未履行或者未全面履行出资义务，依照本条第一款或者第二款提起诉讼的原告，请求未尽公司法第一百四十七条第一款规定的义务而使出资未缴足的董事、高级管理人员承担相应责任的，人民法院应予支持；董事、高级管理人员承担责任后，可以向被告股东追偿”的规定，认定深圳斯曼特公司是外商独资企业，实行注册资本认缴制，在公司注册资本认缴制下，公司设立时认缴出资的股东负有的出资义务与公司增资时是相同的，董事、高级管理人员负有的督促股东出资的义务也不应有所差别；在公司注册资本认缴制下，股东未履行或未全面履行出资义务，董事、高级管理人员负有向股东催缴出资的义务。故参照《最高人民法院关于适用〈中华人民共和国公司法〉若干问题的规定（三）》第13条第4款的规定，胡某某等6名董事的行为违反《公司法》第147条第1款的规定，应当承担赔偿责任。

第二，胡某某等6名董事作为深圳斯曼特公司的董事，同时又是股东开曼斯曼特公司的董事，对开曼斯曼特公司的资产情况、公司运营状况均应了解，具备监督开曼斯曼特公司履行出资义务的便利条件。

第三，胡某某等 6 名董事未能提交证据证明其在股东出资期限届满即 2006 年 3 月 16 日之后向股东履行催缴出资的义务，以消极不作为的方式构成了对董事勤勉义务的违反。

观判观点

本案作为标志性的改判案例，具有深入研究意义。观判认为，最高人民法院是从两个角度，分别作出了全新的法律适用和事实认定：

第一，在法律适用上，明确是参照《最高人民法院关于适用〈中华人民共和国公司法〉若干问题的规定（三）》第 13 条第 4 款。从该条款的字面文意上，第 4 款适用于“增资时”，而非“设立时”。本案案涉的未履行出资义务的行为，发生于公司“设立时”，并非“增资时”。对于“设立时”的情形，适用《最高人民法院关于适用〈中华人民共和国公司法〉若干问题的规定（三）》第 13 条第 3 款“股东在公司设立时未履行或者未全面履行出资义务，依照本条第一款或者第二款提起诉讼的原告，请求公司的发起人与被告股东承担连带责任的，人民法院应予支持；公司的发起人承担责任后，可以向被告股东追偿”，即应当以公司发起人为被告，而不是董事、高级管理人员。

根据最高人民法院对本案改判的论述，改判是基于在公司注册资本认缴制下的公司，在设立时认缴出资的股东负有的出资义务与公司增资时相同的认定上。此认定实质是对《最高人民法院关于适用〈中华人民共和国公司法〉若干问题的规定（三）》第 13 条第 3 款和第 4 款作出补充，新补充的结论为：对于认缴制的公司，股东在公司设立时未履行或者未全面履行出资义务，应当适用《最高人民法院关于适用〈中华人民共和国公司法〉若干问题的规定（三）》第 13 条第 4 款，而不适用该条第 3 款。

第二，在事实认定上，董事是否具备监督股东履行出资义务的便利条件是本案所涉董事责任的关键先决条件。

根据最高人民法院改判理由论述，事实依据建立在如下事实认定上，即胡某某等6名董事是深圳斯曼特公司的董事，同时又是开曼斯曼特公司的董事。最高人民法院根据上述事实，认定了胡某某等6名董事具备监督股东开曼斯曼特公司履行出资义务的便利条件，进而认定其未履行催缴出资的勤勉义务等。

根据最高人民法院论述的本案改判理由可知，不能将本案简单和片面地理解为：凡是认缴制公司股东未缴付出资的，董事都要对公司股东欠缴出资承担赔偿责任；本案特指具备监督股东履行出资义务便利条件的公司董事，如不履行催缴出资的，构成对董事勤勉义务的违反，应对公司股东欠缴出资承担赔偿责任。

观判警语

本案属于新型案例。最高人民法院对注册资本认缴制下公司董事勤勉义务的具体内容以及法律责任，作出新的司法认定，对公司董事具有警示意义。

虽然本案判决的是董事的责任，但《最高人民法院关于适用〈中华人民共和国公司法〉若干问题的规定（三）》第13条第4款的适用主体，不仅包括董事，还包括“高级管理人员”，公司的高级管理人员包括经理、财务负责人等；而且，本案的6位董事，并不全部是在公司设立时即担任董事的，有的是在公司设立后在第二届董事会中担任董事，但都是在公司股东未缴纳出资的期间担任董事的，所以也承担相同责任。

可见，本案认定的董事责任所影响的主体更为广泛，只要曾在认缴制下的公司担任过董事、高级管理人员，在特定情形下，有可能由于股东未缴付出资而产生承担赔偿责任的法律风险。

如当事人无特别约定，转让股份当然包含股息、红利以及其他衍生孳息

◇ 方燕　王新军

案例索引

最高人民法院（2016）最高法民再240号

案情摘要

2006年11月13日，富兴公司与齐鲁证券（后变更名称为中泰证券）签订《股份转让协议书》，约定富兴公司将所持有的兴长石化社会法人股800万股转让给齐鲁证券，每股价格5.55元，共计4440万元，并对付款方式、税费承担、违约责任等事项进行了约定。《股份转让协议书》第3条“股票变更及过户前后的相关权益”约定如下：“双方在此确认，在本协议得以履行的前提下，自本协议生效之日起，拟转让股份的股息、红利以及其他衍生孳息等权益归乙方（齐鲁证券）所有；乙方已支付转让款的银行利息等收益归甲方（富兴公司）所有。”协议签订后，富兴公司与齐鲁证券在中国证券登记结算公司办理了股份转让的相关手续，齐鲁证券也依约支付了股份转让的对价款。根据兴长石化2006年度年报，本年度可供股东分配利润为64,996,334.21元。兴长石化2006年分配预案为不分配，公积金不转增股本。

富兴公司起诉主张，根据《股份转让协议书》，其将持有兴长石化的800万法人股转让给齐鲁证券，但齐鲁证券不给付协议生效前的股息、红利以及其他衍生孳息。起诉请求：齐鲁证券给付股份转让前的2006年红利163.63万元和2006年度前的未分配利润125.6万元。

原审观点

本案一审、二审、再审判决认为，《股份转让协议书》未明确拟转让股份的股息、红利以及其他衍生孳息等权益归属，但明确约定了转让后的股息、红利以及其他衍生孳息归齐鲁证券所有。因此，协议中转让前的股息、红利以及其他衍生孳息只能归富兴公司，此系协议中的隐含条款。《股份转让协议书》第3条约定属对转让股份前与后的股息、红利以及其他衍生孳息等权益的特别约定，即转让前的股息、红利以及其他衍生孳息属富兴公司所有。虽兴长石化经股东大会决议，2006年度的分配方案为利润不分配，但兴长石化股票的股息、红利以及其他衍生孳息，系兴长石化在生产、经营活动中客观存在的，齐鲁证券依法受让股份后，其即实际按股份比例享有了2006年度相关股息、红利及其他衍生孳息等权益。股份转让时的价格，转让协议并没有明确已经包括了2006年的红利及利润，故富兴公司有权向齐鲁证券主张案涉股份转让前红利、利润分配。《股份转让协议书》第3条约定转让前的股息、红利以及其他衍生孳息属富兴公司所有，故富兴公司向齐鲁证券主张红利、利润分配的诉讼请求，应予以支持。判决：齐鲁证券支付富兴公司红利163.63万元和未分配利润125.6万元。

本案第二次再审判决认为，《股份转让协议书》第3条对于协议生效，案涉股票所有权转移之后案涉股票的股息、红利以及其他衍生孳息的归属，作出了特别约定，案涉股票所有权转移之前的股息、红利以及其他衍生孳息则应由富兴公司享有。兴长石化对外公布的2006年度财务报告已经证实了兴长石化2006年度的可分配利润客观存在，齐鲁证券在受让案涉股票后，已实际按股份比例享有了2006年度兴长石化的相关股息、红利及其他衍生孳息等权益。在无确切证据推翻兴长石化2006年度财务报告的情况下，案涉股票2006年度的股息、红利以及其他衍生孳息是客观存在的。齐鲁证券应向富兴公司支付股份转让前兴长石化尚未分配的相关孳息。再审判决：维持原判。

再审焦点

本案再审审理的争议焦点为：中泰证券是否应支付富兴公司股份转让协

议生效前交易股份2006年的红利及未分配利润。

改判要旨

最高人民法院再审认为，双方在再审庭审中均认可800万股非流通股票包含股票项下的全部权益，由此证明双方当事人在《股份转让协议书》中约定的转让价格是对兴长石化800万股非流通股票的整体作价，中泰证券支付的4440万元对价，所购买的是富兴公司800万股股票的全部权益，其中当然包含该股份的股息、红利以及其他衍生孳息，因为这些权益都是涉案股份的全部价值构成部分。根据《物权法》[①] 第116条第2款“法定孳息，当事人有约定的，按照约定取得；没有约定或者约定不明确的，按照交易习惯取得”的规定，该800万股股票项下的全部权益随着股份的转移，理当归属新的股份所有者即中泰证券，这既符合对价购买800万股股票全部权益的合同目的，亦符合股份交易规定和交易习惯。从该协议书第3条的后半句“乙方（中泰证券）已支付转让款的银行利息等收益归甲方（富兴公司）所有”来理解，该约定的真实意思是双方当事人对转让的股份中涉及的财产性权益转移时间的约定，意在表明双方当事人同意股份收益权不必等到股份登记日后再转移，而是在协议生效之日起即转移。只有本案双方当事人明确约定该协议生效前的兴长石化2006年度的红利及未分配利润归富兴公司所有，才能成为“涉案股票所有权转移之前的股息、红利以及其他衍生孳息则应由富兴公司享有”的特殊约定，而本案各方当事人并未对此作出过特殊约定。根据《股份转让协议书》第3条的约定，富兴公司无权就该协议生效之前的股东财产权益向中泰证券主张权益。原再审判决认定涉案股票所有权转移之前的股息、红利以及其他衍生孳息应由富兴公司享有显属错误。

根据兴长石化对涉税事项会计差错更正引起的追溯调整事项的说明，以及2007年报中载明的内容，“上述会计差错更正对2006年度利润表调整情况如下：净利润－2,237,389.59元”，上述报告系上市公司对外披露事项，具

---

① 本书援引著例中所使用的法律文件均为判决时有效的文件，为了不影响读者阅读，不做更改。

有对外公示效力，故不能仅凭兴长石化2006年度报告来认定案涉转让的股份在2006年度存在红利和未分配利润。

兴长石化经公司股东大会决议决定：2006年分配预案为不分配。因此，兴长石化案涉转让的股份在2006年度不存在红利和未分配利润，且事实上中泰证券亦未获得该年度的红利和未分配利润。故富兴公司诉请中泰证券给付股份转让前2006年的红利和未分配利润，没有事实依据。再审改判：驳回富兴公司的诉讼请求。

观判解判

本案一审、二审、两次再审的主要观点，是认为根据协议约定证明2006年以前的股份孳息归属富兴公司，兴长石化2006年报记载有利润，以及中泰证券未实际取得分配利润不影响对富兴公司的给付义务。最高人民法院根据本案事实均予以纠正，对于最高人民法院的再审改判的依据和理由，观判作出如下解读：

第一，最高人民法院对《股份转让协议书》第3条的约定作出了新含义解释，否定了原审法院的含义解释。原审法院均认为，根据协议第3条，约定了协议生效后的股份孳息归属中泰证券，并未约定协议生效前的股份孳息归属，故认定协议生效前股份孳息仍属于转让方富兴公司所有。最高人民法院认为，本案讼争的股份孳息归属是没有约定或者约定不明确的情形，根据原《物权法》第116条第2款的规定，应按照交易习惯来确定取得权利人。那么如何确认股份转让中的交易习惯？最高人民法院通过再审开庭双方对合同条款的解释内容等本案基础事实，明确了股份交易习惯的标准是，如没有特别约定，则转让股份当然包含股息、红利以及其他衍生孳息。

第二，最高人民法院依据了兴长石化2007年报内容，其中更正了2006年兴长石化利润为64,996,334.21元的原认定事实，根据更正的2006年报结果，实际利润为-2,237,389.59元，故认定不能以已被更正的兴长石化2006年报来认定案涉转让的股份2006年度存在红利和未分配利润64,996,334.21元，而应以在后的2007年报更正后披露为准，即其净利润为-2,237,389.59元。

第三，最高人民法院重新定性了兴长石化股东大会决议不分配利润的法律后果。兴长石化2006年分配预案为不分配，中泰证券亦未获得该年度的红利和未分配利润，故富兴公司无权要求中泰证券给付其实际并未客观取得的2006年的红利和未分配利润。

观判观点

本案经过一审、二审、两次再审审理，审理本案的基层人民法院、中级人民法院和高级人民法院三级法院均支持了富兴公司的诉讼请求。在本案第三次再审中，最高人民法院作出改判，驳回富兴公司的诉讼请求。本案作为一件走遍全部民事诉讼程序的“历经磨难”的改判案例，具有深入研究意义。观判认为，最高人民法院实际是从三个角度一一纠正了原审判决的三项认定：

第一，最高人民法院通过当庭对双方当事人调查询问合同标的的含义，并通过对《股份转让协议书》第3条中第2句表述含义的分析等，认定本案符合原《物权法》第116条第2款“没有约定或者约定不明确的”情形，并纠正了原审法院认定的存在孳息归属富兴公司的特别约定，明确了股份转让当然包括孳息的交易习惯，进而认定本案股份转让当然包含股息、红利以及其他衍生孳息。

第二，对于原审判决是直接采信了2006年报的结果，最高人民法院通过综合审查了兴长石化2006年报盈利64,996,334.21元和2007年报更正为2006年为亏损2,237,389.59元的证据，否定了2006年报数据，认定2007年报数据有效。换言之，即使假设2006年未分配利润归于富兴公司，2006年实际也没有可分配利润，原审判决亦应纠正。

第三，最高人民法院认定兴长石化最终没有实际分配2006年利润，以及中泰证券也没有实际获得分配利润，且公司有利润但不分配的情形并不违规违法，故富兴公司无权要求中泰公司给付其未客观取得的利润。换言之，即使假设2006年利润归属富兴公司，且有可分配利润，但由于不存在利润实际分配结果，中泰证券也没有义务将其尚未实际取得的利润支付给富兴公司，原审判决亦应纠正。

观判警语

如果本案未被最高人民法院改判而是维持原判，则按照原审判决要旨，将发生如下法律现象：兴长石化 2006 年报利润归属于富兴公司，但由于 2006 年报利润被 2007 年报从 64, 996, 334. 21 元更正为 －2, 237, 389. 59 元，利润成为负数，故根据本案股份 2006 年利润变更为负数的结果，中泰证券就可以另行起诉富兴公司向其承担相当于 －2, 237, 389. 59 元利润所对应的款项；再以此类推，如果兴长石化 2008 年报又再次变更了 2006 年报的利润金额，双方又要重新再进行诉讼……

从这一假设的法律现象可以看出，实际出现了对价原本确定的交易成为不确定的，明显与正常的交易习惯和秩序不符。因此，这可从侧面再次说明，如无特别约定，转让股份当然包含股息、红利以及其他衍生孳息，确是符合股份交易习惯的。

公司股东发生变更后，公司不能仅依据《公司法》和公司章程，对股东变更前原高管主张损害公司利益

◇ 方燕　王新军　陈思伟

案例索引

最高人民法院（2019）最高法民再332号

案情摘要

唐华公司成立于2008年4月18日。2008年4月18日至2010年2月22日，李某某担任唐华公司执行董事和法定代表人。2010年2月23日，唐华公司法定代表人变更为马某。李某某在担任唐华公司执行董事和法定代表人期间，分别从唐华公司账户向怀真公司等10家单位和个人合计汇款12,785,900元。唐华公司以李某某涉嫌职务侵占为由向石嘴山市公安局报案。石嘴山市公安局讯问笔录中李某某的供述可以反映出汇款事实。天诚信合会计师事务所对唐华公司2008年3月至2012年4月的财务情况进行司法会计鉴定并出具《司法鉴定报告书》，确认李某某向怀真公司等的汇款情况。

原告唐华公司起诉李某某，主张李某某在担任唐华公司法定代表人期间，在唐华公司与怀真公司等10家单位和个人没有任何交易关系的情况下，将唐华公司款项转入这10家单位和个人账户，损害了唐华公司的利益，应当承担损害赔偿责任。起诉请求：判令李某某向唐华公司赔偿损害唐华公司利益造成的损失17,216,214元，其中本金损失12,785,900元、利息损失4,430,314元。

原审观点

本案一审判决认为，李某某曾任唐华公司的法定代表人和公司监事，任职期间对公司负有忠实义务和勤勉义务。通过《司法鉴定报告书》、唐华公司会计凭证及石嘴山市公安局对李某某的讯问笔录可以认定，李某某自认怀真公司等案涉接受转款的主体与唐华公司并无业务往来，其通过唐华公司账户向这些单位和个人转款是为了偿还其创建唐华公司时的个人借款。李某某利用其在唐华公司担任执行董事和法定代表人的职务便利，将12,785,900元汇入以上单位和个人账户，该行为已导致唐华公司不能直接控制和处分自有资产，李某某未举证证明上述行为系经公司股东会或董事会授权和认可，故侵害了唐华公司作为公司法人享有的财产独立性，损害了公司合法权益。公司股东滥用股东权利给公司或者其他股东造成损失的，应当依法承担赔偿责任。一审法院判决：李某某向唐华公司支付12,785,900元及利息损失，共计17,216,214元。

本案二审判决认为，李某某在担任唐华公司法定代表人期间自2008年10月7日至2010年1月25日从唐华公司账户向怀真公司等汇款共计12,785,900元，其虽主张上述汇款是为了偿还其创建唐华公司时的个人借款，但没有提供相应证据予以证明。根据《司法鉴定报告书》和唐华公司的会计凭证，在没有证据证明唐华公司与上述10家单位和个人存在业务往来的情况下，李某某将12,785,900元款项汇入该10家单位和个人账户，损害了唐华公司的利益。李某某上诉称其在向上述单位和个人账户汇款时为唐华公司唯一股东，其以法定代表人身份对外清偿借款是履行职务行为。但从唐华公司工商登记信息来看，李某某从未持有唐华公司100%股权，在唐华公司向上述单位和个人账户汇款时李某某并非唐华公司唯一股东，且没有证据证明唐华公司向上述单位和个人账户汇款经过唐华公司股东会或者董事会的授权和认可，故李某某此上诉理由没有事实依据，不能成立，不予支持。二审法院判决：驳回上诉，维持原判。

再审焦点

本案再审审理的争议焦点为：案涉转款是否损害唐华公司利益，李某某是否应承担赔偿责任。

改判要旨

最高人民法院再审认为，根据唐华公司在《增资扩股协议》中将增资扩股后的唐华公司定义为新唐华公司，且该协议第3条对新旧唐华公司的债权债务进行了约定，案涉转款在唐华公司财务账上有记载，李某某并未向公司隐瞒转款事实，按照《增资扩股协议》签订的时间，将案涉转款分为两部分，分别认定：

第一，在签订《增资扩股协议》前，唐华公司账户自2008年10月7日至2009年12月25日分别向怀真公司等共计转款7,915,900元。上述转款期间，唐华公司的股东除李某某外，其余股东杨某某、杨某并未提出异议，不能证明损害了当时唐华公司的利益。对《增资扩股协议》签订之后的新唐华公司而言，因该协议第3条对增资扩股前后唐华公司的债权债务进行了约定，唐华公司在承担了增资扩股前的公司债务时，可依据协议约定主张责任，不能证明上述转款损害了唐华公司的利益。唐华公司认为此部分转款损害唐华公司利益的理由不能成立。

第二，在签订《增资扩股协议》后，唐华公司自2010年1月4日至25日向高某等共计转款487万元。唐华公司放弃了对其中300万元及相应损失的主张，故对此300万元本案中不做认定。对于其余转款共计187万元因发生在《增资扩股协议》之后，需提供证据证明转款有合法事由。李某某没有提供相关证据证明上述款项用于唐华公司或不能证明唐华公司借款事实。故对李某某所称的转款是归还唐华公司借款，本院不予采信。公司财产独立于股东财产。李某某作为唐华公司原法定代表人，其在代表公司履行职务时，应当按照法律、行政法规和公司章程的规定履行，按照公司的意志行为。在上述转款期间唐华公司并非一人公司。现无证据证明上述187万元转款经过唐华公司股东会授权或认可，也无证据证明上述转款的合法事由，李某某在任职期间从唐华公司账户向案外人转款 187 万元，侵害了唐华公司的财产权益，李某某应对该转款及对应的利息承担赔偿责任。

最高人民法院再审改判：撤销一审和二审判决，李某某向唐华公司支付 187 万元及利息。

观判解判

本案一审、二审判决的主要观点，是认为李某某利用其在唐华公司担任执行董事和法定代表人的职务便利，将款项汇入没有业务往来的 10 家单位和个人账户，李某某未举证证明上述行为系经公司股东会或董事会授权和认可，故侵害了唐华公司作为公司法人享有的财产独立性，损害了公司合法权益。最高人民法院根据本案再审查明的新事实，作出了改判。对于最高人民法院的再审改判的理由和依据，观判认为，最高人民法院改判是建立在有关唐华公司股权变更的《增资扩股协议》的基础事实上。最高人民法院通过审查认定《增资扩股协议》的相关条款，重新定义了本案的基础事实及相关法律关系：

第一，通过审理，认定《增资扩股协议》第 3 条中的新旧唐华公司的债权债务的约定。实际认定时优先审查区分案涉资金是否属于《增资扩股协议》第 3 条调整的范围，其区分关键分界点，在于转款资金是在《增资扩股协议》签订前，还是《增资扩股协议》签订后。

第二，案涉资金中的 7, 915, 900 元的转款行为，发生于《增资扩股协议》签订之前，属于《增资扩股协议》调整的范围，故 7, 915, 900 元转款损害唐华公司利益的理由不能成立。同时，最高人民法院亦认定在签订《增资扩股协议》前，唐华公司的股东除李某某外，其余股东杨某某、杨某并未提出异议，因此不能证明损害了当时唐华公司的利益。

第三，对于签订《增资扩股协议》后的转款行为，其中 300 万元新唐华公司放弃了权利主张，剩余转款共计 187 万元，因发生在《增资扩股协议》之后，明显不属于《增资扩股协议》调整的范围，故应当适用《公司法》和公司章程。李某某需提供证据证明转款有合法事由，李某某未能提交证据，故应当承担责任。

观判观点

本案的一审、二审法院支持了唐华公司的诉讼请求，均是从《公司法》和公司章程的唯一角度，认为案涉转款行为侵害了唐华公司作为公司法人享有的财产独立性，李某某损害了公司合法权益。最高人民法院在再审审理中，则是增加了《增资扩股协议》的审理角度，重新构建了案件的基本事实。观判对本案的基本事实及其法律关系，分析如下：

第一，虽然从法人制度上，唐华公司的法律主体从未变化，但是从《增资扩股协议》签订时间进行分界，唐华公司实际控制人、股东、董事等均前后发生了变化，而且《增资扩股协议》亦约定区分为新唐华公司和旧唐华公司的债权债务的处理原则，故案涉转款行为不仅受《公司法》和公司章程的约束，也要受到《增资扩股协议》的约束。在《增资扩股协议》第 3 条中，对新旧唐华公司的债权债务进行了明确划分，特别约定了相关债权债务分别由原股东李某某承担，表明与新唐华公司无关。因此，审查新唐华公司所起诉的转款行为，确实应首先从《增资扩股协议》角度进行审查是否属于特别约定的债权债务关系，如果有约定，应按约定执行；如果无约定，才能按照《公司法》和公司章程执行。

第二，案涉的 7, 915, 900 元转款行为，是发生于《增资扩股协议》签订之前，属于《增资扩股协议》第 3 条调整的新旧唐华公司的债权债务，应当适用合同约定，属于《增资扩股协议》的履行中争议，且旧唐华公司的股东亦从未对 7, 915, 900 元转款提出异议，故认定不属于公司高管侵害公司权益的性质。

如果唐华公司认为 7, 915, 900 元转款行为违反了《增资扩股协议》的约定，可以另案主张权利，则是另一个法律关系。

第三，案涉的其余 187 万元的转款行为，是发生于《增资扩股协议》签订之后，不属于《增资扩股协议》的约定范围，故应由《公司法》及公司章程进行调整，李某某擅自转款损害了公司的利益，应当承担赔偿责任。

观判警语

观判认为，本案的实质是公司股权发生重大变更导致公司实际控制人变更，新实际控制人按照《公司法》和公司章程的规定，对原高管的财务管理行为，追究相应法律责任。假设，如果本案没有签订和履行《增资扩股协议》的事实，局部仅从《公司法》和公司章程角度上看，李某某的行为无疑违法，不仅侵害公司利益，还涉嫌构成了职务侵占罪。

本案的重大警示作用在于，对于拟进行公司股权转让或增资，并由此将导致公司实际控制人变更的情形，原股东及高管必须在股东变更的协议中对原经营行为进行特别约定、特别处理或者作出豁免等，否则将可能会面临新实际控制人“秋后算账”，陷入巨大的财产及人身风险。

公司董事长个人总体概括授权他人代行董事长及其法定代表人职权的，授权及他人代表行为均无效

◇ 方燕　王新军

案例索引

最高人民法院（2019）最高法民再35号

案情摘要

物资储备公司企业性质为有限责任公司，其股东物资集团公司占股32%，金伍岳公司占股22%，康恒公司占股19%，成通公司占股18%，瀚庐公司占股9%。物资储备公司法定代表人袁某某因涉嫌受贿罪，于2016年12月2日被公安局监视居住，在袁某某被监视居住期间的2016年12月23日，袁某某出具了一份《授权委托书》，委托物资储备公司董事丁某某代其行使公司董事长、法定代表人职权，保管公司公章印鉴并依法开展公司经营活动。2016年12月27日，丁某某带领部分人员，将原保管于物资储备公司的公章强行占有。2017年1月18日，丁某某持物资储备公司的公章，与物资集团公司签订《债权转让合同》，约定因物资集团公司已经以保证人身份替物资储备公司支付部分银行借款，或其可能需要承担物资储备公司部分银行债务的责任，物资储备公司将其对鑫悦煤炭公司27,410.57万元债权权利转让给物资集团公司。《债权转让合同》签订后，物资集团公司向鑫悦煤炭公司发出《债权转让通知书》。

物资储备公司股东之一金伍岳公司起诉，请求人民法院确认物资储备公司与物资集团公司签订的《债权转让合同》和《债权转让通知书》均无效。

原审观点

本案一审判决认为，物资储备公司的法定代表人袁某某被公安机关采取限制人身自由的措施后，已经无法行使其物资储备公司的法定代表人职责，其在该种情况下委托他人代其行使物资储备公司法定代表人职责并没有违反法律、法规强制性规定。丁某某代为履行袁某某物资储备公司法定代表人的职权，与物资集团公司签订《债权转让合同》，其意思表示即代表物资储备公司的意思表示。物资储备公司与物资集团公司签订的《债权转让合同》合法有效。金伍岳公司主张上述合同恶意串通，该主张明显与法律规定不符。物资储备公司与物资集团公司签订的《债权转让合同》并不是无偿转让，而是有对价的，对价即为物资集团公司作为保证人已经或可能需要替物资储备公司承担的还款责任。即便上述合同确实损害了物资储备公司或其股东的利益，该合同是袁某某授权丁某某签订的，物资储备公司或其股东也只能依照公司章程或相关法律规定，追究袁某某的责任，这些问题均不涉及合同无效的事由。一审判决：驳回原告诉讼请求。

本案二审判决认为，金伍岳公司主张是丁某某与物资集团公司恶意串通，损害了物资储备公司的合法权益，进而损害了物资储备公司其他股东的权利，但其诉请却是请求确认物资储备公司与物资集团公司签订的《债权转让合同》无效，金伍岳公司的诉讼请求与其诉讼主张的事实和理由明显不一致。本案《债权转让合同》并非无偿转让，并没有损害物资储备公司的利益。即使金伍岳公司主张的《债权转让合同》损害物资储备公司利益的事实确实存在，亦应由受到损害的物资储备公司主张权利，金伍岳公司作为物资储备公司的股东利益之损害应推定已蕴含在物资储备公司之中，金伍岳公司不是适格的权利主体。金伍岳公司主张物资集团公司与物资储备公司签订《债权转让合同》及签发的《债权转让通知书》无效，没有事实和法律依据，二审判决：驳回上诉，维持原判。

再审焦点

本案再审审理的争议焦点：一是案涉《债权转让合同》及《债权转让通知书》是否合法有效；二是金伍岳公司提起本案股东代表诉讼是否符合法定条件。

改判要旨

最高人民法院再审认为，参照《公司法》第 40 条第 1 款、第 44 条第 3 款、第 47 条规定，董事长因故不能履职时，理应通过法定程序让渡权力或者进行改选，而不能通过个人总体概括授权的方式让渡董事长职权。本案袁某某在未经公司股东会或董事会决议的情况下，向丁某某出具《授权委托书》，委托其“代为行使物资储备公司董事长和法定代表人职权、保管公司公章印鉴并依法开展公司经营活动”，系将其公司董事长、法定代表人的职权概括授权给丁某某，违背了《公司法》的规定，丁某某不能因此获得物资储备公司法定代表人及董事长的权限，其代表物资储备公司与物资集团公司签订《债权转让合同》的行为属无权代表，而非物资储备公司的真实意思表示。物资集团公司作为物资储备公司的股东及选派袁某某、丁某某至物资储备公司担任董事的派出单位，对于上述情形应属明知，故其并非《债权转让合同》的善意相对方，无权主张善意相对人的权利。丁某某无权代表物资储备公司履行董事长职权，其签订的《债权转让合同》不能代表物资储备公司的真实意思，应认定为无效。

根据《公司法》第 151 条第 2 款的规定，有限责任公司的股东有权为了公司的利益以自己的名义直接向人民法院提起诉讼，但应先履行书面请求监事会、不设监事会的有限责任公司的监事，或者董事会、执行董事提起诉讼的前置程序，在情况紧急、不立即提起诉讼将会使公司利益受到难以弥补的损害时，有限责任公司的股东可不履行上述前置程序，直接提起股东代表诉讼。袁某某于 2016 年 12 月 23 日向丁某某出具《授权委托书》；丁某某于 2016 年 12 月 27 日取得物资储备公司公章；2017 年 1 月 18 日，丁某某持物资储备公司的公章，与物资集团公司签订了《债权转让合同》；2017 年 4 月 8 日，物资集团公司根据该合同提起仲裁，向鑫悦煤炭公司主张其根据《债权转让合同》受让的债权。上述情形应属上述《公司法》条文规定的“情况紧急、不立即提起诉讼将会使公司利益受到难以弥补的损害”之情形，金伍岳公司作为物资储备公司的股东，有权为了物资储备公司的利益以自己的名义提起本案诉讼。二审法院认为金伍岳公司不是本案的适格主体，属适用法律错误，本院予以纠正。再审改判：撤销一审、二审判决，确认《债权转让合同》和《债权转让通知书》无效。

观判解判

本案一审、二审判决的主要观点，认为《授权委托书》的授权行为没有明确违反任何法律的强制性规定，并认定《债权转让合同》不构成恶意串通，以及金伍岳起诉的主体不适格等。最高人民法院根据本案的事实，作出了改判。对于最高人民法院再审改判的理由和依据，观判作出如下解读：

第一，首先，最高人民法院“参照”《公司法》第 40 条第 1 款、第 44 条第 3 款、第 47 条的规定，认为如果公司董事长及法定代表人变更的，应当通过公司股东会或董事会决议，因此董事长和法定代表人因故不能履职时，其通过个人总体概括授权的方式让渡董事长和法定代表人的职权，违反《公司法》规定。其次，在未经公司决议通过的情况下，袁某某向丁某某出具《授权委托书》，委托其“代为行使物资储备公司董事长和法定代表人职权、保管公司公章印鉴并依法开展公司经营活动”，系将其公司董事长、法定代表人的职权概括授权让渡给丁某某，该授权因违法而无效。最后，由于《债权转让合同》的相对人物资集团公司明知上述情形，无权主张善意相对人的权利；且由于丁某某属于无权代表，《债权转让合同》不能代表物资储备公司的真实意思，应认定为无效。

第二，最高人民法院根据《公司法》第 151 条第 2 款的规定，有限责任公司的股东在情况紧急、不立即提起诉讼将会使公司利益受到难以弥补的损害时，可以直接提起股东代表诉讼。由于袁某某向丁某某出具《授权委托书》不足一个月，即签订《债权转让合同》，随即物资集团公司根据《债权转让合同》提起仲裁，上述情形应确属“情况紧急、不立即提起诉讼将会使公司利益受到难以弥补的损害”之情形，金伍岳公司作为物资储备公司的股东，有权为了物资储备公司的利益以自己的名义提起本案诉讼。

观判观点

本案属于标志性的新型案例。在还没有正式司法解释明确规定的情况下，最高人民法院“参照”《公司法》基础性规定的适用法律方式，以司法案例的形式，确认董事长和法定代表人不得通过个人总体概括授权的方式让渡董事长和法定代表人的职权。对此，观判分析论证如下：

第一，根据《公司法》的规定，公司董事长和法定代表人的变更，必须依照法定的股东会或董事会的决议程序，无论决议的依据是委派还是选举，始终都不应由董事长和法定代表人作为个人决定。因此，参照《公司法》的相关规定，董事长和法定代表人无权以个人总体概括授权的方式让渡董事长和法定代表人职权，否则将会造成公司治理的混乱。

观判补充认为，董事长和法定代表人是基于《公司法》和公司章程的规定程序，并通过相关决议后才产生的人选，其中不仅具有职务和职权的特征，也具有身份特征。因此，董事长和法定代表人个人总体概括授权让渡董事长和法定代表人职权的，实质也是让渡董事长和法定代表人的身份权，不仅属于无法律依据的行为，亦违反了《公司法》对董事长及法定代表人的任免规定。

第二，《授权委托书》的“代为行使物资储备公司董事长和法定代表人职权、保管公司公章印鉴并依法开展公司经营活动”，确属个人总体概括授权让渡董事长和法定代表人的身份及职权，因为授权中并无列明具体事项的授权内容，实际是涵盖了公司章程规定的所有职权事项；如果按照授权内容执行，将导致在具体的执行行为上，丁某某等同于董事长和法定代表人，甚至可以完全违背工商登记董事长和法定代表人的意志。可见，《授权委托书》显然是让渡了董事长和法定代表人身份及职权，应属无权处分行为。最高人民法院认定丁某某签订的《债权转让合同》不能代表物资储备公司的真实意思，符合本案实际情况。

观判警语

物资储备公司法定代表人袁某某被公安局监视居住，无法履行责任，股东可以按照公司章程的程序选任新的法定代表人，也可以由袁某某授权其他董事对某项具体事项代为参加表决和代为签字等。本案中，却没有按照法定程序进行，而是走了捷径，直接以个人总体概括授权的方式让渡董事长和法定代表人的身份及职权，由此产生了法律风险。本案的警示意义在于，任何法律行为都应在法律明确规定的范围内进行，在暂时没有法律明确规定时贸然实施的，可能是可以钻的“空子”，也可能是给自己挖的“陷阱”，本案例即是教训。

法人分支机构未经法人授权的债务加入行为无效，但该分支机构应对债务加入无效承担过错责任

◇ 方燕　王新军　张艳利

案例索引

最高人民法院（2019）最高法民再236号

案情摘要

2012年1月5日至2013年8月5日，杨某一作为出借人，向杨某二出借款项7408万元，其中6668万元转入了杨某二个人的银行账户，740万元转入了杨某二担任法定代表人的公司银行账户。以上借款对应8张借条，其中，2012年1月5日至2014年6月30日期间的5张借条载明的落款人均是“借款人杨某二”，有3张借条上有苏某的个人签名捺印；2015年1月23日至2015年12月31日，兰林阁分公司对上述债务另行出具3张借条，载明借款人是兰林阁分公司，并加盖了该公司印章。兰林阁分公司2013年6月7日成立，苏某自成立之日起至2015年6月15日一直担任兰林阁分公司的负责人。

杨某一向一审法院起诉请求：兰林阁公司、兰林阁分公司对尚未偿还的借款余额承担还款责任及相应利息。

原审观点

本案一审判决认为，借条上记载的借款人为杨某二，虽借条记载了借款

用于兰林阁公司1号地块的开发，但该地块至今并未实际开发。杨某二不是兰林阁公司或分公司的工作人员，其无权代表公司借款，且已还款项中无任何一笔还款系兰林阁分公司直接向杨某一归还。杨某一未提交证据证明其基于何种表象相信杨某二有权代理兰林阁分公司，且兰林阁分公司成立之后，杨某一仍将款项直接出借给杨某二，未要求转给兰林阁分公司，故不构成表见代理。苏某在前5张借条上未表明其以分公司负责人身份签字；2015年的3张借条，虽是苏某以分公司负责人的名义出具，但债务绝大部分发生在分公司成立之前，收款与还款均与兰林阁分公司无关。杨某一也无证据证明款项实际用于兰林阁分公司。苏某的上述行为不属于兰林阁公司或者分公司的正常经营活动范围，也未得到兰林阁公司授权，故该行为不是职务行为，兰林阁公司及分公司不应对此承担责任。一审法院判决：驳回杨某一的诉讼请求。

本案二审判决认为，杨某一主张的表见代理不成立，兰林阁分公司不是借款人。兰林阁分公司系兰林阁公司设立的分支机构，而非杨某二、苏某设立的公司法人，不适用《民法总则》第75条及《最高人民法院关于适用〈中华人民共和国公司法〉若干问题的规定（三）》第2条关于设立人为设立法人从事民事活动产生的民事责任由法人承担的规定。但根据《民法总则》第170条第1款“执行法人或者非法人组织工作任务的人员，就其职权范围内的事项，以法人或者非法人组织的名义实施民事法律行为，对法人或者非法人组织发生效力”的规定，苏某在2015年的3张借条上以分公司负责人的身份签字确认，故不论加盖的兰林阁分公司印章是否真实，并不影响其需就借款承担还款责任。兰林阁公司应承担分公司管理的财产不足以承担的部分。二审法院判决：撤销一审判决，兰林阁分公司支付杨某一借款本金70,814,241元及利息，兰林阁公司就分公司承担不足部分承担还款责任。

再审焦点

本案再审审理的争议焦点为：兰林阁分公司、兰林阁公司应否对案涉借款承担还款责任。

改判要旨

最高人民法院再审认为，本案构成债务加入的法律关系。苏某在担任兰林阁分公司负责人期间出具加盖分公司印章的借条，从出具借条的行为以及借条的内容看，表明了兰林阁分公司愿意向杨某一承担与借款人杨某二相同的还款义务，这种意思表示符合债务加入的特征。关于债务加入行为效力的问题，我国法律未做明确规定，因相当于在债务人之外为债权人增加了一个新债务人，债务加入和保证一样具有担保债权实现的功能，故与债务加入在法律性质上最为接近并且有明确法律规定的应为连带责任保证法律关系。参照《担保法》第 29 条“企业法人的分支机构未经法人书面授权或者超出授权范围与债权人订立保证合同的，该合同无效”的规定，连带保证责任保证人依法享有追偿权等权利，其保证责任相较于债务加入的责任较轻，分支机构对外提供责任较轻的保证尚需企业法人授权，根据“举轻以明重”的逻辑，其对外加入债务更须得到企业法人授权，否则更应认定为无效。本案中，无论从是否存在明确的授权委托，还是从当事人非直接关系的借条签订及转款行为，均无法得出兰林阁公司授权苏某以兰林阁分公司的名义债务加入的结论，故该债务加入应为无效。

关于债务加入无效后是否应承担法律责任的问题，《担保法》第 5 条第 2 款规定：“担保合同被确认无效后，债务人、担保人、债权人有过错的，应当根据其过错各自承担相应的民事责任。”《最高人民法院关于适用〈中华人民共和国担保法〉若干问题的解释》第 17 条第 1 款规定：“企业法人的分支机构未经法人书面授权提供保证的，保证合同无效。因此给债权人造成损失的，应当根据担保法第五条第二款的规定处理。”杨某一对兰林阁分公司及其负责人苏某是否具有加入债务的权限未尽到合理的审查注意义务，存在过错。杨某二明知苏某无授权仍要求其在借条上签字盖章，具有明显过错。兰林阁分公司乃至兰林阁公司自身的经营管理不规范亦是导致苏某越权出具借条进而使得债务加入无效的重要因素。因此，兰林阁分公司应当对未偿还借款本金及利息的三分之一承担民事责任。最高人民法院再审改判：兰林阁分公司支付杨某一借款本金23,604,747元及利息，兰林阁公司就分公司承担不足部分承担还款责任。

观判解判

本案一审判决的主要观点，是认为苏某代表兰林阁分公司出具借条的行为，不是正常经营活动的范围，也未得到兰林阁公司授权，不是职务行为，兰林阁分公司不承担法律责任。本案二审判决的主要观点，是认为苏某代表兰林阁分公司出具借条的行为，属于债务加入，认定属于苏某职权范围内的事项，故兰林阁分公司应承担法律责任。最高人民法院认定本案属于债务加入的法律关系，参照《担保法》的规定认为该债务加入行为无效，作出了相应改判。对于最高人民法院再审改判的理由和依据，观判作出如下解读：

第一，本案属于债务加入的法律关系。案涉借款的初始借用人不是兰林阁分公司，实际用款人不是兰林阁分公司，已归还部分款项的还款人也不是兰林阁分公司，但是兰林阁分公司签字盖章出具借条表示承担还款责任，且不附加任何其他约定，例如，未附加约定出借人是否放弃对借款人杨某二的追偿权，未附加约定兰林阁分公司还款后是否对杨某二享有追偿权等，可见兰林阁分公司是自愿加入债务承担还款责任，亦不改变原始债权债务关系，故应当认定为债务加入。

第二，债务加入参照适用原《担保法》。在《民法典》颁布之前，我国立法上对债务加入尚无明确法律规定，与债务加入的法律关系性质上最为接近的即为原《担保法》，故参照适用原《担保法》等相关规定，特别是参照连带保证的规定。参照原《担保法》第29条和原《最高人民法院关于适用〈中华人民共和国担保法〉若干问题的解释》第17条的规定，未得到授权的分公司对外担保无效，依据“举轻以明重”的规则，未得到授权的分公司的债务加入更应当是无效的。因此，苏某在没有得到兰林阁公司授权的情况下，以兰林阁分公司的名义加入既存债务构成越权，该债务加入行为无效。

第三，参照适用原《担保法》无效担保的过错责任。根据原《民法总则》第157条的规定，并参照原《担保法》第5条第2款的规定，基于债务人、债务加入人、债权人的过错情况，根据过错各自承担相应的民事责任，认定兰林阁分公司及兰林阁公司经营管理不规范导致债务加入因无授权而无效，与债权人杨某一、债务人杨某二同样均存在过错，最终认定兰林阁分公司承担三分之一的还款责任。

观判观点

本案属于标志性的新型案例。在当时我国法律对“债务加入”尚无明文规定的情况下，最高人民法院参照原《担保法》作出债务加入的新判例。特别是本案借助于“举轻以明重”进行说理，积极地解决了立法滞后情形下的法律适用及评判方式。对此，观判进一步分析如下：

第一，原《合同法》第 124 条规定：“本法分则或者其他法律没有明文规定的合同，适用本法总则的规定，并可以参照本法分则或者其他法律最相类似的规定。”因此，本案参照适用原《担保法》是具有法律依据的。

第二，《全国法院民商事审判工作会议纪要》第 23 条规定：“法定代表人以公司名义与债务人约定加入债务并通知债权人或者向债权人表示愿意加入债务，该约定的效力问题，参照本纪要关于公司为他人提供担保的有关规则处理。”《江苏省高级人民法院关于适用〈中华人民共和国合同法〉若干问题的讨论纪要（一）》（已失效）第 17 条规定：“债务加入是指第三人与债权人、债务人达成三方协议或第三人与债权人达成双方协议或第三人向债权人单方承诺由第三人履行债务人的债务，但同时不免除债务人履行义务的债务承担方式。”可见，本案定性为债务加入，并参照适用原《担保法》中的公司为他人提供担保的有关规则认定为无效，以及适用担保无效后的处理规则等，均与现有司法观点是相符的。

第三，采用“举轻以明重”的逻辑证明方式强化了本案的论述说服力。最高人民法院采用“举轻以明重”“举重以明轻”逻辑解释的相关判例就多达 62 件，主要应用于二种情形：一是在法律适用上，新类型争议尚无法律明文规定，故参照最类似法律问题的规定，参照确定新类型争议的法律责任及后果等，如本案就是此等情形；二是在事实认定上，待证事实的直接证据均不足，需要以逻辑方式认定合理判断推理案情事实的，如在最高人民法院（2015）民申字第465号案件中，就分析提出“奥普公司已按该意见对零星工作量都有签证，那么举轻以明重，对其声称的案涉280多万元工程量却没有签证，显然违背常理和上述意见要求”。

观判警语

本案涉及企业分支机构及其负责人在无授权的情况下，超越职权范围对外进行债务加入的问题。最高人民法院对本案再审改判，明确了分支机构及其负责人如未获得法人授权的，债务加入属于无效，但即使是债务加入无效，该法人仍需承担债务金额三分之一的过错责任。因此，本案尤其警示了设立分支机构的企业法人应加强印章管理，其对法人分支机构印章管理的重要性，并不亚于对企业法人的印章管理。

股份合作制企业章程中强制收回股份的规定，对于同意签署章程的股东具有法律约束力

◇ 方燕　王新军

案例索引

最高人民法院（2019）最高法民再111号

案情摘要

苍南仪表原属集体所有制企业。1999年，苍南仪表改制为股份合作制企业，注册资金为1000万元。2003年5月9日，苍南仪表召开股东大会并通过增资扩股决议，决定其注册资本从1000万元增资为2100万元，其中叶某占40股，投资120万元，比例为5.7143%。叶某于2009年7月从苍南仪表辞职。2014年4月1日、2014年12月4日，苍南仪表作出董事会决议："决定收回叶某股份、股金、股息""决定将收归企业的叶某股份转让给其他股东""同意将叶某在工商登记的120万元股份……收归企业法人股，由企业法人股转让给……9位股东"。2015年4月16日，苍南仪表将企业类型股份合作制变更为私营有限责任公司，并变更名称为浙江苍南仪表有限公司。

叶某起诉苍南仪表，请求确认苍南仪表2014年4月1日、2014年12月4日作出的董事会决议无效。

原审观点

本案一审判决认为，苍南仪表2007年公司章程第57条规定，参照《劳动法》有关规定，已与企业签订劳动合同者要辞职必须提前30天向本企业提

出申请，经批准后方可办理离厂手续。凡掌握和了解企业机密的股东，如要离开本企业，须经董事会批准，签订有关协议，方可离开，且没有从事本行业同类工作，没有损坏本企业的利益和声誉，拥有的股权继续保留，3 年后再结算。2010 年公司章程第 54 条规定，企业职工辞职，按《劳动法》和企业相关规定办理离厂手续。凡掌握和了解企业机密的股东，如要离开本企业，须经董事会批准，签订有关协议方可离开，且没有从事本行业同类工作，没有损害本企业的利益和声誉，拥有的股权继续保留，3 年后再结算。凡擅自离厂的股东，从事本行业同类工作，并损害了广大股东的利益和本企业的声誉，拥有股权一律冻结。据此，一审法院判决：确认苍南仪表案涉董事会决议中“决议收回叶某股金、股息”部分无效。

本案二审判决认为，叶某上诉主张本案确认董事会决议之效力应完全适用《公司法》之规定进行审理，但苍南仪表虽于 2015 年 4 月 16 日变更为有限责任公司，但其前身苍南仪表厂企业类型为股份合作制，叶某一审诉请确认无效的苍南仪表 2014 年 4 月 1 日、2014 年 12 月 4 日作出的董事会决议也均系作为股份合作制企业的苍南仪表作出，并非公司董事会决议。一审判决考虑股份合作制企业的特殊性，认定实行劳动合作和资本合作相结合的股份合作制企业，并非《公司法》意义上的公司。因叶某诉请确认无效的决议并非《公司法》意义上的董事会决议，一审判决未适用《公司法》之规定认定其效力，适用法律并无不当。

苍南仪表 2007 年公司章程在叶某具有苍南仪表职工身份时即已存在，相关内容对叶某具有约束力。该章程第 57 条已明确规定职工辞职时所持股份如何处理之内容，故叶某所持股份也应按此规定内容进行处理。已生效的温州市中级人民法院（2014）浙温商终字第 2056 号民事判决也已确认 2012 年 7 月 22 日苍南仪表六届四次董事会于 2012 年 7 月 22 日作出的《关于叶某股份的处置意见》中的“结算”符合公司章程约定，亦符合股份合作制企业的特征，应属有效。而本案 2014 年 4 月 1 日、2014 年 12 月 4 日作出的董事会决议中收回叶某股份的内容系上述《关于叶某股份的处置意见》相关内容的延续，一审判决认定苍南仪表 2014 年 4 月 1 日、2014 年 12 月 4 日作出的董事会决议中收回叶某股份的内容并未违反法律强制性规定，有相应依据，并无不当。二审判决：驳回上诉，维持原判。

再审焦点

本案再审审理的争议焦点为：（1）本案确认案涉董事会决议效力是适用《公司法》还是股份合作制的相关规定；（2）案涉董事会决议效力如何认定。

改判要旨

最高人民法院再审认为，争议事件均发生于2015年4月16日之前，此时苍南仪表系股份合作制企业，故对双方权利义务的确定应适用当时合法有效的与股份合作制企业有关的法律法规及相关规定。公司章程作为企业的宪章，对全体发起人、董事、监事、高级管理人员及企业本身具有约束力，公司章程没有规定或者规定不明确的，应适用当时有效的有关股份合作制企业的相关规定；当时关于股份合作制企业的规定不明确或者没有规定，可参照适用《公司法》的有关规定。

根据当时生效的苍南仪表2007年公司章程第57条的规定，叶某拥有的股权，苍南仪表根据2007年公司章程应于叶某辞职3年后即2012年7月后与叶某进行结算。2012年7月22日，苍南仪表董事会作出《关于叶某股份的处置意见》，其中“结算”的内容符合公司章程约定应属有效。温州市中级人民法院（2017）浙03民终2717号民事判决基于（2014）浙温商终字第2056号民事判决的确认，进一步认定叶某于2012年7月23日即丧失苍南仪表股东身份。由此，2012年7月28日苍南仪表修改公司章程时，叶某的股东身份已经丧失，故2012年7月28日修正后的公司章程对叶某不产生效力，苍南仪表依据该修正后的公司章程作出的董事会决议对叶某亦不产生效力。

案涉两份董事会决议均是依据2012年公司章程第49条的规定作出的，苍南仪表基于叶某具有从事本行业同类工作、损害股东利益或企业声誉的行为，通过董事会决议的形式无偿收回叶某股份、股金、股息，叶某于2009年7月经苍南仪表同意辞职，不存在销售同类产品损害苍南仪表利益的行为，故前述第49条中后半部分的规定对叶某并无适用的事实基础，苍南仪表无权无偿收回叶某的股份、股金、股息。故案涉两份董事会决议中关于无偿收回叶某股份、股金、股息以及将叶某股份收归企业（法人股）的内容，因侵害叶某合法财产权益、缺乏公司章程和事实依据，应属无效。一审、二审判决仅认定无偿“收回股金、股息”部分无效有误。再审改判：撤销一审和二审判决，确认案涉董事会决议中关于决定收回叶某股份、股金、股息以及将叶某股份收归企业的内容无效。

观判解判

本案一审、二审判决的主要观点，苍南仪表是股份合作制企业，不适用《公司法》，案涉董事会决议中收回叶某股份的内容，未违反法律强制性规定。最高人民法院认定，当时关于股份合作制企业没有规定的，可参照适用《公司法》，案涉董事会收回叶某股份的决议侵害叶某合法权益，应属无效。对于最高人民法院再审改判的理由和依据，观判作出如下解读：

第一，苍南仪表的公司章程对全体发起人、董事、监事、高级管理人员及企业本身具有约束力，公司章程没有规定的，适用当时的股份合作制企业的规定，当时的股份合作制企业的规定不明确的，可参照适用《公司法》的有关规定。

第二，根据苍南仪表 2007 年公司章程第 57 条中的“股东离开本企业”的情形，叶某拥有的股权，苍南仪表根据 2007 年公司章程应于叶某辞职 3 年后即 2012 年 7 月后与叶某进行结算，“结算”的内容符合公司章程约定应属有效。但是，叶某于 2012 年 7 月 23 日丧失苍南仪表股东身份，2012 年 7 月 28 日苍南仪表修改公司章程时，叶某的股东身份已经丧失，故 2012 年公司章程对叶某不产生效力，苍南仪表依据该修正后的 2012 年公司章程作出的案涉董事会决议，对叶某亦不产生效力。

第三，案涉两份董事会决议均是依据 2012 年公司章程第 49 条的规定作出的，叶某于 2009 年 7 月经苍南仪表同意辞职，不存在销售同类产品损害苍南仪表利益的行为，2012 年公司章程第 49 条中的规定对叶某并无适用的事实基础，故案涉两份董事会决议中关于无偿收回叶某股份、股金、股息以及将叶某股份收归企业的内容，因侵害叶某合法财产权益、缺乏公司章程和事实依据，应属无效。

观判观点

观判认为，本案核心争议在于股份合作制企业公司章程中特殊条款的效力问题，苍南仪表公司章程规定了股份冻结、结算、丧失股东身份、收回股份等内容，是否具有法律效力？对此，观判进一步分析如下：

第一，原审判决和再审判决虽然判决结论有所不同，但是均认可苍南仪表的公司章程应为本案判决的适用依据。苍南仪表的公司章程中规定了有权强制收回股东的股份，即满足一定先决条件下，苍南仪表有权冻结股份、结算、剥夺股东身份、收回股份、再向其他股东转让收回的股权等。原审和再审判决的相关论述中，均未否定苍南仪表依据公司章程强制收回股份的法律效力，最高人民法院亦认定苍南仪表的公司章程对全体发起人、董事、监事、高级管理人员及企业本身具有约束力。

第二，原审法院与最高人民法院的分歧在于，本案是适用苍南仪表 2007 年公司章程还是 2012 年公司章程。最高人民法院认为，叶某并未参与签订 2012 年公司章程，其签订的是 2007 年公司章程，且另案已判决叶某于 2012 年 7 月 23 日即丧失苍南仪表股东身份，2012 年 7 月 28 日苍南仪表才修改公司章程，故 2012 年公司章程对叶某没有约束力，故认定苍南仪表无权依据 2012 年公司章程作出董事会决议处置叶某相关股东权。

第三，从最高人民法院对本案改判的说理论述上看，如果是叶某之外的其他股东，且没有被认定丧失股东身份的，签字同意并通过苍南仪表 2012 年公司章程的，则 2012 年公司章程中规定企业附条件地冻结股份、结算、剥夺股东身份、收回股份等，对该股东是具有约束力的。

观判警语

本案涉及股份合作制企业的公司章程效力问题，股份合作制企业虽然已不常见，部分相关股份合作制的规定已经废止，但本案所引发的争议却具有新意，即公司章程中在法律规定的必备条款之外，增加了特殊规定，特别是增加了处置股东权的规定，此类规定是否有效的问题。对此，观判认为，此等情形不宜在公司章程中规定，可以全体股东另行签订股东协议，采取合同形式而非章程形式，否则将可能构成以多数决的方式侵害少数股东的财产权，面临无效的法律风险。

股东在增资期限届满前进行股权转让的，如无明确约定，则原股东的增资义务将由受让方全部承接

◇ 方燕　王新军

案例索引

最高人民法院（2019）最高法民再104号

案情摘要

青石公司系中外合资经营企业，1993年12月16日，青石公司经主管部门批准增资扩股，注册资本为800万美元。青石公司章程载明，中方股东鞋帽进出口公司增资至240万美元，占注册资本30%（以原材料、机器设备投入，不足部分用现金投入）。1995年7月20日，中方股东鞋帽进出口公司将其名下持有的20%的青石公司股份转让给外方股东，转让后鞋帽进出口公司持有青石公司10%的股份，出资额为80万美元。1994年12月7日至1995年8月11日，青石公司向莆田中行借款共计300万美元，因青石公司未偿还该贷款，莆田中行诉至法院，法院支持莆田中行诉讼请求。2004年9月，莆田中行将上述债权转让给东方资产福州办。2011年10月9日，东方资产福州办对包括案涉债权在内的资产包进行现场公开竞价，汇洋公司竞得债权资产包。

汇洋公司起诉鞋帽进出口公司，请求：鞋帽进出口公司作为青石公司的股东之一，在132万美元增资不足的范围内，对青石公司欠汇洋公司的债务

承担132万美元补充赔偿责任。

原审观点

本案一审判决认为，青石公司在1993年增资扩股后，鞋帽进出口公司认缴出资增至240万美元，虽其现金出资额仅有108万美元，但青石公司章程已明确记载鞋帽进出口公司240万美元的出资是以原材料、机器设备投入，不足部分用现金投入，且鞋帽进出口公司于1995年7月将其持有的20%青石公司股份转让给外方股东后，其所占股份仅为10%，对应出资额为80万美元，故汇洋公司主张鞋帽进出口公司增资不足，并进而要求鞋帽进出口公司对青石公司的债务承担补充赔偿责任，没有事实及法律依据。一审法院判决：驳回汇洋公司的诉讼请求。

本案二审判决认为，2012年青石公司注册资本金仍为800万美元，没有证据证明青石公司已经进行了清算并注销。因此，青石公司的股东注册资本不到位的情况仍在延续，股东补足增资的义务和相应的法律责任依然存在，故本案可以适用现行的有关公司的法律规定。鞋帽进出口公司提交的证据只能证明其增资108万美元，至于以原材料、机器设备增资并没有证据予以支持，故鞋帽进出口公司主张其30%的增资已经到位，缺乏事实依据。根据《最高人民法院关于适用〈中华人民共和国公司法〉若干问题的规定（三）》（以下简称《公司法解释（三）》）第13条第2款“公司债权人请求未履行或者未全面履行出资义务的股东在未出资本息范围内对公司债务不能清偿的部分承担补充赔偿责任的，人民法院应予支持”的规定，鞋帽进出口公司应在132万美元范围对青石公司债务不能清偿的部分承担补充赔偿责任。虽然鞋帽进出口公司将20%的股权转让给顺都公司，但是没有证据证明顺都公司补齐了增资的差额。《公司法解释（三）》第18条规定：“有限责任公司的股东未履行或者未全面履行出资义务即转让股权，受让人对此知道或者应当知道，公司请求该股东履行出资义务、受让人对此承担连带责任的，人民法院应予支持；公司债权人依照本规定第十三条第二款向该股东提起诉讼，同时请求前述受让人对此承担连带责任的，人民法院应予支持。”故案涉的30%股权所对应的240万美元出资，仅到位108万美元，还有132万美元的增资没有到位。因此，即使鞋帽进出口公司将20%股权转让给顺都公司亦不能免除在增资不到位的范围内，对债权人汇洋公司的债务承担补充赔偿责任。二审法院判决：鞋帽进出口公司在132万美元的范围内，对青石公司欠汇洋公司的债务承担补充赔偿责任。

再审焦点

本案再审审理的争议焦点为：鞋帽进出口公司对于青石公司增资是否已经到位，如增资未到位是否在未增资范围内对青石公司债务承担补充赔偿责任。

改判要旨

最高人民法院再审认为，基于原莆田县对外经济贸易委员会同意增资的批复以及青石公司增资报告，鞋帽进出口公司第一年增资至180万美元的义务未完成，但由于第一年顺都公司多增资部分金额，青石公司总出资增至576万美元，与批复的第一年须增资至600万美元相差24万美元，该金额应属于青石公司股东增资未到位金额。1995年7月20日，鞋帽进出口公司转让其持有的青石公司20%股份给顺都公司获得主管部门批准。因在该部分股份转让时，鞋帽进出口公司第二年增资期限尚未届满，尚不具有增资义务，相应的增资义务应由顺都公司承接；鞋帽进出口公司对该部分增资所负义务不属于《公司法解释（三）》第13条第2款规定的股东未履行或者未全面履行出资义务情形。基于上述分析，若根据股东增资不到位对外承担责任，鞋帽进出口公司也仅应在24万美元范围内对外承担责任，至于因此与另一股东因增资产生的问题系股东内部事务，不属于青石公司对外责任考虑范畴。同时，由于鞋帽进出口公司将青石公司20%股份转给顺都公司后，尚保留青石公司10%股份，对应出资金额80万美元，相对于已出资108万美元，超出28万美元。在此情况下，汇洋公司主张鞋帽进出口公司在原约定的全部增资132万美元范围内对外承担责任，与上述事实不符，一审判决未支持青石公司的诉讼请求正确，应予维持。

鞋帽进出口公司曾作为担保人替青石公司向案涉原始债权人莆田中行偿付借款430万元人民币和120.8万美元，相应取得对青石公司的追偿债权，但由于青石公司已经丧失偿债能力，该部分追偿债权已经难以实现。鞋帽进出口公司作为股东，基于对青石公司增资不到位对外承担的责任与基于为青石公司提供担保对外承担的责任，在法律上确实有所区别，或者说不是同一法律关系，但鞋帽进出口公司对外承担的上述两种责任，目的都是增加青石公司的偿债能力，从而保证青石公司债权人利益。即便鞋帽进出口公司对后续增资132万美元负有增资义务且增资未到位，亦不应再苛求鞋帽进出口公司继续在增资不到位范围内对案涉债权承担偿付责任，否则有违公平和诚实信用的法律原则。最高人民法院再审改判：撤销二审判决，维持一审判决。

观判解判

本案二审判决的主要观点为，本案应适用《公司法解释（三）》第13条第2款和第18条的规定，故判决鞋帽进出口公司对汇洋公司的债务承担补充赔偿责任。最高人民法院根据本案的事实，认为不应适用上述规定。对于最高人民法院再审改判的理由和依据，观判作出如下解读：

第一，鞋帽进出口公司第一年增资至180万美元的义务未完成，但由于第一年顺都公司多增资部分金额，青石公司总出资增至576万美元，与批复的第一年须增资至600万美元相差24万美元，该金额应属于青石公司股东增资未到位金额。故最高人民法院认定，青石公司第一年增资至600万美元时，鞋帽进出口公司增资未到位金额为24万美元。

第二，鞋帽进出口公司将其持有的青石公司20%股份转让给顺都公司时，第二年增资期限尚未届满，尚不具有增资义务，相应的增资义务应由顺都公司承接。由于鞋帽进出口公司将青石公司20%股份转给顺都公司后，尚保留青石公司10%股份，对应出资金额80万美元，相对于已出资108万美元，超出28万美元，不存在增资瑕疵。故最高人民法院认定，本案不符合

《公司法解释（三）》第 13 条第 2 款规定的股东未履行或者未全面履行出资义务的情形。

第三，鞋帽进出口公司已经为青石公司偿还 430 万元人民币和 120.8 万美元的担保债务，金额远超 132 万美元。故最高人民法院认定，根据公平和诚实信用的法律原则，即便鞋帽进出口公司对后续增资 132 万美元负有增资义务且增资未到位，亦不应再苛求鞋帽进出口公司对案涉债权承担偿付责任。

观判观点

本案属于标志性的新型案例。观判认为，最高人民法院根据本案事实作出了新分析论证，与二审判决结论完全不同，系基于以下三项基础观点：

第一项基础观点：虽然瑕疵增资股东未全部增资，但其他股东超额增资的，其他股东超额增资的部分，对外可以计入瑕疵增资股东的金额。据此，认定青石公司第一年增资至 600 万美元时，股东顺都公司和鞋帽进出口公司共同实际增资至 576 万美元，故鞋帽进出口公司增资未到位金额应为 24 万美元。

第二项基础观点：股东增资期限届满前，股东进行股权转让的，该股东对该转让股权不再负有增资义务，将由受让股东承接增资义务。据此，认定鞋帽进出口公司不应承担 30% 股权对应 240 万美元的增资责任，应承担剩余 10% 股权对应 80 万美元增资义务，由于其实际增资额为 108 万美元，超过 80 万美元，故不存在鞋帽进出口公司增资不到位的事实。

第三项基础观点：基于鞋帽进出口公司替青石公司向案涉原始债权人莆田中行偿付借款 430 万元人民币和 120.8 万美元的事实，故假设即使青石公司应承担 132 万美元的增资义务，基于公平和诚实信用原则，也不应再苛求鞋帽进出口公司承担本案责任。

观判警语

银行的不良债权打包处置后，竞买人取得债权人地位，大多会从股东瑕疵增资及瑕疵清算责任的角度，向债务人的股东提起诉讼，这成为一种普遍的法律现象。本案就是此等情形。虽然时隔多年，鞋帽进出口公司仍面临重大法律风险。可见，作为公司的股东，如果未依照公司章程严格履行股东义务，即使在当时没有被追究，但随着不断完善和出台新的司法解释，原来不被重视的股东行为，也可能演化成巨大的法律风险。

由于公司的公章不唯一，合同中争议公章鉴定结果为真实性无法确定的，将不能据此认定公章虚假

◇ 方燕　王新军

案例索引

最高人民法院（2019）最高法民再178号

案情摘要

永华公司于2002年11月1日成立，注册资本1000万元，股权结构为：股东薛某出资800万元，持股比例为80%；其他4位股东持股比例均为5%。2010年7月2日，薛某和其他4位股东作为甲方，英德邦公司作为乙方，永华公司作为丙方，签订《合作协议书》一份，约定：乙方拟受让甲方持有的永华公司100%股权等。2010年8月13日，永华公司的股东由薛某等人变更为英德邦公司，英德邦公司持股比例为100%，永华公司的法定代表人变更为迟某。永华公司盖章的《担保函》载明：鉴于英德邦公司仍欠上述5人股权转让款52,396,367.30元，永华公司同意为英德邦公司的上述债务向5人出具担保函，落款处载有永华公司公章，落款时间为2012年7月3日。此后，薛某作为受让方，其他4位股东作为转让方，签订《债权转让协议书》，4位股东将各自持有未获清偿的上述转让价款本金及相应主张违约责任的权利，均转让给薛某。

薛某起诉请求：判令英德邦公司支付股权转让价款10,479,273.44元及

利息，永华公司对英德邦公司的上述债务向薛某承担连带责任。

原审观点

本案一审判决认为，《担保函》载明的落款时间为2012年7月3日，永华公司时任法定代表人迟某认可该函的真实性。经鉴定，《担保函》上公章的真实性、加盖时间、文字形成时间均不能确认，仅确认“先章后文”。薛某在提交该《担保函》时主张因永华公司向其交付《担保函》时已制作好，不能确认印文与字迹形成的先后顺序，“先章后文”不能否认《担保函》的真实性，且永华公司自行提交的比对样本中也存在2012年7月前后永华公司公章并不唯一的情形，永华公司也并未提交其他有效证据推翻《担保函》的真实性。永华公司系为其唯一股东英德邦公司提供担保。迟某作为永华公司的法定代表人，同时也是英德邦公司的法定代表人，实际控制两家公司，对于《担保函》的真实性也予以确认。因此，一审法院确认《担保函》的真实性。一审判决：英德邦公司向薛某支付700万元和2,682,906.16元以及相应违约金，永华公司对英德邦公司的上述债务承担连带清偿责任。

本案二审判决认为，迟某自2013年起即不再担任永华公司法定代表人，故其已无权在诉讼中代表永华公司作出追认的意思表示。根据鉴定意见书第5页对于《担保函》朱墨时序鉴定及分析说明部分的记载，《担保函》打印文字的行间距分布不均，系行为人为适应纸张上已有印文而对打印字迹进行多次调整，形成的打印文字与印文的布局特征。行为人为适应印文既定位置布局而对打印字迹进行多次调整的特征，充分反映出先有红色印文后有同部位黑色打印字迹的形成时序特征。根据前述鉴定说明，该《担保函》系在事先加盖了永华公司公章的空白纸张上事后打印而成，有悖于出具文件的通常惯例，形成过程存在重大瑕疵。根据《最高人民法院关于适用〈中华人民共和国民事诉讼法〉的解释》第108条第2款规定，结合《担保函》上加盖的公章不能确定与永华公司送检的样本是否为同一枚公章所盖等前文论述，二审法院认为出具《担保函》的行为并非永华公司真实意思表示。二审判决：永华公司对英德邦公司的上述债务不承担连带清偿责任。

再审焦点

本案再审审理的争议焦点为：案涉《担保函》公章真伪的认定问题，以及担保的效力认定问题。

改判要旨

最高人民法院认为，鉴定机构仅得出“先章后文”的鉴定意见，鉴定意见并未认定《担保函》所加盖的永华公司公章系伪造，仅认定与送检样本不同。由于永华公司自行提供的检材样本在2012年7月前后也即《担保函》出具前后存在同时使用两枚公章的情况，表明永华公司当时所使用的公章存在不唯一的情形，因此鉴定意见并不足以证明《担保函》上所加盖的永华公司公章虚假。至于“先章后文”问题，实践中预先加盖公章的空白文书并不少见，“先章后文”不足以认定公章为虚假。永华公司应自行承担加盖公章的空白文书所导致的风险和法律后果。迟某作为时任永华公司的法定代表人认可《担保函》的真实性。在本案无证据证明迟某与薛某存在恶意串通的情形下，应认定《担保函》加盖的永华公司公章为真。从举证责任看，永华公司否认《担保函》的真实性，应当提供充分的反驳证据加以推翻。在永华公司自行提供的样本不唯一，且迟某作为时任永华公司的法定代表人认可《担保函》的真实性，而永华公司不能提交其他反驳证据的情况下，根据《最高人民法院关于适用〈中华人民共和国民事诉讼法〉的解释》第108条第2款关于“对一方当事人为反驳负有举证证明责任的当事人所主张事实而提供的证据，人民法院经审查并结合相关事实，认为待证事实真伪不明的，应当认定该事实不存在”之规定，仅依据鉴定意见并不足以认定待证事实即公章真伪问题，永华公司应当承担举证不能的不利法律后果。再审改判：永华公司对英德邦公司的上述债务承担连带清偿责任。

观判解判

本案一审判决的主要观点，认为鉴定结果是《担保函》上公章的真实性不能确认，但永华公司存在公章并不唯一的情形，且永华公司时任法定代表人迟某认可该函的真实性，故认定《担保函》真实。

本案二审判决的主要观点，认为鉴定结果是不能得出《担保函》系永华公司出具，迟某自2013年起即不再担任永华公司法定代表人，已无权代表永华公司作出追认的意思表示，故认定出具《担保函》的行为并非永华公司真实意思表示。

最高人民法院改判的主要观点，认为鉴定意见并未认定《担保函》所加盖的永华公司公章系伪造，由于永华公司当时所使用的公章存在不唯一的情形，因此鉴定意见并不足以证明《担保函》上公章虚假；且迟某作为时任永华公司的法定代表人认可《担保函》的真实性，在无证据证明迟某与薛某存在恶意串通的情形下，应认定《担保函》加盖的永华公司公章真实。

观判观点

本案再审改判的事实依据，与一审判决所依据的基础事实在内容上是相同的，但改判的亮点在于最高人民法院明确二次分配的举证责任，以及认定永华公司不能履行对公章证伪的举证责任，应承担不利的证明后果：

第一，在举证责任的分配及认定方面，最高人民法院改判适用的法律依据是《最高人民法院关于适用〈中华人民共和国民事诉讼法〉的解释》第108条第2款，即“对一方当事人为反驳负有举证证明责任的当事人所主张事实而提供的证据，人民法院经审查并结合相关事实，认为待证事实真伪不明的，应当认定该事实不存在”。具体适用内容为：虽然公章鉴定结果为真实性无法确定，但由于永华公司自行提供的样本不唯一，且迟某作为时任永华公司的法定代表人认可《担保函》的真实性。对于上述事实，由于永华公司不能再次提交其他反驳证据，故认定永华公司应当承担举证不能的不利法律后果。

第二，薛某起诉永华公司承担担保责任，薛某作为原告应负有举证责任，对此薛某举证了《担保函》，完成了初步证明责任。永华公司抗辩《担保函》中的公章不真实，故负有对《担保函》中公章证伪的举证责任。永华公司的证明方式是请求法院进行公章的司法鉴定。但是，基于永华公司自行提供的公章鉴定样本不唯一，说明永华公司的公章不唯一，而且鉴定结果并非证实是《担保函》上公章虚假，而是真实性无法确定，故由永华公司承担不能证伪的不利举证后果。

第三，永华公司时任法定代表人迟某的证明，进一步强化了永华公司不能对公章证伪的证明结果。对于二审判决未采信迟某的证明理由，系迟某现在不是永华公司法定代表人，故无权在诉讼中代表永华公司作出追认的意思表示。但是，迟某的证明行为，并非代表永华公司的追认性质，而是作为当时盖章担保亲历者和行为人的证明，故最高人民法院否定了二审判决对迟某证明的认定。

因此，最高人民法院实际是综合了鉴定结果、永华公司公章不唯一、迟某的证明，以及永华公司系为当时持股100%股东进行担保等多项事实，作为一个完整证据链，最终认定《担保函》确系当时永华公司及其法定代表人的真实意思表示。

观判警语

本案事实的特殊之处在于，永华公司公章不唯一，这是导致永华公司最终败诉的重要原因。对于公章真实性无法确定的鉴定结果，如果永华公司的公章唯一，则说明薛某未能证明《担保函》公章真实；由于公章不唯一，永华公司不能证明《担保函》公章虚假；这成为最高人民法院改判中作出举证责任二次分配的事实依据之一。可见，对于任何公司，公章是否具有唯一性，不仅涉及公章管理是否规范，而且是可能引发潜在重大法律风险的问题。

股东主张行使股东知情权的，仅有权查阅会计账簿和财务会计报告，无权查阅原始凭证

◇ 方燕　王新军

案例索引

最高人民法院（2019）最高法民申6815号

案情摘要

海融博信公司成立于2015年2月27日，公司类型为有限责任公司（台港澳与境内合资），富巴公司与海融公司为海融博信公司股东。富巴公司系在香港特别行政区注册成立的公司。2018年3月27日，富巴公司向海融博信公司发出《律师函》，要求行使其股东知情权，请求查阅、复制公司章程、股东会会议记录、会计账簿（含总账、明细账、日记账、其他辅助性账簿）和会计凭证（含记账凭证、相关原始凭证及作为原始凭证附件入账备查的合同等有关资料）。海融博信公司于2018年3月28日收到该《律师函》后，至今拒绝答复。

富巴公司起诉海融博信公司，请求判令海融博信公司将其成立以来的公司会计账簿（含总账、明细账、日记账、其他辅助性账簿）和会计凭证（含记账凭证、相关原始凭证及作为原始凭证附件入账备查的有关资料）的原件完整备置于其住所地以供富巴公司查阅等。

原审观点

本案一审判决认为，富巴公司在提起诉讼之前已向海融博信公司邮寄了要求复制和查阅相关文件的《律师函》，海融博信公司收到《律师函》后在起诉前一直拒绝回复，因此可以认定富巴公司履行了请求法院强制公司实现股东知情权的前置程序。富巴公司为了解其持股公司的运营情况，要求查阅会计账簿并无不当，且海融博信公司不能提供证据证明富巴公司行使其股东知情权有其不正当目的以致损害公司利益。根据《会计法》第 15 条第 1 款的规定，会计账簿包括总账、明细账、日记账和其他辅助性账簿。另外，有限责任公司的会计凭证和原始凭证是形成公司会计账簿的重要资料，且会计账簿的真实性和完整性是通过原始凭证反映，股东通过查阅会计凭证和原始凭证可以充分保障其自身合法权益，故富巴公司要求查阅海融博信公司会计凭证、原始凭证等资料，予以支持。一审判决：海融博信公司提供 2015 年 2 月 27 日至今的会计账簿及原始凭证供富巴公司查阅。

本案二审判决认为，根据《公司法》第 33 条的规定，股东有查阅公司会计账簿的权利，但未将制作公司会计账簿涉及的有关凭证列入股东可以行使该项股东知情权的范围，故富巴公司诉讼请求中有关查阅的范围和方式超出我国公司法规定的部分。二审判决：海融博信公司提供 2015 年 2 月 27 日至今的会计账簿供富巴公司查阅。

再审焦点

本案再审审理的争议焦点为：富巴公司是否有权查阅海融博信公司的原始会计凭证。

改判要旨

最高人民法院再审认为，《公司法》第 33 条规定："股东有权查阅、复制公司章程、股东会会议记录、董事会会议决议、监事会会议决议和财务会计报告。股东可以要求查阅公司会计账簿。股东要求查阅公司会计账簿的，应当向公司提出书面请求，说明目的。公司有合理根据认为股东查阅会计账簿有不正当目的，可能损害公司合法利益的，可以拒绝提供查阅，并应当自股东提出书面请求之日起十五日内书面答复股东并说明理由。公司拒绝提供查阅的，股东可以请求人民法院要求公司提供查阅。”据此，查阅、复制公司章程、股东会会议记录、董事会会议决议、监事会会议决议和财务会计报告是股东的权利，股东查阅公司会计账簿应以没有不正当目的、不会损害公司合法利益为前提。富巴公司系海融博信公司的股东，股东对于公司的运营状况享有知情权，有权查阅公司的相关资料。《会计法》第 13 条第 1 款规定：“会计凭证、会计帐簿、财务会计报告和其他会计资料，必须符合国家统一的会计制度的规定。”第 14 条第 1 款规定：“会计凭证包括原始凭证和记帐凭证。”根据前述法律规定，会计账簿不包括原始凭证和记账凭证。股东知情权和公司利益的保护需要平衡，故不应当随意超越法律的规定扩张解释股东知情权的范畴。《公司法》仅将股东可查阅财会资料的范围限定为财务会计报告与会计账簿，没有涉及原始凭证，二审判决未支持富巴公司查阅海融博信公司原始凭证的请求，并无不当。《会计法》未赋予股东查阅公司原始凭证的权利，北京市高级人民法院的指导意见不具有司法解释的效力，富巴公司依据以上规定请求再审本案之主张，不能成立。再审裁定：驳回富巴公司再审申请。

观判解判

一审判决的主要观点，认为有限责任公司的会计凭证和原始凭证是形成公司会计账簿的重要资料，且会计账簿的真实性和完整性是通过原始凭证反映，故应支持查阅原始凭证。

二审判决的主要观点，认为《公司法》第 33 条未将制作公司会计账簿涉及的有关凭证列入股东可以行使该项股东知情权的范围，富巴公司请求查阅原始凭证超出《公司法》规定。

最高人民法院再审的主要观点，认为会计账簿不包括原始凭证和记账凭证，且《公司法》仅将股东可查阅财会资料的范围限定为财务会计报告与会计账簿，没有涉及原始凭证。

观判观点

对于行使股东知情权查阅会计账簿，是否包括查阅原始凭证的问题，不同法院在司法裁判中长期存在争议，亟须统一司法裁判尺度，观判作出简要分析论证，如下：

第一，严格依照法律规定，股东行使知情权的查阅范围不应包括原始凭证。《公司法》第33条作出了“股东可以要求查阅公司会计账簿”的规定，但对于会计账簿的定义及其范围，则依据《会计法》第13条第1款的“会计凭证、会计账簿、财务会计报告和其他会计资料……”的规定，说明会计账簿与会计凭证是并列关系，不是包含关系。因此，依照相关法律规定，股东行使知情权的范围不应包括原始凭证。

第二，在最高人民法院2011年第8期（总第178期）《最高人民法院公报》案例“李某某、吴某、孙某、王某某诉江苏佳德置业发展有限公司股东知情权纠纷案”中，对行使股东知情权的查阅范围，作出如下论述：“公司的具体经营活动只有通过查阅原始凭证才能知晓，不查阅原始凭证，中小股东可能无法准确了解公司真正的经营状况”，并认定：“查阅权行使的范围应当包括会计账簿（含总账、明细账、日记账和其他辅助性账簿）和会计凭证（含记账凭证、相关原始凭证及作为原始凭证附件入账备查的有关资料）。”终审判决支持股东查阅原始凭证。上述最高人民法院公报案例发布后的近10年期间，此判决已经成为此类案件的主要裁判标准。

但是，也有部分法院持不同观点，如贵州省高级人民法院（2018）黔民终1215号民事判决书认定，“王某某主张要求查阅公司会计凭证的诉讼请求，因《中华人民共和国公司法》第三十三条并没有明确规定股东可以查阅公司原始会计凭证，故对王某某的此项诉讼请求，依法不予支持”，改判不予支持股东查阅原始凭证。

第三，最高人民法院在本案再审裁定中还明确指出“北京市高级人民法院的指导意见不具有司法解释的效力”。上述所称的指导意见，即《北京市高级人民法院关于审理公司纠纷案件若干问题的指导意见》第19条规定的“有限责任公司股东有权查阅的公司会计账簿包括记账凭证和原始凭证”。实际上，除了北京市高级人民法院的类似指导意见外，《江苏省高级人民法院关于审理适用公司法案件若干问题的意见（试行）》第66条第2款规定：“有限责任公司股东除有权查阅前款规定所列材料外，还可以查阅董事会决议、公司账薄及相关原始凭证……”《广东省高级人民法院民二庭关于民商事审判实践中有关疑难法律问题的解答意见》第3条第9款规定：“……股东可以查阅的范围包括：公司章程、股东会记录，董事会监事会记录、股东名册、财务会计报告。会计帐簿和会计凭证（原始凭证和记帐凭证）应当允许查阅，但有正当目的限制。”最高人民法院通过再审裁判文书中对本案法律适用的分析评判，明确认定地方法院作出的指导意见，是不具有司法解释的效力的。

综上所述，对于股东行使知情权能否查阅原始凭证的问题，确实长期存在无法统一裁判尺度的问题。最高人民法院在本案再审裁判文书中的观点，已经突破了原最高人民法院公报案例的观点，应该会成为今后股东知情权案件审判中的新裁判标准。

观判警语

最高人民法院通过本案再审裁判文书明确了股东知情权的范围，希望能够消除“同案不同判”的问题。观判注意到，小股东由于无法查阅原始凭证，可能导致无法了解会计账簿的真实性和完整性，无法真正实现知情权；也可能导致大股东通过人为制作亏损的会计账簿而长期不分配利润，损害小股东合法权益等。对此类衍生问题，也应当引起相关立法部门的关注。

被执行人变更法定代表人后，应解除对原法定代表人执行“限高”措施，但该变更所依据的法律文件无效的除外

◇ 方燕　王新军

案例索引

最高人民法院（2020）最高法执监102号

案情摘要

吉利木业与铭友公司合同纠纷一案，某仲裁委员会于2015年8月12日作出仲裁裁决书，裁决：铭友公司给付吉利木业货款624,251.87元。因铭友公司未履行生效法律文书所确定的义务，吉利木业向某中级法院申请强制执行。在执行过程中，执行法院于2018年3月16日作出限制高消费及有关消费令，禁止铭友公司及其原法定代表人徐某支付高消费的行为。铭友公司于2018年9月5日将法定代表人徐某变更为王某，徐某将其持有的该公司的62%股份一并转让给王某，故执行法院撤销了对徐某的限制高消费及有关消费令，变更为对铭友公司的现任公司法定代表人王某采取限制高消费及有关消费令。

吉利木业向执行法院提出执行异议，主张：人民法院应当依法对徐某继续采取限制高消费措施等。

原审观点

本案异议裁定认为，依据《最高人民法院关于限制被执行人高消费及有

关消费的若干规定》第3条的规定，被采取限制高消费及有关消费的人群范围包括被执行人及其法定代表人、主要负责人、影响债务履行的直接责任人员、实际控制人。故执行机构可以对该公司的法定代表人、主要负责人、影响债务履行的直接责任人员、实际控制人，采取限制高消费及有关消费的执行措施。但徐某已不是铭友公司的法定代表人，且其持有的股份已全部转让给现法定代表人王某，在执行机构已对王某采取限制高消费及有关消费措施的情况下，再对徐某采取该项措施显然缺乏事实和法律依据。故在没有证据证实徐某系铭友公司主要负责人、影响债务履行的直接责任人员、实际控制人的情况下，执行机构解除了对徐某的“限高”措施并无不妥。一审裁定：驳回吉利木业的异议请求。

本案复议裁定认为，本案的焦点问题是徐某是否具备限制高消费的条件。依据有关法律规定，能被采取限制高消费及有关消费的人群范围包括被执行人及其法定代表人、主要负责人、影响债务履行的直接责任人员、实际控制人。本案中徐某已不是铭友公司的法定代表人，且其持有的股份已全部转让给现法定代表人王某，并有证据证明。吉利木业主张徐某是影响债务履行的直接责任人员，没有证据支持。在此情况下，再对徐某采取该项限制高消费措施已失去事实和法律依据。二审裁定：驳回吉利木业的复议申请。

申诉焦点

本案申诉审理的争议焦点为：徐某作为被执行人铭友公司的法定代表人被限制高消费后，由于被执行人铭友公司变更法定代表人，对其是否应解除限制高消费措施。

改判要旨

最高人民法院申诉审理认为，第一，应依法判断徐某是否仍属于可以采取限制消费措施的人员范围。《最高人民法院关于限制被执行人高消费及有关消费的若干规定》第3条第2款规定：“被执行人为单位的，被采取限制消费措施后，被执行人及其法定代表人、主要负责人、影响债务履行的直接责任人员、实际控制人不得实施前款规定的行为。因私消费以个人财产实施前款规定行为的，可以向执行法院提出申请。执行法院审查属实的，应予准许。”在执行过程中，被执行人的法定代表人发生变化时，要判断原法定代表人是否为被执行人的主要负责人或者影响债务履行的直接责任人员。本案中，徐某系被执行人的原法定代表人，在被执行人法定代表人已变更为王某且徐某已将62%股权进行转让的情况下，执行法院变更对王某限制消费，解除了对徐某的限制消费措施并无不当。如申请执行人认为仍应对徐某继续限制消费，应当提供充分证据证明徐某系被执行人的主要负责人或影响债务履行的直接责任人员，或者证明徐某与王某之间的转让股权行为虚假。第二，申诉人现有证据可以证明徐某与王某之间的股权转让合同属无效合同，损害其合法利益。申诉人提交的新证据唐山中院（2019）冀02民终6365号民事判决，确认徐某与王某于2018年10月26日签订的铭友公司股权转让合同系双方恶意串通，损害了第三人利益，应为无效合同，故唐山中院执行异议、河北高级人民法院复议裁定书中认定的“徐某已不是铭友公司的法定代表人，且其持有的股份已全部转让给现法定代表人王某，并有证据支持”的裁定依据已发生变化。执行异议及复议裁定驳回吉利木业的异议、复议请求确有不当，应予撤销。执行法院应根据案件执行情况，决定对徐某是否继续采取限制高消费措施。最高人民法院作出申诉裁定：撤销异议裁定和复议裁定。

观判解判

本案各级法院均认同本案适用《最高人民法院关于限制被执行人高消费及有关消费的若干规定》第3条的规定，但法律适用的事实依据上，有所不同：

第一，本案异议裁定的主要观点，认为徐某已不是铭友公司的法定代表人，且其持有的股份已全部转让给现法定代表人王某，在执行机构已对王某采取限制高消费及有关消费措施的情况下，再对徐某采取该项措施缺乏事实和法律依据。

第二，本案复议裁定的主要观点，认为吉利木业主张徐某是影响债务履行的直接责任人员，没有证据支持，故对徐某采取该项限制高消费措施没有事实和法律依据。

第三，最高人民法院执行申诉改判的主要观点，认为根据新证据唐山中院（2019）冀02民终6365号民事判决书，确认徐某与王某于2018年10月26日签订的铭友公司股权转让合同系双方恶意串通的无效合同，原裁定依据的“徐某已不是铭友公司的法定代表人，且其持有的股份已全部转让给现法定代表人王某”的事实不成立，裁定依据发生变化，执行法院应根据案件执行情况，决定对徐某是否继续采取限制高消费措施。

观判观点

公司的法定代表人被采取执行“限高”措施之后，公司变更法定代表人的，执行法院能否据此直接解除对原法定代表人的“限高”措施？这是一个很多被执行人关心的法律问题。最高人民法院在本案申诉裁定中，树立了此类案件的审理尺度，观判作出解读和分析，如下：

第一，被执行人变更法定代表人后，应解除对原法定代表人的“限高”措施，是基本的裁判规则。因为被执行人作为法律主体，有权变更法定代表人，并不因是被执行人而丧失公司变更登记权；且变更后的原法定代表人不再行使和享有相应职权及权利，也不再负担相应义务和责任，故对新法定代表人采取执行“限高”措施后，应当解除对原法定代表人的“限高”措施。

第二，如公司仅变更了法定代表人，但原法定代表人仍持有公司股权的，则对新法定代表人采取执行“限高”措施后，亦不应直接据此解除对原法定代表人的“限高”措施，因为不能排除原法定代表人仍是公司实际控制人的可能。对此，观判认为，对于仍持有公司股权的原法定代表人是否为实际控制人的争议，应当由公司和原法定代表人承担全部举证责任。

第三，被执行人变更法定代表人后，如变更登记所依据的其中任一法律文件无效的，包括股东会决议无效、董事会决议无效，以及本案中的股权转让协议无效等，上述无效行为将导致变更法定代表人的登记行为丧失了合法依据，故不应当解除对原法定代表人的“限高”措施。

第四，最高人民法院申诉裁定是撤销了原异议裁定和复议裁定，并未直接支持吉利木业对徐某继续采取“限高”措施的异议请求。对此，观判认为，虽然生效判决书已经认定本案股权转让合同无效，但该判决书执行情况不明，且撤销相应的法定代表人变更登记情况亦不明，故最高人民法院裁决要求执行法院根据案件执行情况，另行决定对徐某是否继续采取“限高”措施，这是符合客观情况的。最高人民法院本案执行申诉的裁决结果，类似于民事诉讼再审的“发回重审”。

观判警语

本案反映了一个典型的法律现象，即被“限高”的法定代表人可能采取各种“金蝉脱壳”或“顶包”行为，以逃避执行和“限高”措施。例如，虽然在形式上公司已经依照法定程序完成了合法变更登记，但是变更后的法定代表人为高龄老人或者个人情况明显与担任法定代表人能力或身份不符等。因此，如何从制度上建立相应的规避防范和堵漏机制，亟待立法机关完善立法。在此，观判提出如下立法建议：公司法定代表人被采取执行“限高”措施之后，公司可以依法变更法定代表人，人民法院可以对新法定代表人采取执行“限高”措施，但是原法定代表人据此要求人民法院解除其执行“限高”措施的，人民法院可以要求原法定代表人和新法定代表人到庭接受询问，并提交相关证据，依法审查后，方可决定是否解除对原法定代表人的“限高”措施。

股东会解除抽逃出资股东股东资格的，排除无表决权股东后须达到规定的通过比例，否则股东会决议不成立

◇ 方燕　王新军

案例索引

最高人民法院（2018）最高法民再328号

案情摘要

凯发公司设立时注册资本为1000万元。2007年12月27日，公司注册资本增加至6500万元，新增股东李某。2008年1月3日，凯发公司召开股东会并作出决议：公司注册资本由6500万元增至10,000万元，增加的3500万元由新增股东张某出资。2008年1月4日，会计师事务所出具验资报告载明：截至2008年1月4日，凯发公司收到股东张某出资3500万元。2008年1月7日，凯发公司通过银行汇款1700万元和1800万元给建国公司和福日公司，共计3500万元。2015年11月6日，凯发公司召开董事会，董事会决议于2015年11月27日召开临时股东会，审议关于解除张某的公司股东资格、解除李某的公司股东资格以及解除股东资格后公司增资、减资等事项。2015年11月27日，凯发公司召开股东会，股东臧某等到会，参加会议的股东持股比例共计30%，会议通过决议：解除张某公司股东资格。

凯发公司股东之一臧某向人民法院起诉，请求：确认凯发公司于2015年11月27日股东会决议中关于解除张某公司股东资格的决议有效。

原审观点

本案一审判决认为，张某在2008年1月4日将3500万元汇入凯发公司验资账户，办理完相关验资手续后，完成了对凯发公司的出资义务；但在验资后第三天，该3500万元便从凯发公司账户转入建国公司、福日公司。出资款在短时间内被抽走。对于该两笔汇款，凯发公司与张某之间未签订借款合同，不符合常理；实际上凯发公司并没有收回上述3500万元；张某主张还款850万元，不能排除上述款项是为了履行“三方协议”而支付的开发项目用款。张某主张转走3500万元是对凯发公司的借款，没有事实依据，不能成立。在股东抽逃出资的情形中，抽逃出资的股东往往会以出具借条、签订借款合同、虚拟交易等方式来掩盖抽逃的行为。张某的行为符合《最高人民法院关于适用〈中华人民共和国公司法〉若干问题的规定（三）》（以下简称《公司法司法解释三》）第12条第4项“其他未经法定程序将出资抽回的行为”，构成抽逃出资。经凯发公司催告后，张某未能在合理期间内返还出资，凯发公司依法有权解除其股东资格。凯发公司于2015年11月27日召开股东会，参会股东的持股比例为30%，李某、张某未到会。因该次股东会审议的事项之一为拟解除张某股东资格，作为拟被除名的股东，其所持有股权的表决权应当排除，否则会产生被除名股东操纵表决权的情形，不利于保护中小股东的合法权益。一审判决：确认凯发公司于2015年11月27日作出的股东会决议第1项“解除张某的公司股东身份”的决议有效。

本案二审判决认为，张某在2008年1月4日向凯发公司验资账户汇入3500万元，办理完验资手续后于2018年1月7日即将该全部出资转出，该行为符合《公司法司法解释三》第12条第2项规定的情形，即“通过虚构债权债务关系将其出资转出”，属于典型的抽逃出资行为。张某在将全部出资抽逃后，经凯发公司多次催告，至今没有返还。凯发公司根据《公司法司法解释三》第17条之规定，以股东会决议解除张某的股东资格的行为合法有效。一审判决关于拟被解除股东资格的股东没有权利参与表决，其所持股份不应作为计算法定表决比例基数的分析意见并无不当。二审判决：驳回上诉，维持原判。

再审焦点

本案再审审理的争议焦点为：张某是否存在抽逃出资行为，凯发公司关于解除张某股东资格的股东会决议是否有效。

改判要旨

最高人民法院再审认为，张某的出资额与其转走的数额完全一致，均为3500万元；该笔款项尽管在公司账簿表现为“应收款”，但根据《合同法》第197条之规定，除自然人借贷外，借款合同一般采书面形式，而张某并未提供书面的借款合同；借款合同一般都会约定还款期限，本案中张某于2008年1月7日将款项转走后，在长达十几年的时间内仍未归还；借款合同通常都会约定利息，但本案中未见任何有关利息的约定；一笔数额如此巨大的款项从公司账户中被转走，如果是正常借贷，一般应该由董事会或者股东会决议，而本案中并无任何针对借款行为的相关决议。综合前述事实，张某有关该笔款项系其对凯发公司的负债的主张缺乏事实依据。张某在无任何正当事由的情况下，将其认缴的全部出资经验资后又全部转出的行为，属于《公司法司法解释三》第12条第4项规定的“其他未经法定程序将出资抽回的行为”。张某向凯发公司转入850万元这一事实，尚难以认定该笔款项就是张某归还凯发公司的借款。

根据凯发公司的章程以及《公司法》第43条第2款的规定，股东会决议只有经代表三分之二以上有表决权的股东通过才合法有效，而这又涉及被除名的股东是否享有表决权这一问题。最高人民法院认为，被除名的股东不享有表决权。鉴于被除名股东张某不享有表决权，该项决议应由剩余65%表决权的三分之二以上表决权多数通过才合法有效。而在决议解除张某的股东资格时，李某尚未被除名，属于有表决权的股东。但李某既未参加此次股东会并行使表决权，亦未委托他人代为行使所持的35%表决权。原审在李某未参加股东会决议，亦未查明李某是否存在抽逃出资且公司是否履行了法定的催收及通知程序的情况下，直接排除了李某的表决权，认定股东会决议仅有代表30%表决权的股东通过仍属合法有效，确有错误。在此情形下，关于解除张某股东资格的股东会决议仅有30%表决权的股东通过，未达到法定表决权比例，根据《最高人民法院关于适用〈中华人民共和国公司法〉若干问题的规定（四）》第5条之规定，案涉股东会决议不成立。再审改判：撤销一审、二审判决，驳回臧某的诉讼请求。

观判解判

对于臧某起诉请求确认股东会决议有效的诉讼请求，三级法院均主要对三个争议问题进行审理，一是3500万元是否抽逃，二是850万元是否属于还款，三是股东会决议程序是否符合法律规定。对于前两项问题，三级法院认定结论完全一致，第三个决议程序是否符合法律规定的问题，则完全不一致，观判重点分析解读如下：

第一，本案一审判决的主要观点，认定参会股东的持股比例为30%符合表决要求，李某、张某未到会，但因该股东会审议的事项之一为拟解除张某股东资格，作为拟被除名的股东，其所持有股权的表决权应当排除。

第二，本案二审判决的主要观点，认定拟被解除股东资格的股东没有权利参与表决，其所持股份不应被计算在法定表决比例内，凯发公司根据《公司法司法解释三》第17条之规定，以股东会决议解除张某的股东资格的行为合法有效。

第三，最高人民法院改判的主要观点，认为被除名股东张某不享有表决权；但因李某未参加股东会决议，而未查明李某是否存在抽逃出资且公司是否履行了法定的催收及通知程序的情况下，直接排除了李某的表决权，缺乏事实依据，故认定股东会决议仅有代表30%表决权的股东通过，决议不成立。

观判观点

本案属于典型的通过股东会决议对抽逃出资股东解除股东资格的案件，

最高人民法院通过本案改判，一方面明确了计算股东会解除抽逃出资股东资格的通过比例时，应先排除无表决权股东份额；另一方面明确排除无表决权股东的合法标准。如属于非法排除的，股东会决议将不成立。观判分析评价如下：

第一，根据凯发公司的章程规定，股东会对重大事项决议需三分之二以上股东表决权通过，张某持有35%的表决权，如果不排除张某的表决权，将永远无法通过股东会决议解除张某股东资格，相关规定将形同虚设。因此，三级法院均一致确认，本案中查明和认定存在张某抽逃出资的事实，可直接在本案中排除张某的股东表决权，无须通过另案诉讼确认张某无表决权。

第二，基于排除了张某的35%表决权后，应当以剩余的65%股权作为整体的基数，须超过三分之二，即需要其余股东的43.3%表决权通过。但是，实际表决中只有30%表决权。可见，原审判决径行排除了未参加表决的李某35%表决权。但是，不知何故，一审、二审判决中对于排除李某的35%表决权的理由，语焉不详。

第三，最高人民法院直接指明原审的瑕疵根源，即案涉股东会决议中的第二项决议中，“顺便”也解除了李某的股东资格。但是，李某未参加股东会决议，也未参加本案诉讼，原告未举证和法院未查明李某存在抽逃出资的事实，以及凯发公司是否履行了法定的催收及通知程序等，因此，股东会决议直接排除了李某的表决权，缺乏事实依据。由于案涉股东会决议未达到43.3%的通过比例，故决议不成立。

观判警语

本案是股东如何合法地对抽逃出资股东除名的典型案例，需要严格地满足实体性和程序性的条件。本案则是“欲速则不达”的教训。根据案涉股东会决议的内容，相关股东认为张某、李某均存在抽逃出资，并同时对其作出解除股东资格的决议。但是，却未在本案中同时起诉李某，也未提交对李某的催告通知以及李某抽逃出资的证据等。由于在程序上存在瑕疵，解除李某股东资格的股东会决议依据不足，致使本案最终败诉。

项目参与人提供资金及从事经营活动等，但未签订合伙协议也未登记又无口头合伙协议的，人民法院不能认定合伙关系

◇ 方燕　王新军

案例索引

最高人民法院（2020）最高法民再17号

案情摘要

李某一与李某二系叔侄关系。2013年任某找到李某一商量，共同承建莎车县某工程项目，并协商由任某寻找具备施工资质的公司挂靠投标该项目。后双方一致同意将该工程项目挂靠在国基公司名下。2013年国基公司承包了莎车县某工程项目。为启动该工程项目，2013年5月15日，李某一向莎车县住建局账户打款500万元。2013年6月27日，李某一以个人名义为任某向喀什市农村信用社贷款500万元资金，承担连带保证责任。2014年12月16日，国基公司出具《内部承包人证明》，李某二与任某为国基公司某项目内部承包责任人，两人共同拥有此项目的经济及法律责任权利。该工程项目的负责人是任某，经理为李某二。

李某一、李某二向一审法院起诉，请求确认李某一、李某二与任某之间的合伙关系。

原审观点

本案一审判决认为，若是李某一与任某之间存在500万元的借贷关系，

双方应该有借条、打款凭证等证据予以印证。且本案李某一通过个人账户向莎车县住建局打款500万元，此行为显然不符合个人之间借贷交易习惯。任某辩称其与李某一之间系借贷关系，但其提供的证据收条、收款收据均系复印件，无法证实其与李某一之间存在借贷关系。本案中，李某一、李某二与任某之间没有书面合伙协议，又未经工商行政管理部门核准登记，但从本案证据案涉工程的承包管理上来看，任某负责涉案工程项目的承接和联系挂靠单位，李某一提供资金500万元作为工程保证金，且为了后续工程的顺利进展筹集资金又为任某的借款提供连带保证责任。李某一、李某二与任某在取得工程项目后，在具体施工建设中李某二作为项目经理参与经营管理，任某作为项目负责人也参与了经营管理，能够证实在案涉工程的启动和具体施工过程中，李某一、李某二均有参与。综上所述，鉴于李某一和李某二之间系叔侄关系，故李某一、李某二作为一方与任某之间的法律关系符合法律规定的合伙要件，构成事实上的合伙关系。一审判决：李某一、李某二与任某之间成立合伙关系。

本案二审判决认为，关于任某与李某一之间是否构成合伙的问题，任某上诉主张其与李某一之间系民间借贷关系而非合伙关系，李某一辩称该500万元并非民间借贷而是其合伙投资。合伙中提供资金应将该资金用于合伙项目，在合伙项目结束之前，合伙资金不应随意抽回。李某一筹资500万元并提交给莎车县住建局作为项目保证金后，由任某向银行贷款500万元并还给了李某一，李某一也出具了利息收据，更符合民间借贷的交易流程。从现有证据来看，即使李某一并未因借款、担保行为获利，亦不足以证实李某一存在提供资金、合伙经营、共同劳动的情形，无法证明李某一与任某之间存在合伙关系。关于任某与李某二之间是否构成合伙的问题，任某虽主张李某二与其之间是劳务关系，但并未提供劳动合同、支付工资情况等证据对此进行证明。此外，在项目施工建设中李某二作为项目经理参与了项目的经营管理并签署相关文件，合伙项目会计出具的资金使用情况中也明确载明李某二存在垫资行为，一审庭审中证人证言也提到工地负责人是任某和李某二、二者之间是合伙关系、工人工资向任某与李某二两人索取，以及国基公司出具的《内部承包人证明》中载明任某、李某二为该项目内部承包责任人等相互印证，足以证实李某二参与了项目经营管理，存在合伙经营、共同劳动的情形。李某二与任某之间虽未签订书面合同，又未经工商行政管理部门核准登记，但已具备合伙的其他条件，可以认定李某二与任某之间构成合伙关系。二审法院判决：撤销一审判决，确认李某二与任某之间成立合伙关系。

再审焦点

本案再审审理的争议焦点为：李某二与任某之间是否构成合伙关系。

改判要旨

最高人民法院再审认为，《民法通则》第30条规定，个人合伙是指两个以上公民按照协议，各自提供资金、实物、技术等，合伙经营、共同劳动。《最高人民法院关于贯彻执行〈中华人民共和国民法通则〉若干问题的意见（试行）》（以下简称《民法通则意见》）第50条规定，当事人之间没有书面合伙协议，又未经工商行政管理部门核准登记，但具备合伙的其他条件，又有两个以上无利害关系人证明有口头合伙协议的，人民法院可以认定为合伙关系。根据上述法律规定，当事人之间是否存在书面或者口头合伙协议，是认定双方是否构成合伙关系的前提条件。本案中，李某二和任某之间没有签订书面合伙协议，也无经工商行政管理部门核准登记的事实，同时亦无两个以上无利害关系人证明双方之间有口头合伙协议，据此，二审认定李某二与任某之间成立合伙关系缺乏法律和事实依据，本院予以纠正。最高人民法院再审改判：撤销一审和二审判决，驳回李某一、李某二的诉讼请求。

观判解判

本案属于认定合伙关系的典型案例。对于案涉三人之间是否构成合伙关系，一审、二审、再审判决作出三个不同的结论，本案一审、二审和再审法院提出了不同的观点。观判分析解读如下：

第一，本案一审判决的主要观点，认为任某负责案涉工程项目的承接和联系挂靠单位，李某一提供资金500万元作为工程保证金，李某二作为项目经理参与经营管理等，故认定李某一、李某二作为一方与任某之间的法律关系符合法律规定的合伙要件。

第二，本案二审判决的主要观点，认为不能证实李某一存在提供资金、合伙经营、共同劳动的情形，无法证明李某一与任某之间存在合伙关系；但认为李某二参与了项目经营管理，存在合伙经营、共同劳动的情形，已具备合伙的其他条件，故认定李某二与任某之间构成合伙关系。

第三，最高人民法院改判的主要观点，认为根据李某二和任某之间没有签订书面合伙协议，也无经工商行政管理部门核准登记的事实，同时亦无两个以上无利害关系人证明双方之间有口头合伙协议，根据原《民法通则意见》第50条的规定，不能认定合伙关系。

观判观点

对于合伙关系认定，本案非常具有典型性，即在李某一提供了项目的初始资金，李某二参与了项目的经营管理，但没有签订合伙协议的情况下，是否可以认定存在合伙关系？对于上述事实，三级法院从不同角度作出完全不同的认定，也是具有一定的代表性，观判分析评价如下：

第一，关于李某一提供500万元初始资金对合伙关系认定的影响。虽然李某一提供资金500万元作为工程保证金，且为了后续工程的顺利进展筹集资金又为任某的借款提供连带保证责任，但是事后任某向银行贷款500万元并还给了李某一，李某一也出具了利息收据。故李某一不属于合伙关系的提供资金的行为，且不存在合伙经营、共同劳动的情形。因此，不能仅从李某一是初始资金的提供者为依据认定合伙关系。据此，二审对一审作出改判认定李某一不是合伙关系，理由和依据是充分的。

第二，关于李某二参与项目经营管理、参与共同劳动的情形对合伙关系认定的影响。李某二的参与行为包括：担任项目经理，参与了项目的经营管理并签署相关文件，实施经营中垫资行为，工人工资向任某与李某二两人索取，国基公司《内部承包人证明》中载明任某和李某二为该项目内部承包责任人等。二审判决据此认定李某二的合伙关系。最高人民法院并未对二审判决认定的上述事实予以否定，而是在上述事实的基础上，从法律适用上作出改判，认定李某二并不符合原《民法通则意见》第 50 条规定的三种情形中的任一种，故不予支持合伙关系。

第三，最高人民法院通过本案再审改判，明确了人民法院应严格依据原《民法通则意见》第 50 条规定来认定是否存在合伙关系：一是依据合伙协议；二是依据工商行政管理部门的核准登记；三是在具备合伙的其他条件，又有两个以上无利害关系人证明有口头合伙协议。如果不属于上述三种情形之一的，均不能认定合伙关系。本案一审、二审判决的错误，实质是在法律规定的三个情形之外，认定了存在“事实合伙关系”的第四种情形，缺乏法律依据。

观判警语

本案是典型的民间合伙纠纷。李某一和李某二确实为项目作出了贡献，但在项目产生收益后，才提出自己是合伙人，进而可能要求参与分配项目收益；但是，如果项目产生亏损，甚至发生重大责任事务，则可能会否认合伙关系。因此，按照权利义务对等的原则，如果愿意参与合伙，则应同时承担亏损的风险、享有收益的机会，故必须事先签订书面或者达成口头合伙协议，明确合伙人的权利义务，在项目产生收益后为了获得已经确定的收益，才主张合伙关系，将不能获得法律保护。

经股东委任担任公司董事后，如参与公司经营并领取薪酬的，应认定与公司存在事实劳动关系

◇ 方燕　王新军

案例索引

最高人民法院（2020）最高法民再50号

案情摘要

孙某于2001年3月至2013年6月在麦达斯铝业任财务总监；2013年7月至2017年7月在麦达斯铝业任副总经理；2011年3月至2017年7月由麦达斯铝业派往洛阳麦达斯铝业有限公司兼任总经理；2017年7月20日被麦达斯控股调任麦达斯轻合金任董事长兼法定代表人，月薪税后为7万元。2018年3月6日，麦达斯轻合金与外服公司签订人事服务合同，约定麦达斯轻合金委托外服公司为孙某办理员工的人事手续并提供员工社会保险、福利及管理方面的服务；合同期限为2018年2月1日至2019年1月31日。2018年4月19日，吉林省辽源市中级人民法院立案审查麦达斯轻合金破产重整申请。2018年2月7日，孙某被麦达斯控股免去麦达斯轻合金董事长职务，孙某与现任麦达斯轻合金董事长进行了工作交接。交接完毕后，麦达斯控股及麦达斯轻合金没有安排孙某的其他工作，工资自2018年3月至今没有发放，“五险一金”也没有缴纳。

孙某向一审法院起诉请求：（1）麦达斯轻合金补发拖欠的2018年3月至

9月税后工资49万元；（2）依据《劳动合同法》第85条判令麦达斯轻合金加付赔偿金49万元；（3）麦达斯轻合金返还2018年2月至孙某起诉时孙某垫付的五险一金共计72,920.97元；（4）确认麦达斯轻合金与孙某存在无固定期限劳动合同。

原审观点

本案一审判决认为，孙某与麦达斯轻合金存在劳动关系。2017年7月20日，经麦达斯控股董事会决定任命孙某为麦达斯轻合金董事长、法定代表人，自该日起孙某与麦达斯轻合金建立了劳动关系。2018年2月7日，麦达斯控股董事会决定免去孙某麦达斯轻合金董事长、法定代表人职务，未对孙某任命其他职务，也未解除与孙某的劳动关系。麦达斯控股免去孙某董事长职务只是对其岗位的变更，不必然导致劳动关系解除。一审法院判决：（1）麦达斯轻合金向孙某补发2018年3月至9月税后工资490,000元；（2）麦达斯轻合金向孙某返还2018年2月至10月（共9个月）孙某垫付的应由单位承担的“五险一金”费用60,975.81元；（3）麦达斯轻合金与孙某签订无固定期限劳动合同（自新的任职时开始）。

本案二审判决认为，孙某职务系由麦达斯轻合金的出资人麦达斯控股任命及免除，其并非麦达斯轻合金招用的劳动者，其间没有建立劳动关系的合意。根据麦达斯轻合金公司章程，结合麦达斯控股任免决定，孙某由股东委任行使董事职权，法律关系性质是由股东雇佣或委托管理公司。除此之外孙某无其他职务，其工作性质是履行麦达斯控股委托指派的行为，不符合劳动关系应当具备的“由用人单位招用、受用人单位各项规章制度管理、从事用人单位安排的有报酬的劳动”的特征。根据孙某提供的参保人员缴费情况统计表，自2016年1月至今，为孙某办理社会保险登记的用人单位是外服公司，在没有形成劳动派遣关系的情况下，委托其他单位为劳动者办理社会保险的行为不符合法律规定，人事服务合同不足以证明麦达斯轻合金具有为孙某办理社会保险的法定义务。二审判决：撤销一审判决，驳回孙某的诉讼请求。

再审焦点

本案再审审理的争议焦点为：麦达斯轻合金与孙某之间是否存在无固定期限劳动合同关系。

改判要旨

最高人民法院再审认为，2017 年 7 月 20 日，孙某被麦达斯控股调任其全资子公司麦达斯轻合金任董事长兼法定代表人。从公司法的角度看，董事同意任职并依法开展委托事项，公司与董事之间即形成委任关系，从双方法律行为的角度看实为委托合同关系。但公司与董事之间的委任关系并不排斥劳动合同关系的存在，即二者之间在符合特定条件时还可以同时构成劳动法上的劳动合同关系。董事与公司之间可以形成劳动关系，委任关系与劳动关系并非绝对排斥、不能兼容。本案中，孙某于 2017 年 7 月被任命为麦达斯轻合金董事长，与公司形成委任关系。孙某虽未与麦达斯轻合金签订书面劳动合同，但其被任命为董事长的同时，还担任公司法定代表人，负责公司融资、对外协调及财务管理等大量具体经营管理事务，受公司规章制度管理和约束，麦达斯轻合金按月向其支付工资并委托外服公司代缴“五险一金”费用。故孙某因担任法定代表人而从事除董事职权以外的公司其他具体业务，并以工资为主要生活来源等事实，符合劳动关系的构成要素，足以认定麦达斯轻合金与孙某同时形成委任关系和事实上的劳动合同关系。案涉委任关系及劳动关系一并解除后，麦达斯轻合金不再具有向孙某支付工资及缴纳社会福利费用的法定义务，亦不符合《劳动合同法》第 85 条规定的因未依法支付劳动报酬而支付赔偿金的法定情形，故对孙某关于补发解聘后工资、支付赔偿金及返还垫付的“五险一金”费用的主张，本院不予支持。孙某长期在麦达斯系公司工作，受麦达斯控股调任而赴麦达斯轻合金任职，被解聘也并非因自身过错而导致，现其已接近退休年龄，本院综合考虑上述情形，酌定麦达斯轻合金应参照孙某任职时的薪酬对其给予合理补偿。最高人民法院再审改判：撤销一审和二审判决，确认孙某对麦达斯轻合金享有补偿金债权，债权金额以麦达斯轻合金被裁定宣告破产时的职工月平均工资为标准计算6个月。

观判解判

对于孙某是否存在事实劳动关系，本案一审、二审和再审判决提出不同的观点，本案非常具有代表性。观判分析解读如下：

第一，本案一审判决的主要观点，认为2017年7月20日，经麦达斯控股董事会决定任命孙某为麦达斯轻合金董事长之日起，孙某与麦达斯轻合金建立了劳动关系。麦达斯控股免去孙某董事长职务只是对其岗位的变更，不必然导致劳动关系解除。

第二，本案二审判决的主要观点，认为孙某职务系由麦达斯轻合金的出资人麦达斯控股任命及免除，其并非麦达斯轻合金招用的劳动者，其工作性质是履行麦达斯控股委托指派的行为，不符合劳动关系应当具备的“由用人单位招用、受用人单位各项规章制度管理、从事用人单位安排的有报酬的劳动”的特征，故不支持劳动关系。

第三，最高人民法院再审改判的主要观点为，孙某因担任法定代表人而从事除董事职权以外的公司其他具体业务，并以工资为主要生活来源等事实，符合劳动关系的构成要素，足以认定麦达斯轻合金与孙某同时形成委任关系和事实上的劳动合同关系。

观判观点

本案争议的情形，股东对其持股的公司依据公司章程的规定委任董事的，如何认定该董事与持股公司之间的合同关系。最高人民法院通过对本案的改判，对于委任董事的劳动关系的认定，树立的新审判标准，观判分析评价如下：

第一，关于劳动关系的成立。根据最高人民法院再审改判认定，可以总结法意为：股东依据公司的章程，委任人员至公司担任董事、董事长等岗位的，属于委任关系，本身并不属于劳动关系，即不能将委任关系认定为董事与公司之间的劳动关系。但是，如果公司向董事支付薪酬，以及承担“五险一金”的社保义务的，而且该委任董事在公司的工作内容，不仅限于参加公司董事会，而且参与具体业务的内容的，则属于劳动关系和委任关系共同存在的情形。观判认为，委任关系与劳动关系是可以并存的；根据本案的事实，抛开委任关系的事实，孙某也符合与公司之间存在事实劳动关系的特征。

第二，关于劳动关系的终止。基于存在事实劳动关系，2018 年 2 月 7 日，孙某被麦达斯控股免去麦达斯轻合金董事长职务，孙某本人亦接受，并与新董事长进行了工作交接。据此，委任关系及劳动关系一并解除，并发生法律效力。最高人民法院基于上述情形，认定麦达斯轻合金不再具有向孙某支付解聘后工资、支付赔偿金及返还垫付的“五险一金”费用的责任。

第三，关于善后的处理问题。如果按照最高人民法院的观点，孙某被麦达斯控股免去麦达斯轻合金董事长职务，孙某亦无异议，故委任关系及劳动关系一并解除，则麦达斯轻合金无须对孙某再继续承担任何责任。倘如此，再审虽然纠正了原审判决的法律适用，但是判决的实际结果将仍然不变，改判并无实际利益。因此，最高人民法院行使自由裁量权，平衡双方利益，酌定麦达斯轻合金应参照孙某任职时的薪酬对其给予合理补偿。

观判警语

孙某在“麦达斯”相关公司任职 10 余年，被委任担任麦达斯轻合金的董事长后不到半年，委任关系终止，进而导致与“麦达斯”的劳动关系均终止，丧失原本可能的无固定期限劳动合同中的权利。可见，孙某可能在接受麦达斯控股委任董事以及接受董事免职的时候，并未确定知晓自己已经重新建立及终止劳动关系的法律后果，最终将导致其在“麦达斯”长达 10 余年的劳动关系终止，瞬间成为失业者。本案无疑对于贸然接受股东委任担任公司董事职务并在公司领取报酬和从事具体业务的劳动者敲响了警钟。

公司和其他股东共同承诺收购公司特定股权的，如公司不具备回购条件的，不影响其他股东以受让股权方式收购股权

◇ 方燕　王新军　张艳利

案例索引

最高人民法院（2020）最高法民再350号

案情摘要

2010年12月10日，李某、于某和广华投资企业共同签订《增资协议》，约定：财神岛公司系合法设立的有限责任公司，李某、于某是财神岛公司股东，各方同意广华投资企业投入现金3000万元成为财神岛公司持股20%的股东。2012年3月30日，财神岛公司和广华投资企业签订《协议书》，约定财神岛公司如不能完成上市，则以广华投资企业投资额3000万元为基数，以2011年1月1日为始点，以年利率10%为标准，由财神岛公司全额收购广华投资企业投资的财神岛公司股权。2017年12月15日，财神岛公司、广华投资企业、广华集团、刘某共同签订《协议书》，《协议书》首部“甲方”处为财神岛公司、李某、于某，尾部“甲方”处有李某、于某二人签名和捺印，协议约定甲方同意在2017年12月31日前向广华投资企业退还广华集团1250万元投资款和刘某1000万元投资款……

广华投资企业向一审法院起诉，请求：判令（1）财神岛公司回购广华投资企业持有的公司全部20%的股份；（2）财神岛公司向广华投资企业支付

股权收购款3000万元及利息；（3）李某、于某对财神岛公司应支付的股权收购款中的本金2250万元及相应利息承担连带清偿责任。

原审观点

本案一审判决认为，根据《公司法》第74条的规定，有限责任公司回购本公司股权的情形严格限于股东投票反对公司连续多年盈利而不分利润、出现解散事由决议存续或法人变更的情形。案涉各份协议中关于在不能上市时由财神岛公司回购广华投资企业股权的条款，属股东滥用公司法人独立地位和股东有限责任，可能严重损害公司债权人利益，违反了《公司法》第20条的规定，不能得到法律认可而应归于无效。广华投资企业请求财神岛公司以现金价款收购其持有的股权，不应支持。同时，因设立主债务的协议条款无效，故广华投资企业请求李某、于某承担连带债务同样不予支持。一审法院判决：驳回广华投资企业的诉讼请求。

本案二审判决认为，根据财神岛公司章程规定，有下列情形之一的，对股东会该项决议投反对票的股东可以请求公司按照合理的价格收购其股权：（1）公司连续5年不向股东分配利润，而公司该5年连续盈利，并符合公司法规定的分配利润条件的；（2）公司合并、分立、转让主要财产的；（3）公司章程规定的营业期限届满或者章程规定的其他解散事由出现，股东会会议通过决议修改章程使公司存续的。自股东会会议决议通过之日起60日内，股东与公司不能达成股权收购协议的，股东可以自股东会会议决议通过之日起90日内向人民法院提起诉讼。广华投资企业主张财神岛公司回购股权不符合章程规定的情形，亦未按章程规定的程序进行。同样，广华投资企业的主张也不符合《公司法》第74条股权收购的法律规定。二审法院判决：驳回上诉，维持原判。

再审焦点

本案再审审理的争议焦点为：（1）案涉2012年3月30日《协议书》和2017年12月15日《协议书》的效力认定；（2）财神岛公司是否应按约定收

购广华投资企业所持的财神岛公司20%股权；（3）李某、于某应否对2250万元股权收购款及相应利息承担连带清偿责任。

改判要旨

最高人民法院再审认为，《公司法》第20条规定："公司股东应当遵守法律、行政法规和公司章程，依法行使股东权利，不得滥用股东权利损害公司或者其他股东的利益；不得滥用公司法人独立地位和股东有限责任损害公司债权人的利益。公司股东滥用股东权利给公司或者其他股东造成损失的，应当依法承担赔偿责任。公司股东滥用公司法人独立地位和股东有限责任，逃避债务，严重损害公司债权人利益的，应当对公司债务承担连带责任。"本案中财神岛公司、李某、于某虽主张广华投资企业违反《公司法》第20条规定而滥用股东权利，但并未具体举证证明。即便存在滥用股东权利行为，根据《公司法》第20条的规定，也仅能得出广华投资企业应为此承担相关责任，而非案涉2012年3月30日《协议书》和2017年12月15日《协议书》无效的结论。综上所述，案涉该两份《协议书》合法有效。尽管2012年3月30日的《协议书》是双方当事人的真实意思表示，但协议中关于财神岛公司回购股份的约定不属于《公司法》第74条和财神岛公司章程所列举的情形，广华投资企业请求财神岛公司回购其股权的条件并不具备。

2017年12月15日《协议书》是各方当事人就如何退还广华投资企业3000万元投资款事宜所达成的。李某、于某在该协议书甲方处签字，表明其认可作为独立的民事责任主体，与财神岛公司共同承担其中2250万元投资款的返还责任，应当认定该四方《协议书》的"甲方"为财神岛公司及其股东李某、于某，而非仅为财神岛公司。在财神岛公司不具备履行股权收购的法定或约定条件情况下，广华投资企业有权要求李某、于某就2250万元及相应利息承担连带清偿责任。最高人民法院再审改判：李某、于某共同返还广华投资企业2250万元股权收购款及利息。

观判解判

本案属于典型的股东要求公司依协议约定收购股权的合同纠纷。由于公司回购股东股权不符合法律规定和公司章程规定，对于是否可以实现各方真实意思表示的回购股权交易，本案一审、二审和再审法院提出了不同的观点。观判分析解读如下：

第一，本案一审判决的主要观点，认为我国采取严格的公司资本维持制度，原则上禁止有限责任公司回购本公司股权，其属于《公司法》第 20 条的股东滥用公司法人独立地位和股东有限责任，以及可能严重损害公司债权人利益的行为，因此案涉协议均无效；基于主债务的条款无效，对李某、于某承担连带责任的主张同样不予支持。

第二，本案二审判决的主要观点为，财神岛公司章程和《公司法》第 74 条，对于股东要求公司回购股权均做了明确且相同的规定，股权收购应严格按照约定和法定的情形及程序进行，公司不得违规进行股权收购。

第三，最高人民法院改判的主要观点为，按照《公司法》第 20 条规定，即便滥用股东权利，后果也仅是承担赔偿责任而非收购协议无效，案涉协议应属有效；虽然协议有效，但根据公司章程和法律规定，广华投资企业请求财神岛公司回购其股权的条件并不具备；但是，李某、于某作为股东，按照协议约定独立承担收购广华投资企业持有的财神岛公司股权，故应当履行约定义务。

观判观点

本案争议系股权收购协议约定与公司章程、法律规定不一致的情况下，股东是否有权要求公司及其他股东履行股权收购的义务。最高人民法院通过对本案的改判，对于股权收购协议的法律效力及履行，树立新的审判和实践标准，观判分析评价如下：

第一，关于股权收购协议与《公司法》第 20 条滥用股东权利之间关系的问题。根据案涉协议约定股权收购关系，内容是在公司未达到上市条件时应当向股东返还投资本息，故从上述约定的意思表示上，仍属正常的对赌性质的商业关系，约定目的也并非通过滥用股东权利而损害债权人利益；即使可能造成客观上的减资而损害债权人利益，也应当是广华投资企业为此承担相关责任。因此，不能将案涉协议定性为滥用股东权利，进而定性为违法和无效。

第二，关于公司回购股权与其他股东收购股权关系的问题。2017 年 12 月 15 日《协议书》，内容是“公司承诺回购 + 股东承诺收购”的双重法律关系，故即便不具备公司回购股权的条件，其他股东依然可以直接进行类似股权受让的股权收购，也是应予履行的合同义务。最高人民法院认为，公司回购股权与其他股东收购股权之间是可以独立并存的，而不仅是主债务和从债务的关系，故认定公司回购不具备履行条件的，其他股东的收购义务仍应当独立地履行。

第三，以本案情形延伸分析，如何合法实现公司履行股权回购义务？对此，最高人民法院 2018 年发布的第 18 批指导性案例中第 96 号案例，即陕西省高级人民法院（2014）陕民二申字第 00215 号判决书的观点是：“《公司法》第七十四条所规定的三种情形，系异议股东有权要求公司回购其股权，对应的是公司是否应当履行回购异议股东股权的法定义务。而本案属于大华公司是否有权基于公司章程的约定及与宋某某的合意而回购宋某某股权，对应的是大华公司是否具有回购宋某某股权的权利，二者没有相同之处，《公司法》第七十四条不能适用于本案。大华公司基于宋某某的退股申请，依照公司章程的规定回购宋某某的股权，程序并无不当。”可见，公司依约定回购股权的，除了相关股东签订协议，还须同时符合公司章程的规定，方可具备履行条件。

观判警语

本案纠纷所涉交易实际是以公司上市为对赌条件的合同关系，发生纠纷的根源，在于广华投资企业与财神岛公司及相关股东签订的股权收购协议，与财神岛公司章程、《公司法》第 74 条的股权收购规定不一致，导致约定的公司回购义务不具备履行条件，造成了投资人的巨大风险。本案警示各投资人拟通过股权回购的方式保障投资权益的，除了合同约定的商业条件之外，还须符合公司章程和法律的相关规定，否则将产生不必要的法律风险和诉累。

股权受让方实际参与公司经营后，基于股东共同管理造成公司财产损失的，不属于股权转让方的违约行为

◇ 方燕　王新军　郑妍

案例索引

最高人民法院（2020）最高法民再225号

案情摘要

中环矿业公司于2009年12月29日依法成立，工商注册登记的公司股东为朱某等3人，法定代表人为朱某。2011年7月12日，中环矿业公司取得阿图什市—阿合奇县哈拉巴什一带铜矿普查及铁选矿探矿权许可证。2011年8月17日，朱某等（甲方）与林某（乙方）签订2728协议，约定：甲方将其拥有的中环矿业公司一号矿山的矿权及铁选矿厂所属权按双方协商的价格2728万元转让给乙方。双方签订协议前乙方交付定金500万元。协议签订时再付定金1500万元，待双方在阿图什市工商局办理股权变更手续时乙方付给甲方余款728万元。协议签订后，陈某、林某先后向朱某等支付转让款1870万元。在中环矿业公司修建了厂房和输电线路，并交纳了600万元草原土地使用费。陈某、林某要求办理股权转让手续过程中，发现朱某2013年7月11日向阿图什市国土资源局出具了一份承诺书，内容为：中环矿业公司阿图什市—阿合奇县哈拉巴什一带铜矿普查，原勘察许可证号CT651201003××××××××，本次探矿权延续为最后一次，勘查结束后提交勘验报告，不允

许在勘查范围内开采沙铁矿，如在探矿证范围内开采沙铁矿，同意吊销探矿证。陈某、林某认为，该承诺有损其利益，要求变更转让协议，朱某等予以拒绝，双方发生纠纷。

陈某、林某向一审法院起诉，请求：解除陈某、林某与朱某等之间签订的《转让协议》；朱某等退还矿山转让款1375万元，已付定金500万元双倍返还定金1000万元。朱某等提出反诉，请求：支付剩余股权转让款858万元及利息；中环矿业公司协助将中环矿业公司70%股权变更登记至陈某、林某名下。

原审观点

本案一审判决认为，2728协议中双方对股权转让的约定出于自愿，意思表示真实，2728协议合法有效。本案双方至今未办理股权变更登记，办理股权变更登记前，作为中环矿业公司股东，朱某等有责任和义务对公司财产进行管理、保护。朱某等在陈某、林某已按协议约定给付1870万元股权转让款的情形下，未经对方同意放弃二号矿探矿权，其后又不主动交纳一号矿许可证年检费、办理延期手续，致使中环矿业公司探矿权证逾期，且中环矿业公司也已停业，双方协议交易基础已不存在，合同目的无法实现。据此，陈某、林某提出解除合同，应予准许。一审法院判决：解除2728协议，朱某返还股权转让款1870万元。

本案二审判决认为，虽然案涉股权转让合同经双方当事人签字确认之后成立且生效，但合同最终目的是使股权发生变动，股东变更登记才是股权转让合同产生完全的对抗力和公信力的最终要件。朱某等在已经收取股权转让款1870万元之后，并未积极主动办理股权变更登记，且其对外仍为中环矿业公司股东，有责任和义务对公司财产进行管理和维护。双方当事人在履行合同过程中，对于中环矿业公司的经营活动各不相谋，互不信任，并导致中环矿业公司名下的探矿权证逾期、中环矿业公司停业。一审判决在双方当事人已经丧失了基本依赖和合作基础的情形下，判令解除2728协议，并由朱某等返还陈某、林某已付股权转让款，处理正确，应予维持。综上所述，朱某等的上诉请求不能成立。二审法院判决：驳回上诉，维持原判。

再审焦点

本案再审审理的争议焦点为：2728 协议应当解除还是继续履行以及相应的法律后果。

改判要旨

最高人民法院再审认为，签订 2728 协议的目的在于成为中环矿业公司的股东参与公司经营，该协议签订后，受让方投资修建了厂房和输电线路，交纳了相关费用，已实际参与公司经营。之后一号矿山的探矿权进行了两次延续，后因未按时交费致探矿权证逾期。2728 协议附有探矿权证，该探矿权证上记载了探矿权的期限，受让方在协议签订之后也参与了探矿权的续期，可见受让方对探矿权需要延续的事实明知。之后探矿权证因未按期交费而逾期，是双方当事人对公司内部事务未能妥善处理导致，不影响协议目的的实现。对于受让方所称的因转让方的承诺行为导致二号探矿权不能延续，是公司经营过程中公司内部事务的处理问题，不影响协议的目的。原判决认定 2728 协议目的无法实现，从而判决解除合同，适用法律错误，本院予以纠正。双方当事人应当继续履行 2728 协议。再审申请人在之前诉讼中提出协助受让方办理股权变更登记，受让方拒绝。剩余款项的支付不因受让方拒绝变更股权登记而免除支付义务，受让方林某应当支付剩余转让款 858 万元及相应的利息。

最高人民法院再审改判：撤销一审和二审判决；林某向朱某等支付转让款 858 万元及利息；中环矿业公司协助朱某等将 70% 股权变更登记至林某名下。

观判解判

对于 2728 协议应当解除还是继续履行，本案一审、二审和再审判决提出不同的观点。观判分析解读如下：

第一，本案一审判决的主要观点，认为办理股权变更登记前，公司股东有责任和义务对公司财产进行管理、保护。朱某等3位股东在林某、陈某支付1870万元股权转让款的情形下，未经对方同意放弃二号矿探矿权，其后又不主动交纳一号矿许可证年检费、办理延期手续，致使探矿权证逾期，且公司也已停业，双方协议交易基础已不存在，合同目的无法实现，合同应予以解除。

第二，本案二审判决的主要观点，认为虽然案涉股权转让合同最终目的是使股权发生变动，但股东变更登记才是股权转让合同产生完全的对抗力和公信力的最终要件，朱某等3人在已经收取股权转让款1870万元之后，并未积极主动办理股权变更登记，其对外仍为中环矿业公司股东，有责任和义务对公司财产进行管理和维护。其未经对方同意放弃中环矿业公司二号矿探矿权，后又因其行为导致中环矿业公司名下的探矿权证逾期、公司停业，协议交易基础已不存在，合同目的无法实现。

第三，最高人民法院再审改判的主要观点，认为该协议签订后，受让方投资修建了厂房和输电线路，交纳了相关费用，已实际参与公司经营。2728协议附有探矿权证，该探矿权证上记载了探矿权的期限，受让方在协议签订之后也参与了探矿权的续期，可见受让方对探矿权需要延续的事实明知。之后探矿权证因未按期交费而逾期，是公司经营期间双方当事人对公司内部事务未能妥善处理导致，不影响协议目的的实现。

观判观点

本案争议的情形，可概括为：股权转让协议签订后，虽然没有办理股权变更登记手续，但受让方实际行使股东权并参与了公司经营，后公司经营中原因导致公司矿权过期和主要财产权利灭失，这是否可以归责于股权转让方的违约行为，以及股权转让协议是否应当解除？最高人民法院通过对本案的改判，对于股权转让协议履行中，受让方基于股东权实际参与公司经营管理的行为，与转让方基于履行股权转让协议中义务的行为之间的法律性质差异，树立了审判标准，观判分析评价如下：

第一，关于受让方实际参与公司经营管理的事实依据。2728协议签订后，虽未办理股权变更登记，但受让方对中环矿业公司进行了投资，修建厂房、输电线路，交纳了相关费用等，据此说明受让方实际参与了公司经营管理，故有责任和义务对公司财产进行管理和维护，且受让方也参与了探矿权的续期事务，其对探矿权需要延续的事实明知，故有义务推进探矿权证续期事宜……因此，探矿权延续属于公司自身的管理行为范畴，应依公司章程进行，不属于转让方在股权转让协议中的单方合同义务。

第二，关于受让方实际参与公司经营管理的例外情形。观判补充认为，受让方的参与投资建设行为与其实际取得公司管理权是不存在必然因果联系的，故以上定性结论需排除存在转让方违约行为的可能情形。例如，由于尚未办理股权变更登记，受让方并未实际取得公司管理权，且转让方控制公司故意导致矿权过期的，则不能视为公司管理行为，仍应当由转让方承担合同责任；又如，受让方出资参与建设，但是仅为资金提供人，其并未实际取得公司的经营管理权，经营管理权仍未按照股权转让协议进行交接，包括印章、法定代表人、经理等高管未变更等。

第三，关于股权转让协议目的实现。目标公司的核心财产是探矿权，如果受让方确实参与了公司经营管理，其已经部分实现了股权转让协议的目的，即通过受让股权参与了案涉矿山的经营管理。至于探矿权证因未按期交费而逾期，除非在股权转让合同中有特别约定，否则应当作为公司内部管理事务对待。对于本案出现的未能妥善处理延期导致失权，如果确实属于公司自身的经营管理中的风险导致，不属于股权转让协议所约定和调整的事项，则确实不能据此认定合同目的不能实现。

观判警语

本案股权受让方拟通过受让原股东股权的方式取得中环矿业公司的经营管理权，进而取得案涉矿山的相关权益，本属正常的商业行为。在协议履行过程中，受让方及时参与了中环矿业公司的实际经营，但未及时办理股权变更登记，似乎可以左右逢源，但是最终公司发生财产权利灭失的结果后，股权受让方自行承担了所有后果。本案无疑给股权协议履行中不规范执行的当事人，敲响了警钟。

有限责任公司不按实际出资比例享有股权比例的公司章程，也属合法有效

◇ 方燕　王新军　郑妍

案例索引

最高人民法院（2017）最高法民再198号

案情摘要

2005年8月26日，黄某、毛某一、毛某二共同出资206.4万元（其中，黄某出资127.4万元、毛某一出资50万元、毛某二出资29万元）拟进行项目开发。2006年2月16日，黄某与案外人员签订《印山豪园承包合同书》，约定项目所涉国有土地使用权由黄某承包经营，黄某名下的308万元出资款包括毛某一的50万元、毛某二的29万元、周某的100万元（于2007年转让给黄某）及黄某本人的129万元。合同签订后，黄某、毛某一、毛某二决定设立新城公司，经营开发上述土地，并召开股东会议，议定由黄某、毛某一、毛某二共同出资800万元，其中黄某出资600万元，占比75%；毛某一、毛某二各自出资100万元，均占比12.5%；出资方式均为现金。此后，新城公司作为受让人与宁远县国土资源局就上述土地使用权签订了《国有土地使用权出让合同》并取得国有土地使用权证。经会计师事务所审验并出具验资报告，确认黄某、毛某一、毛某二已缴足新城公司章程规定的800万元注册资本，出资比例与公司章程规定一致，但该800万元出资，包括新城公司受让的上述土地使用权作价出资790万元，以及黄某现金出资10万元。

毛某一、毛某二向一审法院起诉，请求：依法确认二人分别持有新城公

司及其名下原东升小区开发项目26.8%和15.6%的股权份额。

原审观点

本案一审判决认为，根据新城公司章程、验资报告及实际登记情况，新城公司的注册资本及股东的首次出资额一致，均为800万元，包括土地使用权作价790万元及黄某现金出资10万元，故黄某、毛某一、毛某二的股权份额应当根据3人对该800万元出资享有的实际权利予以确定。新城公司成立时，作为公司注册资本的790万元土地使用权的来源为黄某签订的《印山豪园承包合同书》，签订合同的基础则是其名下的共同出资款308万元。因此，黄某、毛某一、毛某二3人对土地使用权790万元作价的权利应以3人在合伙竞拍及签订合同中取得的权利为依据。根据公司章程约定，黄某以600万元现金出资占公司注册资本的75%，毛某一、毛某二各以100万元现金出资占12.5%，但3人在公司成立时并不是全额现金出资，其真实意思应是黄某以合伙竞拍及签订合同取得的土地使用权利及现金10万元占75%，毛某一、毛某二则以其土地使用权利各占12.5%。一审法院判决：毛某一、毛某二均拥有新城公司12.5%的股权。

本案二审判决认为，新城公司章程中载明的注册资金为800万元，黄某以现金出资600万元占75%的股份，毛某一、毛某二分别以现金出资100万元各占新城公司12.5%的股份，可见新城公司3名股东对各自的出资额以及持股比例的约定明确、具体，且与工商登记中记载的内容一致。虽然新城公司设立时的注册资金由800万元现金变更为土地使用权作价790万元以及黄某出资的10万元现金，但黄某作为土地使用权的出资人之一，其名下还包括了毛某一、毛某二的份额。新城公司股东之间的权利义务是通过公司章程确定，而非通过《印山豪园承包合同书》确定，毛某二、毛某一在承包关系中所占的份额不必然影响其在新城公司所占有的股权比例，各股东的持股比例仍应以公司章程的约定以及工商登记的记载为准。二审法院判决：驳回上诉，维持原判。

本案高级人民法院再审认为，新城公司的注册资金经验资机构验资已实际缴足，毛某一、毛某二未按照公司章程的规定和公司注册登记的出资份额以现金的方式足额出资，应按其各自实际出资额持有公司股权。毛某一实际出资50万元，占新城公司注册资金总额800万元的6.25%，毛某二实际出资29万元，占新城公司注册资金总额800万元的3.625%。高级人民法院再审判决：撤销一审、二审判决；毛某一拥有新城公司6.25%的股权，毛某二拥有新城公司3.625%的股权。

再审焦点

本案再审审理的争议焦点为：黄某、毛某一、毛某二持有新城公司的股权份额如何确定。

改判要旨

最高人民法院再审认为，按照新城公司章程，黄某、毛某一、毛某二3人分别以现金方式出资600万元、100万元和100万元，相应持股比例为75%、12.5%和12.5%。股东持有股权的比例一般与其实际出资比例一致，但有限责任公司的全体股东内部也可以约定不按实际出资比例持有股权。就上述购置土地使用权作价的790万元及现金10万元出资而言，虽然毛某一、毛某二各自均未向黄某或新城公司实际支付相应的100万元，但3人在签署新城公司章程、股东会议纪要、办理验资和申办新城公司成立的过程中，对此都是明知的，加之考虑到3人之间的亲属关系，应当认定3人并未以毛某一、毛某二实际支付的现金数额作为确定股权比例的依据，黄某、毛某一、毛某二3人在新城公司章程中约定的各自占有75%、12.5%和12.5%股权比例，在验资报告中确认上述注册资本已实际缴足，均系黄某、毛某一、毛某二3人真实意思表示，不违反法律规定，且新城公司也是按照上述比例办理的工商登记，应当以此确认黄某、毛某一、毛某二3人的股权份额。高级人民法院再审判决以实际出资比例确定股权份额适用法律错误，本院予以纠正。最高人民法院再审改判：撤销再审判决，维持二审判决。

观判解判

本案中，对于有限责任公司股东持股比例是按照内部约定还是按照实际出资确定，本案一审、二审、高级人民法院再审和最高人民法院再审判决提出了不同的观点。观判分析解读如下：

第一，本案一审判决的主要观点，认为黄某、毛某一、毛某二3人对土地使用权790万元作价的权利，应以3人在合伙竞拍及签订合同中取得的权利为依据，故可以认定3人在公司章程中的约定是对合伙出资参与竞拍及签订合同产生的权利义务的确定，其真实意思应是黄某以合伙竞拍及签订合同取得的土地使用权利及现金10万元占比75%，毛某一、毛某二则以其土地使用权利各占比12.5%。

第二，本案二审判决的主要观点，认为虽然注册资金由800万元现金变为土地使用权作价790万元和10万元现金，但黄某作为土地使用权的出资人之一，其名下还包括了毛某一、毛某二的份额，毛某二、毛某一在承包关系中所占的份额不必然影响其在新城公司所占有的股权比例。在3人未对各方持股比例进行协商变更的情况下，各股东的持股比例仍应以公司章程以及工商登记为准。

第三，高级人民法院再审判决的主要观点，认为毛某一、毛某二未按照公司章程的规定和公司注册登记的出资份额以现金的方式足额出资，应按其各自实际出资额持有公司股权。毛某一实际出资50万元，故占新城公司注册资金总额800万元的6.25%；毛某二实际出资29万元，故占新城公司注册资金总额800万元的3.625%。

第四，最高人民法院再审改判的主要观点，认为股东持有股权的比例一般与其实际出资比例一致，但有限责任公司的全体股东内部也可以约定不按实际出资比例持有股权。虽然毛某一、毛某二各自均未向黄某或新城公司实际支付相应的100万元，但3人对此都是明知的。3人在新城公司章程中约定了各自占有的股权比例，验资报告也确认上述注册资本已实际缴足，应当以此确认黄某、毛某一、毛某二3人的股权份额。

观判观点

本案中，新城公司章程中记载的各股东出资及持股比例，与验资报告中记载的各股东实际出资金额及出资内容并不相符，是否应据此否定公司章程记载的股东持股比例，而根据各股东的实际出资金额调整公司章程中的持股比例？对此，四级法院提出了不同的观点，具有一定代表性，观判分析评价如下：

第一，关于公司章程约定的持股比例是基础事实依据。3 位股东共同制定公司章程中的持股比例，且在设立公司的过程中召开股东会，作出相应决议等，上述行为均是在各方明知毛某一出资 50 万元、毛某二出资 29 万元事实基础上的，故各方存在不按实际出资金额确定持股比例的特别意思表示；而且，在公司设立后，3 位股东并未对持股比例作出变更。因此，3 人在公司章程中约定的持股比例，是真实意思表示，是合法有效的，应当予以保护。

第二，关于毛某一和毛某二未按公司章程约定出资并不构成出资瑕疵。通常情况下，股东不按照公司章程规定足额缴纳出资时产生相应的法律责任，不仅要承担对外的补足出资责任，而且要对其他内部股东承担违反公司章程责任。本案中，对于以价值 790 万元的土地使用权代替 790 万元现金出资的问题，由于金额上是足额的，故 3 位股东并无对外补足出资的责任，但应当及时变更公司章程；对于 790 万元土地使用权出资前的权属及来源的问题，系基于黄某、毛某一、毛某二共同出资形成，再以黄某的名义实际完成的，各方均以其行为表示认可，故黄某无权以出资瑕疵为由，要求毛某一和毛某二补足各自的 100 万元现金。

第三，关于本案的第一次再审判决中暗含的一项计算错误。高级人民法院再审认为，毛某一、毛某二在竞买土地使用权时的出资应视为对新城公司的出资。如果按照这一判定标准，按照对案涉土地的出资数额计算 3 人各自的持股比例，则应当以对案涉土地使用权的总出资 308 万元作为计算基数，其中包括毛某一的 50 万元、毛某二的 29 万元出资款，其余均为黄某的出资款，而高级人民法院再审判决却以 800 万元注册资金为计算基数，属于数学上的错误问题。

观判警语

本案中，3名股东就案涉项目初期有明确的投资金额，可以清楚反映各自的比例份额，但在之后3名股东以案涉项目为基础设立新公司的过程中，采取直接在公司章程中约定持股比例，而未对公司章程中的持股比例、实际出资的内容与项目初期的实际投资比例的转换关系和前因后果作出明确约定，也未事后及时书面确认，是导致发生本案纠纷的根源。

二、物权篇

夫妻一方在未征得配偶同意的情形下，以家庭财产为他人提供担保的，对配偶不具有法律约束力

◇ 方燕　王新军

案例索引

最高人民法院（2018）最高法民再210号

案情摘要

2014年3月6日，出借人贾某与借款人李某及保证人赵某签订《借款合同》，借款人民币1000万元，约定借款期限为6个月。保证条款约定：保证人对本合同约定乙方承担的借款本息及违约责任、甲方实现债权的全部支出，均愿以保证人个人及家庭财产承担连带保证责任；保证人承担以上保证责任已经征得财产共有人同意，并与财产共有人共同签署本合同。本合同自甲乙双方及保证人各方签字后生效等内容。贾某在合同落款甲方处签字，李某在乙方处签字，赵某在保证人一栏签字，保证人（配偶）财产共有人处空白。借款按照借款人的指示打入指定账户。赵某与冯某为夫妻，目前夫妻关系仍存续。

冯某向一审法院起诉，请求：依法确认贾某、李某与赵某签订的《借款合同》中的保证条款无效。

原审观点

本案一审判决认为，赵某在未征得财产共有人冯某同意的情况下，承诺

以家庭财产为他人提供担保，损害了冯某的合法权益，故该承诺对冯某无约束力。冯某的诉讼请求部分成立，应予以支持。一审法院判决：《借款合同》保证条款中赵某承诺以家庭财产承担连带保证责任的部分无效。

本案二审判决认为，案涉《借款合同》已因履行发生争议，经仲裁委员会作出裁决书，认定案涉《借款合同》合法有效，并裁决由借款人偿还借款本息，保证人赵某承担连带还款责任。故案涉保证条款的效力已被生效仲裁裁决所确认。赵某以个人名义设立的保证债务，系无偿保证，该保证债务的设定并没有基于夫妻共同生活的可能，应认定为赵某个人债务。冯某不是借款合同的当事人，不具备诉讼利益。二审法院裁定：撤销一审判决，驳回冯某的起诉。

再审焦点

本案再审审理的争议焦点为：(1) 冯某是否系本案适格原告主体；(2) 案涉《借款合同》中保证条款的效力问题。

改判要旨

最高人民法院再审认为，关于冯某是否系本案适格原告主体的问题，冯某本案起诉主张确认合同中保证条款无效，系为维护其自身合法权益；仲裁裁决书仅裁决赵某对案涉《借款合同》的借贷债务承担连带保证责任，该裁决主文内容对《借款合同》中保证条款的效力并未作出认定，实际也不能扩张至非仲裁当事人。故该仲裁与本案不属重复处理。赵某与冯某系夫妻关系，案涉《借款合同》的保证条款不仅涉及赵某的个人财产，更重要的是涉及赵某和冯某的夫妻共同财产。因为在夫妻关系存续期间，除非夫妻双方有分别财产的约定，否则夫或者妻的收入都为夫妻共有财产，且为共同共有而不是按份共有。因此，该保证条款直接影响到冯某的财产利益。冯某现对合同内容中保证条款不予追认，其与本案有直接利害关系，具有诉讼利益。冯某系本案适格原告，原裁定认为冯某不具有原告主体资格，裁定驳回冯某的起诉，确属错误，本案应予以审理并依法作出裁判。

关于案涉《借款合同》中保证条款的效力问题，案涉《借款合同》中第5条保证条款约定：保证人赵某承诺以个人及家庭财产承担连带保证责任，其承担保证责任已征得财产共有人同意，并与财产共有人共同签署合同。但是，冯某作为赵某的配偶在财产共有人处未签署姓名。故赵某本人作为保证人已在合同保证人处签名，其个人在提供担保时无须征得财产共有人的同意，冯某在该合同中未签署姓名并不影响赵某个人保证责任的成立与生效，赵某以个人财产提供的担保的意思表示合法有效。赵某在未征得财产共有人冯某同意的情形下，承诺以家庭财产为他人提供担保，系无权处分，冯某对此不予追认，该承诺无效，并对冯某不具有法律约束力。最高人民法院再审改判：撤销二审裁定，维持一审判决。

观判解判

本案二审判决的主要观点，认为案涉借款合同经仲裁委员会作出裁决书，认定了案涉《借款合同》合法有效，故认定案涉保证条款的效力已被生效仲裁裁决所确认，据此驳回冯某起诉。最高人民法院根据本案的事实，作出了改判。对于最高人民法院再审改判的理由和依据，观判作出如下解读：

第一，对于二审判决依据的“案涉保证条款的效力已被生效仲裁裁决所确认”的认定，最高人民法院对此问题的审查，以仲裁裁决书的判项主文为标准，而非从仲裁裁决书的论述说理部分为标准。仲裁裁决的主文是裁决赵某对案涉《借款合同》的借贷债务承担连带保证责任，并没有裁决《借款合同》中保证条款的效力全部有效，故认定该仲裁与本案不属重复处理。

第二，基于赵某与冯某系夫妻关系，案涉《借款合同》的保证条款涉及赵某和冯某的夫妻共同财产，冯某现对合同内容中保证条款不予追认，其与本案有直接利害关系，具有诉讼利益，冯某系本案适格原告。

第三，在《借款合同》中，冯某作为赵某的配偶在财产共有人处未签署姓名，且冯某起诉本案，所以赵某在未征得财产共有人冯某同意的情形下，承诺以家庭财产为他人提供担保，系无权处分，冯某对此不予追认，该承诺无效，并对冯某不具有法律约束力。

观判观点

本案再审改判涉及了两项典型的法律关系，一是如何判定是否存在两个裁判机构重复裁判的情形，二是夫妻一方能否自行决定以夫妻共同财产承担保证责任。对此，观判分析论证如下：

第一，最高人民法院与二审法院的分歧点，在于仲裁裁决对保证条款效力是否已经作出了裁决。仲裁裁决书中，在判项主文裁决赵某承担保证责任，在论述裁判理由部分认定保证条款有效，故简单地从字面上看，似乎存在“案涉保证条款的效力已被生效仲裁裁决所确认”。但细究之，仲裁裁决书是从当事人赵某的角度认定了保证条款对赵某有效，但冯某未参加仲裁，也未对其主张进行过审理，让冯某对其未参加仲裁承担后果，损害了冯某的诉讼权利；况且，仲裁裁决书主文是判决赵某承担连带责任，并未判决冯某的任何责任。因此，冯某是有权提出本案诉讼的，二审裁定认定冯某丧失诉权确实不当。

第二，冯某起诉主张《借款合同》保证条款无效，一审判决《借款合同》中承诺以家庭财产承担连带保证责任的部分无效，最高人民法院再审改判维持了一审判决，其法律适用的基础就是涉及共有权的无权处分，即赵某在未征得财产共有人同意的情形下，承诺以共有财产为他人提供担保，属于无权处分。但是，无权处分是整体无效的后果，不应当是部分无效的后果，类似夫妻一方擅自出售房屋，是出售行为全部无效，而不是部分无效。对此，最高人民法院将本案无效情形进行了具体区别：赵某以个人财产承担保证责任的承诺有效，但以家庭财产承担连带保证责任的承诺无效；且与仲裁裁决结果亦无任何冲突。

观判警语

本案涉及夫妻一方对外负有债务，另一方配偶的权利如何保障的问题。

观判认为，最高人民法院对本案的再审改判，树立了保护无过错、无受益的配偶一方的合法权益的原则。同时，本案也警示了债权人，如果需要公民个人进行债务担保的，最稳妥的方式是要求夫妻双方共同签署担保文件，不向另一方配偶隐瞒，才能有效避免将来出现法律纠纷。

担保人以银行对借款人未尽贷款发放监管义务及改变贷款用途为由要求免除担保责任，不具有法律依据

◇ 方燕　王新军

案例索引

最高人民法院（2019）最高法民再314号

案情摘要

2013年2月4日，贵州交行与盛世公司签订了《综合授信合同》，贵州交行与白马房开公司签订了《最高额抵押合同》，约定白马房开公司以案涉房屋及相应的土地使用权为《综合授信合同》提供担保，并办理了抵押登记。上述合同签订后，贵州交行于2013年8月12日向盛世公司发放了2000万元流动资金贷款，后盛世公司申请办理展期，但贷款展期后盛世公司没有按月结息，也没有按还款计划归还2000万元。2014年1月，贵州交行为盛世公司开立了面额共计2000万元的4张银行承兑汇票和面额共计2500万元的5张银行承兑汇票，票据到期后，盛世公司未履行交款义务，致使扣除保证金支付票款后，贵州交行产生垫款共计2250万元。贵州交行起诉盛世公司和白马房开公司，请求判令盛世公司偿还垫款及贷款本金4250万元及罚息，贵州交行对白马房开公司抵押给贵州交行的房屋及相应的土地使用权享有优先受偿权。

原审观点

本案一审判决认为，盛世公司于2014年8月4日向贵州交行出具一份《补充协议》，该协议内容是贵州交行作出的还款计划，该协议是《展期合同》的补充。因《最高额抵押合同》明确了白马房开公司是为《综合授信合同》项下的债权提供抵押担保，《展期合同》只是《综合授信合同》的从合同，而《补充协议》又从属《展期合同》，故白马房开公司提供抵押担保的主合同并未发生改变。根据《担保法》第33条第1款、第46条的规定，贵州交行对案涉抵押物享有优先受偿权。一审判决：（1）盛世公司偿还贵州交行贷款及垫付款本金4250万元及利息；（2）白马房开公司在第一项判决所确定的债务范围内对贵州交行承担抵押担保责任，贵州交行有权对白马房开公司所有的商铺依法进行折价或者以拍卖、变卖所得的价款优先受偿。

本案二审判决认为，（1）关于2000万元贷款。贵州交行主张贷款提前到期的基础是盛世公司未按照《补充协议》的还款计划归还贷款，该《补充协议》系盛世公司的单方承诺，未通知白马房开公司也未经白马房开公司同意，不应对白马房开公司产生约束力。白马房开公司应是在该2000万元流动资金贷款已届清偿期且盛世公司不履行到期债务的情况下才承担最高额抵押担保责任。另外，按照《综合授信合同》的约定，该笔2000万元流动资金贷款应用于购买煤炭，即白马房开公司是在盛世公司将该笔贷款用于购买煤炭的情况下为其提供最高额抵押担保，而现有在案证据无法证实该笔贷款的实际用途。因此，白马房开公司不应对2000万元流动资金贷款承担抵押担保责任。（2）关于2250万元承兑汇票垫款。现有在案证据无法证明盛世公司与迎新煤矿在贵州交行开立的9笔银行承兑汇票下存在真实交易，贵州交行未对案涉银行承兑汇票下交易的贸易背景真实性进行必要的审查，在没有相应采购合同、发票、采购明细、入库清单等作为支撑的情况下为盛世公司开立银行承兑汇票，存在过错。在该9笔银行承兑汇票下存在真实、合法的商品交易不能确认、银行未尽审查义务存在过错的情况下，白马房开公司不应对承兑汇票所垫付的2250万元承担抵押担保责任。因此，二审判决：撤销一审判决第二项，即白马房开公司对盛世公司偿还贵州交行贷款及垫付款本金4250万元及利息均不承担担保责任。

再审焦点

本案再审审理的争议焦点为：白马房开公司是否应当对案涉盛世公司的债务承担抵押担保责任，贵州交行是否对白马房开公司提供抵押的房产具有优先受偿权。

改判要旨

最高人民法院认为，盛世公司、贵州交行及白马房开公司等共同签订《展期合同》约定将案涉2000万元流动资金贷款进行展期，展期后到期日为2015年8月4日。在2017年11月13日一审判决作出时，案涉贷款已过《展期合同》约定的清偿期。即便盛世公司违反《综合授信合同》的约定改变贷款用途或申请开立银行承兑汇票时提供了不能确认真实性的交易文件，亦非贵州交行违反《综合授信合同》的约定，更不能因此而认定贵州交行承担任何责任。而在《最高额抵押合同》中，亦没有贵州交行未按《综合授信合同》约定限制盛世公司使用贷款，则免除白马房开公司担保责任的约定。二审判决关于贵州交行未尽贷款发放监管义务而应免除白马房开公司担保责任的认定明显错误，本院予以纠正。此外，根据再审查明的事实，白马房开公司实际使用了案涉贷款，即使本案贷款的用途被改变或申请开立银行承兑汇票时提供的交易文件不真实，白马房开公司亦是知晓或参与其中，更不能因此免除其担保责任。最高人民法院再审改判：白马房开公司对贵州交行承担抵押担保责任，贵州交行有权对前述房产依法折价或者拍卖、变卖所得的价款优先受偿。

观判解判

本案一审判决的主要观点为，《补充协议》是盛世公司出具的还款计划，是《展期合同》的补充，由于主合同并未发生改变，白马房开公司仍应承担担保责任。

本案二审判决的主要观点为，贵州交行主张2000万元提前到期的合同依据是《补充协议》，但《补充协议》对白马房开公司不产生约束力，以及该贷款未能证实实际用途是购买煤炭；并认为9笔银行承兑汇票所涉2250万元垫款下的真实、合法的商品交易不能确认，贵州银行未尽审查义务存在过错，故白马房开公司对4250万元不承担担保责任。

最高人民法院改判的主要观点，对于2000万元贷款，即便《补充协议》以及贵州交行宣布提前到期的行为对白马房开公司没有拘束力，但在一审判决作出时，案涉贷款已过约定的清偿期；对于2250万元垫款，即便盛世公司改变贷款用途或申请开立银行承兑汇票时提供了不能确认真实性的交易文件，贵州交行在合同上也并未违反《综合授信合同》的约定，故白马房开公司对4250万元承担担保责任。

观判观点

本案再审改判的亮点为，从司法案例上认定了担保人的权利边界。对于借款人改变贷款用途以及提供了不能确认真实性的贷款用途文件的，如在担保合同中没有特别责任约定，则担保人将因没有法律依据，不得以此为由主张免除担保责任。

第一，借款人改变借款用途，是较为常见的经济现象，无论是临时商业活动的调整，还是出于有利于获得贷款的目的而提供不完全真实用途的贷款资料等，均外在体现于贷款资金的实际用途与约定用途不一致。此等情形导致出具担保前所同意担保的贷款用途与实际用途不符，可能造成担保人对担保的风险预判存在不同。换言之，如果担保人知晓实际的贷款用途，可能拒绝作出担保的意思表示。因此，观判认为，改变贷款用途是损害了担保人的权利，至少是知情权，并可能增加了担保人的法律风险。

第二，担保人是否有权以改变贷款用途为由，主张免除担保责任？对此，本案改判确定了约定和法定的两个审查原则：在约定上，本案借款和担保合同中，均没有约定盛世公司改变贷款用途或申请开立银行承兑汇票时提供不能确认真实性的交易文件的，担保人可以免除担保责任，故没有合同依据；在法定上，《合同法》第203条规定："借款人未按照约定的借款用途使用借款的，贷款人可以停止发放借款、提前收回借款或者解除合同。"法律上将改变贷款用途作为借款人对银行的违约行为，未将改变贷款用途规定为担保人免责的法定事由。因此，本案从合同约定和法律规定上，均没有担保人免责的依据。

第三，银行在贷款过程中，发生银行未尽审查义务，接受借款人真实性不能确认的交易资料，或者疏于履行监管贷款用途的，是否认定为银行存在过错？对此，最高人民法院在本案再审改判中，并未直接回应或否定原审判决的银行具有过错的认定。观判认为，银行未尽审查义务或者疏于监管的，其受损害的主体是银行自身，故可以理解是银行选择性的权利处分，并非强制性的义务负担，除非当事人有特别约定，否则不能认为对借款人或者担保人具有过错。

观判警语

担保人是弱势的群体，对于担保人的权利保护，需要通过立法方式予以规范，但目前对于改变贷款用途的法定责任尚无明确法律规定。因此，如担保人认为改变贷款用途将增加其风险，甚至影响是否作出担保的意思表示，则可在签订担保合同中予以约定，通过约定保护担保人的权利。

抵押人和抵押权人共赴登记机关办理房产抵押登记，但登记机关未记载于不动产登记簿的，应当认定为抵押权未设立

◇ 方燕　王新军

案例索引

最高人民法院（2020）最高法民再57号

案情摘要

黄某向吴某提出借款200万元。在借款合同签订之前，双方就借款的担保方式进行了协商约定：为确保借款偿还，将黄某所有的案涉房产以签订买卖合同的方式作为抵押后，吴某再向黄某借款。2017年1月12日，吴某与黄某签订了房屋买卖协议，约定将案涉房产出售给吴某。同日，双方共同到民勤县公证处对该买卖协议进行了公证，民勤县公证处于同日出具了公证书。同日，双方共同到民勤县不动产登记事务中心就案涉房产申请抵押登记。该中心经审核后，在《商铺登记表》上记载“黄某12－115－A－（9－10）抵吴某”，进行了抵押登记。2017年1月13日，吴某与黄某签订借款合同，由吴某向黄某借款200万元，黄某于当日收到该笔借款。后吴某向民勤县人民法院提起诉讼，要求黄某偿还借款。该纠纷经民勤县人民法院主持调解结案。民勤县人民法院于2017年6月28日作出（2017）甘0621民初1035号民事调解书，该调解书确定：黄某于2017年8月31日前向吴某偿还借款本金200万元并按月利率2%承担自2017年4月12日起至还款之日止的利息。2017

年5月17日，该院在执行申请执行人广盛公司与被执行人黄某商品房销售合同纠纷一案中，对案涉房产予以查封。后吴某提出案外人异议。2017年10月27日和2017年11月23日民勤县不动产登记事务中心出具证明，该证明载明案涉房产已在该中心办理了抵押登记备案。该院于2018年8月10日作出（2018）甘06执异31号执行裁定书，裁定驳回案外人吴某的异议请求。

吴某遂提起执行异议之诉，向法院起诉，请求：确认吴某与黄某案涉房产抵押有效，吴某依法对该房产享有优先受偿权等。

原审观点

本案一审判决认为，吴某与黄某签订了名为房屋买卖合同实属抵押合同，且在民勤县公证处进行了公证，并在民勤县不动产登记事务中心进行了抵押登记。根据《物权法》第9条、第14条、第16条、第17条、第187条规定，吴某与黄某之间就案涉房产的抵押登记合法有效，吴某对案涉房产享有抵押权，吴某对抵押登记的案涉房产享有优先受偿权。故对吴某请求确认其与第三人黄某之间案涉房产抵押有效并对案涉房产享有优先受偿权的诉讼请求予以支持。案涉房产虽未办理他项权证，但他项权证并不是不动产抵押登记生效的必备要件，而仅是享有相关权利的形式外观证明，不动产权属证书的办理与否，并不影响吴某实际权利的享有。一审法院判决：案涉房产抵押合法有效，吴某享有优先受偿权。

本案二审判决认为，本案中为了担保借款，吴某与黄某双方签订了《房屋买卖合同》并进行了公证，该房屋买卖合同实质为担保合同。签订合同后双方又到民勤县不动产登记事务中心办理抵押登记，吴某提交了抵押登记材料，民勤县不动产登记事务中心也在《商铺登记表》上注明抵押登记，并加盖公章，而且后又出具证明说明吴某已办理抵押登记。因此，吴某与黄某对案涉房产办理了抵押登记，抵押权自在《商铺登记表》上登记时成立。民勤县不动产登记事务中心未按法定程序在不动产登记簿中登记，不能推翻吴某上述登记的事实，且吴某已完成全部登记义务，是否登记在登记簿，吴某无法控制，不应由其承担登记机关未在不动产登记簿登记的不利后果。广盛公司二审提交的登记簿及彭某的证言不能推翻吴某在不动产登记事务中心提交登记材料并办理登记的事实。广盛公司上诉主张吴某未办理抵押登记的理由不能成立。二审法院判决：驳回上诉，维持原判。

再审焦点

本案再审审理的争议焦点为：吴某对案涉房产的抵押权是否设立。

改判要旨

最高人民法院再审认为，《物权法》第 14 条规定："不动产物权的设立、变更、转让和消灭，依照法律应当登记的，自记载于不动产登记簿时发生效力。"《不动产登记暂行条例》第 9 条规定："不动产登记簿应当采用电子介质，暂不具备条件的，可以采用纸质介质。不动产登记机构应当明确不动产登记簿唯一、合法的介质形式。不动产登记簿采用电子介质的，应当定期进行异地备份，并具有唯一、确定的纸质转化形式。"由此可知，《商铺登记表》不是民勤县不动产登记事务中心的不动产登记簿，在形式和内容上均不符合规定，不是合法有效的登记介质，民勤县不动产登记事务中心工作人员在该表上书写的内容不能认定为在不动产登记簿上登记了抵押权。民勤县不动产登记事务中心出具了证明，证明所记载的"房产证存根台账""抵押登记备案"无论是登记媒介还是登记内容均不符合抵押登记的法定要求，不能作为认定抵押登记有效的依据。

虽然吴某与黄某有共同赴民勤县不动产登记事务中心办理抵押登记的行为，但该登记机关并未完成合法有效的抵押登记，本案没有证据证明在案涉房屋的不动产登记簿上记载了吴某的抵押权。吴某就案涉房产的抵押权未设立。最高人民法院再审判决：撤销一审、二审判决，驳回吴某诉讼请求。

观判解判

对于登记机关仅在《商铺登记表》上注明抵押登记的行为，是否具备抵押登记的法律效力，一审、二审判决与再审判决的认定均有所不同，反映了有关认定抵押登记效力的三种不同法律观点：

第一，本案一审判决的主要观点，认为案涉房屋已经在民勤县不动产登记事务中心进行了抵押登记，虽未办理他项权证，但他项权证并不是不动产抵押登记生效的必备要件，并不影响吴某实际权利的享有。

第二，本案二审判决的主要观点，认为虽未按法定程序在不动产登记簿中办理抵押登记，但在《商铺登记表》上注明抵押登记并加盖公章，且吴某已完成全部登记义务，至于是否登记在登记簿，吴某无法控制，不应由吴某承担登记机关未在不动产登记簿登记的不利后果。

第三，最高人民法院改判的主要观点，认为《商铺登记表》不是不动产登记簿，在形式和内容上均不符合规定，不是合法有效的登记介质，本案不能认定为在不动产登记簿上登记了抵押权。

观判观点

围绕《商铺登记表》是否具有抵押登记的法律效力，一审、二审和再审法院提出了三种不同的观点，非常具有代表性，观判分析评价如下：

第一，一审判决认定记载于《商铺登记表》具有抵押登记的效力，这明显与原《物权法》第 14 条和《不动产登记暂行条例》第 9 条规定不符，相当于认可登记机关可以随意记载在任何内部文件上，无须设置及记载于不动产登记簿，明显违反了原《物权法》。二审判决虽然认定了《商铺登记表》不属于不动产登记簿，但认定这是登记机关的行为，是登记申请人无法控制的，不应由登记申请人承担后果，实质是认为登记机关即使未依法登记和公示，也是具有法律效力的，这违背物权公示的基本原则，亦缺乏法律依据。

第二，最高人民法院再审中严格适用了原《物权法》第 9 条的规定，不动产物权的设立、变更、转让和消灭，依照法律应当登记的，自记载于不动产登记簿时发生效力。对于本案中《商铺登记表》的性质，最高人民法院不仅明确认定为其在形式和内容上均不符合规定，不是合法有效的登记介质，不是有效的不动产登记簿，而且进一步明确其中记载的内容不能认定为在不动产登记簿上登记了抵押权，故再审改判认定案涉房产的抵押权未设立。

从最高人民法院改判的社会效果上看，如果允许登记机关可以随意在不动产登记簿之外，以《××登记表》或者其他文件的名义登记抵押事项，必然导致物权法明文规定的不动产登记簿形同虚设，亦将造成不动产登记的混乱不一。

第三，根据本案查明的事实，民勤县不动产登记事务中心是设置了《不动产登记簿》的，并非没有设置。为何登记机关未在《不动产登记簿》记载案涉房产的抵押事项？究竟是申请人的提交文件不齐备，还是登记工作人员疏忽等，并不是本案应当审理和判决的内容。如果确实是由于登记机关未及时办理记载录入的疏忽所致，吴某可以另案起诉登记机关，要求登记机关承担相应法律责任。

观判警语

根据本案查明的事实，确实存在抵押人和抵押权人共赴登记机关办理房产抵押登记，登记机关受理了登记，并未提出登记文件不齐备，也进行了抵押的记录，但最终没有记载于不动产登记簿，由此造成本案纠纷。最高人民法院再审改判认定为抵押权未依法设立，吴某由此丧失了优先受偿权。本案警示了抵押权人，在办理抵押登记时，除了向登记机关提交必备的申请材料，还一定要核实登记机关已经记载于不动产登记簿的事实，否则可能还会出现本案中吴某的遭遇。

对于个人购买用于自住的唯一房屋的权利，人民法院应以保障生存权和居住权的精神，予以优先保护

◇ 方燕　王新军

案例索引

最高人民法院（2020）最高法民再233号

案情摘要

2011年1月14日，袁某与吴某签订《预约合同》，约定吴某将其按揭购买的案涉房屋出售给袁某，袁某向吴某支付161,100元购房款，以后按月支付银行的按揭款。袁某、邓某夫妻自2010年5月起装修所购房屋，并占有使用至今。2015年3月，在袁某、邓某的离婚诉讼中，人民法院作出民事调解书，该调解书第三项载明：夫妻双方购买的位于四川省成都市武侯区按揭住房一套归邓某所有；办理离婚手续后该房屋的按揭款由邓某偿还；但案涉房屋未办理过户登记手续。成都中院审理南充商业银行与号棚山公司、吴某借款合同纠纷一案中，查封了吴某名下的案涉房屋。成都中院于2015年11月12日作出（2015）成民初字第935号民事判决书，判决号棚山公司向南充商业银行偿还借款本金3,751,912.5元及逾期还款利息，吴某承担连带清偿责任。

南充商业银行提起执行异议之诉，请求执行吴某名下的案涉房屋。

原审观点

本案一审判决认为，袁某、邓某在法院查封前，已经与吴某签订书面合同购买了案涉房屋，并向吴某支付了购房款，按月支付按揭款，且实际占有使用案涉房屋。基于以上事实，人民法院作出民事调解书，该调解书主文确认案涉房屋系袁某、邓某购买，归邓某所有。生效民事调解书已经对案涉房屋所有权的归属进行了明确，南充商业银行就其金钱债权主张强制执行案涉房产，显然与该民事调解书主文确定案涉房屋所有权归邓某所有冲突。袁某、邓某就案涉房屋享有足以排除强制执行的民事权益，南充商业银行要求执行案涉房屋的请求，不能成立。南充商业银行认为该民事调解书损害其民事权益，可以另行主张权利。一审法院判决：驳回南充商业银行的诉讼请求。

本案二审判决认为，案涉房屋是否应当继续执行的关键问题是袁某、邓某对该房屋享有的权益能否阻却执行。首先，袁某、邓某在购买案涉房屋时明知该房屋设有银行按揭贷款，该房屋上设有权利负担。袁某、邓某选择向吴某购买该房屋，采取向吴某的银行账户每月打款的方式代吴某归还按揭贷款，理应预期对于抵押贷款未还清前房屋难以办理过户登记到名下以及可能产生的风险，故该房屋在法院查封前未能办理过户登记，一定程度上系其自身原因所致。袁某、邓某并不满足《最高人民法院关于人民法院办理执行异议和复议案件若干问题的规定》（以下简称《执行异议复议规定》）第 28 条第 4 项关于“非因买受人自身原因未办理过户登记”的要件，不享有阻却执行的合法权益，不能阻却南充商业银行的执行申请。其次，《物权法》第 9 条第 1 款规定：“不动产物权的设立、变更、转让和消灭，经依法登记，发生效力；未经登记，不发生效力，但法律另有规定的除外。”南部县法院作出民事调解书时，案涉房屋仍登记在吴某名下，吴某才是该房屋的合法所有权人，该房屋未经变更登记尚不能被认定为袁某、邓某之间的共有财产，袁某、邓某之间就该房屋的分配应属无权处分，对外不能产生物权变动的效力。据此，民事调解书不能产生《物权法》第 28 条规定的物权变动效力，不能阻却南充商业银行的执行申请。二审法院判决：撤销一审判决，继续执行案涉房屋。

再审焦点

本案再审审理的争议焦点为：袁某、邓某对案涉房屋是否具有足以排除南充商业银行强制执行的民事权益。

改判要旨

最高人民法院再审认为，袁某、邓某在人民法院2015年5月18日查封案涉房屋之前已签订合法有效的书面买卖合同；在人民法院查封之前已合法占有案涉房屋；2011年1月14日袁某向吴某支付161,100元后，吴某对案涉房屋在扣除尚欠银行贷款部分以外的权益已经全部转让给袁某、邓某，此后均由袁某、邓某偿还银行按揭贷款，在袁某、邓某按约履行合同义务的情况下，吴某对案涉房屋不再享有购房款的请求权或其他权利，故对于吴某对案涉房屋应有的份额而言，袁某、邓某已经支付了全部对价。

对于案涉房屋未办理过户登记是否系因袁某、邓某自身原因，最高人民法院认为，袁某、邓某在购买案涉房屋时知晓该房屋设有银行按揭贷款但未重新办理抵押，该交易安排不具有违法性，因而袁某、邓某并不因此而具有法律上的可责难性。袁某、邓某对案涉房屋的风险预期，应当限于如未按时、足额偿还按揭贷款而产生的抵押权人主张权利的风险，不应扩大至抵押贷款未还清前房屋仍登记在原权利人名下、因原权利人的行为而产生的一切风险。2015年5月，袁某、邓某曾以提起诉讼的方式主张办理权属变更登记，虽然其在起诉状中称因得知吴某负债提起诉讼，但是作为已支付了大部分房款并长期居住在案涉房屋的买受人，袁某、邓某诉请办理权属变更登记符合常理，并非必然以恶意对抗执行为目的。综合上述情形，本院认为，不应认定未办理过户登记系因袁某、邓某自身过错。

此外，综合考虑袁某、邓某已实际支付案涉房屋绝大部分房款，自2010年即占有使用，邓某离异后至今仍居住在案涉房屋，且该房屋是邓某在成都市的唯一住房等因素，相较于南充商业银行基于吴某应当履行保证责任而享有的保证债权，对袁某及邓某，特别是邓某对于案涉房屋享有的权利予以优先保护，符合法律保障生存权、居住权的精神，更具有正当性和合理性。最高人民法院再审改判：撤销二审判决，维持一审判决。

观判解判

对于袁某、邓某对案涉房屋是否具有足以排除南充商业银行强制执行的民事权益，一审、二审判决与再审判决认定完全不同：

第一，本案一审判决的主要观点，认为根据袁某、邓某离婚的民事调解书，调解书主文中确认案涉房屋系袁某、邓某购买，约定归邓某所有，因生效民事调解书已经对案涉房屋所有权的归属进行了明确，故享有排除强制执行的民事权益。

第二，本案二审判决的主要观点，认为袁某、邓某在购买案涉房屋时明知该房屋设有银行按揭贷款及设有权利负担，故该房屋在法院查封前未能办理过户登记，一定程度上系其自身原因所致，故并不满足《执行异议复议规定》第 28 条第 4 项的“非因买受人自身原因未办理过户登记”的要件，不能阻却南充商业银行的执行申请。

第三，最高人民法院改判的主要观点为，袁某、邓某对案涉房屋的风险预期，应当限于如未按时、足额偿还按揭贷款而产生的抵押权人主张权利的风险，不应扩大至抵押贷款未还清前房屋仍登记在原权利人名下、因原权利人的行为而产生的一切风险。综合考虑袁某、邓某本案中的实际情况，相较于南充商业银行基于吴某应当履行保证责任而享有的保证债权，对袁某、邓某，特别是邓某对于案涉房屋享有的权利予以优先保护，符合法律保障生存权、居住权的精神，更具有正当性和合理性。

观判观点

围绕关于案涉房屋未办理过户登记是否系因袁某、邓某自身原因所致，三级法院作出不同认定，非常具有代表性，观判提出观点如下：

第一，一审判决依据离婚民事调解书的主文，直接依据民事调解书对案涉房屋所有权分割约定的确认，认定可以排除第三人执行。但是，人民法院作出民事调解书时，案涉房屋仍登记在吴某名下，吴某仍为该房屋的合法所有权人，袁某、邓某并不是物权法上的所有权人，其分割约定实际系请求权的分配，并不产生共有财产的物权分割效力，亦不具有对抗第三人的效力。因此，二审法院和最高人民法院一致认定一审判决适用法律错误，是正确的。

第二，本案应当适用《执行异议复议规定》第 28 条规定的四项要件进行审查。二审与再审的分歧在于是否符合第 4 项的“非因买受人自身原因未办理过户登记”的要件。二审法院侧重从形式上审查，认为袁某、邓某在购买案涉房屋时明知该房屋设有银行按揭贷款，但采取向吴某的银行账户每月打款的方式代吴某归还按揭贷款，由此导致抵押贷款未还清前房屋难以办理过户登记到其名下以及可能产生的风险，一定程度上系其自身原因所致。最高人民法院则侧重从实质上审查，一方面认定以每月打款的方式代吴某归还按揭贷款的交易安排不具有违法性，另一方面认定对于买受人的正常风险预期性，不应扩大至抵押贷款未还清前房屋仍登记在原权利人名下、因原权利人的行为而产生的一切风险。据此，最高人民法院认定未办理过户登记并不是袁某、邓某自身过错。

第三，观判认为，最高人民法院对本案特定情形下的认定，显然不能放之四海而皆准，因为如果脱离本案特定情形全面按此标准执行的话，可能导致物权公示原则受到影响。对此，最高人民法院增加提出本案中的人文关怀性的改判依据，即论述为：综合袁某、邓某已实际支付案涉房屋绝大部分房款，自 2010 年即占有使用，邓某离异后至今仍居住在案涉房屋，且该房屋是邓某在成都市的唯一住房等因素，相较于南充商业银行基于吴某应当履行保证责任而享有的保证债权，基于法律保障生存权、居住权的精神，故对于邓某对案涉房屋享有的权利予以优先保护等，体现了在法律适用上保护个人购房者的倾向性。

观判警语

本案纠纷的根源是案涉房屋买卖的交易方式，买方没有采用房产过户及转按揭的交易方式，而是采用了向卖方的银行按揭账户每月打款的方式，代卖方归还按揭贷款，故从贷款银行、房产登记机关及第三人的角度上，是卖方仍持有房产，仍在归还购房的按揭贷款。由此导致卖方债权人将案涉房产作为卖方的财产进行追索。本案中，虽然最高人民法院从保障生存权、居住权的角度对邓某予以优先保护，但毕竟产生了巨大的诉讼风险和诉累。

不动产物权的转移包括当事人合意与物权登记两个行为，当事人有权单独基于物权登记的程序提起行政诉讼

◇ 方燕　王新军

案例索引

最高人民法院（2018）最高法行再117号

案情摘要

刘某的父亲刘继某在沈丘县某村分得宅基地一处，面积266.7平方米，用途为宅基地，1991年10月20日获沈丘县人民政府颁发1411268号集体土地建设用地使用证。2000年10月25日，沈丘县人民政府根据田某的申请，将以上土地为田某颁发沈集建（宅）字第1412843号集体土地建设用地使用证。根据田某申请土地使用权登记时提供的材料，该土地使用权登记行为并不是对刘继某土地使用权的变更登记。刘某父亲刘继某于1993年去世。刘某得知沈丘县人民政府为田某颁发沈集建（宅）字第1412843号集体土地建设用地使用证后，向人民法院提起诉讼，请求：撤销沈丘县人民政府2000年10月25日为田某颁发沈集建（宅）字第1412843号集体土地建设用地使用证的行政行为。

原审观点

本案一审判决认为，（1）《行政诉讼法》第25条规定，“行政行为的相

对人以及其他与行政行为有利害关系的公民、法人或者其他组织，有权提起诉讼。有权提起诉讼的公民死亡，其近亲属可以提起诉讼”。本案沈丘县人民政府为田某颁发的沈集建（宅）字第1412843号集体土地建设用地使用证的土地，与刘继某第1411268号集体土地建设用地使用证的土地，位置一致，属同一宗地，故刘继某与沈丘县人民政府为田某颁发土地使用证的行政行为有利害关系，有权提起行政诉讼。鉴于刘继某已经去世，根据以上规定，其儿子刘某可以作为原告提起本案诉讼。（2）沈丘县人民政府于1991年10月20日已将涉案土地向刘继某颁发第1411268号集体土地建设用地使用证，为刘继某设立了土地使用权。在刘继某土地使用证未被注销的情况下，沈丘县人民政府于2000年10月25日将案涉土地为田某颁发沈集建（宅）字第1412843号集体土地建设用地使用证，为田某设立了土地使用权，造成案涉同宗土地两证并存的情况，显然是沈丘县人民政府为田某颁证时对案涉土地权属以及田某土地使用权来源未能审核清楚所致。故沈丘县人民政府为田某颁证的行政行为缺乏事实根据，主要证据不足，依法应予撤销。依照《行政诉讼法》第70条第1项之规定，判决：撤销沈丘县人民政府2000年10月25日为田某颁发沈集建（宅）字第1412843号集体土地建设用地使用证的行政行为。

本案二审判决认为，案涉房地产在1989年已由刘继某转让给刘吉某，刘吉某又转让给田某等，该协议已经履行完毕，该院对其转让效力及集体土地使用权、房产所有权转移的法律后果予以认可。由于对农村集体土地是以户为基础享有使用权，虽然田某不是案涉集体土地上村组织的成员，但由于其妻刘银某是该村集体组织成员，故田某作为户代表有权受让刘继某、刘吉某所转让的集体土地及房产。作为刘继某权利承受者的刘某，在刘继某案涉的房地产权利已经移转和灭失的情况下，主张案涉的颁证行为侵犯其房地产权利，缺乏事实和法律依据，刘某与本案被诉的颁证行为没有利害关系，其不具有提起本案的起诉资格。一审认定事实不清，适用法律错误，应予纠正。依照《行政诉讼法》第89条第1款第2项之规定，裁定：（1）撤销周口市中级人民法院（2017）豫16行初17号行政判决；（2）驳回刘某的起诉。

再审焦点

本案再审审理的争议焦点为：刘某与案涉土地使用证的登记是否有利害关系。

改判要旨

最高人民法院再审认为，原《物权法》第 9 条第 1 款规定：“不动产物权的设立、变更、转让和消灭，经依法登记，发生效力；未经登记，不发生效力……”第 17 条规定：“不动产权属证书是权利人享有该不动产物权的证明……”本案中，沈丘县人民政府为一审第三人田某颁发的沈集建（宅）字第 1412843 号集体土地建设用地使用证的土地，与其之前为刘继某颁发的第 1411268 号集体土地建设用地使用证涉及的土地，四至相同，系同一宗土地。在第 1411268 号集体土地建设用地使用证未被注销的情况下，沈丘县人民政府将案涉土地为第三人田某颁发沈集建（宅）字第 1412843 号集体土地建设用地使用证，造成案涉同宗土地两证并存的情况，违背了物权的排他性原则，显然对相关权利人的合法权益造成了不利影响。鉴于刘继某已经去世，根据《行政诉讼法》第 25 条“行政行为的相对人以及其他与行政行为有利害关系的公民、法人或者其他组织，有权提起诉讼。有权提起诉讼的公民死亡，其近亲属可以提起诉讼”的规定，其子刘某可以作为原告提起本案诉讼。需要指出的是，我国不动产物权的转移实行登记生效原则，即不动产物权的转移由当事人合意与物权登记两个行为共同完成。在案涉土地的物权登记行为恰恰是本案的争议对象，尚不能认定相关物权已经依法转移的情况下，二审法院以“涉案房地产在 1989 年已由刘继某转让给刘吉某，该协议已经履行完毕”为由，判定再审申请人与被诉行为没有利害关系，进而裁定驳回刘某的起诉，适用法律不当。最高人民法院再审改判：撤销二审裁定，发回二审法院重新审理。

观判解判

本案一审、二审和再审法院对于本案的基础事实及其法律适用，作出完全不同的认定，观判分析解读如下：

第一，本案一审判决的主要观点，认为沈丘县人民政府先后为刘继某、田某颁发的土地使用证涉及的土地，属同一宗地，故刘继某与沈丘县人民政府为田某颁发土地使用证的行政行为有利害关系，在刘继某土地使用证未被注销的情况下，又为田某颁发土地使用证，造成案涉同宗土地两证并存的情况，故依法应予撤销。

第二，本案二审判决的主要观点，认为案涉房地产在1989年已由刘继某转让给刘吉某，刘吉某又转让给田某，案涉刘继某的房地产权利已经移转和灭失的情况下，主张案涉的颁证行为侵犯其房地产权利，缺乏事实和法律依据，刘某与本案被诉的颁证行为没有利害关系，其不具有提起本案的起诉资格。

第三，最高人民法院再审改判的主要观点，认为在刘继某土地使用证未被注销的情况下，又为田某颁发土地使用证，显然对相关权利人的合法权益造成了不利影响。由于不动产物权的转移由当事人合意与物权登记两个行为共同完成，当事人有权基于物权登记的程序提起行政诉讼。

观判观点

本案特殊之处在于，虽然是行政诉讼，但其中隐含了民事合同履行的争议，一审判决基于颁发土地使用证的具体行政行为角度审理，二审则从民事合同履行的角度审理，最高人民法院全面从当事人合意与物权登记两个行为的角度，厘清了两者之间的关系。观判分析评价如下：

第一，关于刘继某和刘某与被诉的颁证行为有无利害关系。由于沈丘县人民政府为田某颁发的土地使用证，与其之前为刘继某颁发的土地使用证，系同一宗土地使用权，而且刘继某持有的土地使用证未被注销，出现了一地两证的情况，对刘继某的财产权造成了不利影响。例如，可能会出现田某转让土地使用权，导致刘继某土地使用权也“被转让”等权利受损情况。因此，刘继某显然与被诉的颁证行为有利害关系。刘继某死亡后，其儿子刘某作为继承人及近亲属有权提起本案行政诉讼。

第二，关于本案基础事实中包含民事争议的问题。本案行政诉讼中包含了民事合同的争议，即案涉房地产在 1989 年已由刘继某转让给刘吉某，刘吉某再次转让给田某的民事争议。该民事争议涉及合同效力、合同履行等争议尚未解决，导致原可通过民事合同履行实现的土地使用权过户登记，由于存在民事纠纷，而使田某无法依据民事合同的履行完成过户登记。由于合同争议属于民事纠纷，沈丘县人民政府作为行政机关的权属登记，只能根据各方当事人是否提交合法的变更登记手续办理，而无权介入民事纠纷，自行判断“本案该协议已经履行完毕”，以及据此直接为田某办理新的土地使用证。

第三，关于本案再审裁定后的诉讼程序。本案一审法院文书为判决书，二审法院文书为裁定书，内容是驳回起诉，故最高人民法院再审裁定结果为发回二审法院重新审理，而不是发回一审法院进行审理。依据再审裁定的内容，二审法院应当基于刘某系利害关系人的起诉，对于沈丘县人民政府向田某颁发土地使用证的具体行为的合法性进行审理，而不应以民事合同履行中的争议作为事实依据。

观判警语

本案争议的缘由，系刘继某转让土地使用权，且受让人再次进行了转让，但是刘继某一直未向最终受让人办理过户登记手续；而政府产权登记机关基于土地使用权转让合同的履行情况，直接为田某办理了新的土地使用证，由此引发本案争议。可见，本案争议实质是行政机关是否依法行政，是否超越职权介入民事合同履行争议的问题。

补偿安置房被设置抵押权的，被拆迁人有权优先获得安置房屋，但以查明安置房屋的位置范围等情况为前提

◇ 方燕　王新军

案例索引

最高人民法院（2020）最高法民再92号

案情摘要

2014年8月21日，盛达公司与天福公司签订了《借款合同》，主要约定内容为：天福公司向盛达公司借款3000万元，借款期限5个月，自2014年8月21日起至2015年1月20日止；由天福公司提供名下位于重庆市南岸区某路某号的预售房中的裙楼第7层和第9层，共计面积7415.28平方米的房屋作抵押担保。同日，以盛达公司为抵押权人，天福公司为抵押人，双方签订了《抵押担保合同》，主要约定内容为：天福公司自愿以自有财产就《借款合同》项下债务向盛达公司提供抵押担保，抵押物的坐落均为某路某号，楼层为第7层和第9层，其中第7层房号为1号至4号（面积共计3865.05平方米），第9层房号为1号至11号、13号、14号、16号至21号、23号、25号至48号（面积共计3550.23平方米）。上述抵押房屋于2014年8月26日在重庆市国土资源和房屋管理局办理了抵押登记。后盛达公司于2014年8月27日通过中国工商银行两江分行营业部网上银行向天福公司转账3000万元。

盛达公司向法院起诉，请求：判令天福公司立即偿还借款3000万元及利

息；判令盛达公司对天福公司位于重庆市南岸区某路某号第7层、第9层的抵押房屋享有优先受偿权。

原审观点

本案一审判决认为，对于位于重庆市南岸区某路某号第7层房号为1号至4号的抵押房屋，根据《拆迁补偿安置协议》及其补充协议等，拆迁人拆除重庆市南岸区邮政局房屋等相应设施后进行实物安置，且约定以明确位置及用途的房屋予以补偿安置，应当认定被拆迁人通过产权调换的方式进行拆迁安置，且《拆迁补偿安置协议》在2007年已经签订，且该房屋已经由被拆迁人使用。故该房屋虽然经天福公司设立抵押，但并不能因此否定被拆迁人的优先权，故对盛达公司请求对该房享有优先受偿权的请求不予支持。对于位于重庆市南岸区某路某号第9层房号为1号至11号、13号、14号、16号至21号、23号、25号至48号的抵押物，已经房地产管理部门登记，盛达公司请求对该抵押物享有优先受偿权符合法律规定，予以支持。一审法院判决：（1）天福公司向盛达公司归还借款本金27,008,929.22元及利息；（2）盛达公司在前述第一项的债权范围内对天福公司名下位于南岸区某路某号第9层房号为1号至11号、13号、14号、16号至21号、23号、25号至48号的房屋有权优先受偿。

本案二审判决认为，关于盛达公司是否有权对位于重庆市南岸区某路某号第7层房号为1号至4号的房屋享有优先受偿权的问题，《最高人民法院关于审理商品房买卖合同纠纷案件适用法律若干问题的解释》第7条规定，拆迁人与被拆迁人按照所有权调换形式订立拆迁补偿安置协议，明确约定拆迁人以位置、用途等特定的房屋对被拆迁人予以补偿安置，如果拆迁人将该补偿安置房另行出卖给第三人，被拆迁人请求优先取得补偿安置房屋的，应予支持。在拆迁补偿安置协议与其他商品房买卖合同发生冲突时，优先保护被拆迁人的权利。本案中，根据《拆迁补偿安置协议》及其补充协议，所争议的位于重庆市南岸区某路某号第7层房号为1号至4号的抵押房屋系前述拆迁协议约定的补偿安置房屋，且该房屋已于案涉借款合同签订前交付被拆迁人重庆市南岸区邮政局使用。虽然该讼争房屋已办理抵押登记，但被拆迁人重庆市南岸区邮政局对该房屋享有的权利不应受到影响。因此，一审判决盛达公司对前述讼争房屋不享有优先受偿权，并无不当。二审法院判决：确认盛达公司在债权范围内对天福公司名下位于重庆市南岸区某路某号第9层房号为1号至11号、13号、14号、16号至21号、23号、25号至48号的房屋享有优先受偿权。

再审焦点

本案再审审理的争议焦点为：盛达公司对位于重庆市南岸区某路某号A栋第7层1号至4号的房屋是否享有优先受偿权。

改判要旨

最高人民法院再审认为，关于盛达公司对位于重庆市南岸区某路某号A栋第7层房号为1号至4号的房屋是否享有优先受偿权的问题，参照《最高人民法院关于审理商品房买卖合同纠纷案件适用法律若干问题的解释》第7条规定，对被拆迁人依据拆迁补偿协议享有的安置房请求权，应当给予适当的优先保护。本案应以查明安置房的位置、用途、具体范围等情况为前提，对被拆迁人的合法权益予以优先保护。《拆迁补偿安置协议》具体安置位置的约定内容，并未涉及案涉A栋第7层整层房屋。《补充协议》进一步约定安置房屋范围为："A栋裙楼7楼作为丙方（南岸邮政公司）办公用房，建筑面积3567.94平方米。"故案涉A栋第7层四处房屋的总建筑面积3862.75平方米已超出《拆迁补偿安置协议》《补充协议》约定的安置面积3567.94平方米，且目前尚无证据证明上述房屋全部交由被拆迁人南岸邮政公司使用，南岸邮政公司亦对物业公司使用的房屋不属于补偿安置房屋范围的事实无异议。一审、二审法院仅依据《拆迁补偿安置协议》《补充协议》认定案涉A栋第7层房号为1号至4号的抵押房屋均是前述拆迁协议约定的补偿安置房屋，与客观事实不符。根据盛达公司再审提交的证据，案涉A栋第7层四处房屋仅7-1号及7-4号房屋属于南岸邮政公司的补偿安置房屋，7-2号和

7－3 号房屋仍登记在天福公司名下，属天福公司所有。由于 7－2 号和 7－3 号房屋已经房地产管理部门登记，盛达公司要求对上述抵押物享有优先受偿权符合法律规定，应予支持。

最高人民法院再审改判：确认盛达公司对天福公司名下位于重庆市南岸区的房屋，以及第 9 层房号为 1 号至 11 号、13 号、14 号、16 号至 21 号、23 号、25 号至 48 号的房屋享有优先受偿权。

观判解判

对于补偿安置房被恶意设置抵押权的，抵押权人和被拆迁人谁优先享有案涉房屋的权利，本案一审、二审和再审法院提出了不同的观点。观判分析解读如下：

第一，一审判决的主要观点，认为参照《最高人民法院关于审理商品房买卖合同纠纷案件适用法律若干问题的解释》第 7 条之规定，被拆迁人可以优先获得安置房屋，该房虽然经天福公司设立抵押，但并不能因此否定被拆迁人的优先权，故对盛达公司请求对该房享有优先受偿权的请求不予支持。

第二，二审判决的主要观点，与一审判决观点基本一致，认为虽然该讼争房屋已办理抵押登记，但被拆迁人重庆市南岸区邮政局对该房屋享有的权利不应受到影响。

第三，最高人民法院改判的主要观点，认为案涉第 7 层四处房屋的总建筑面积 3862.75 平方米，已超出《拆迁补偿安置协议》《补充协议》约定的安置面积 3567.94 平方米，查明案涉第 7 层四处房屋仅 7－1 号及 7－4 号房屋属于南岸邮政公司的补偿安置房屋，南岸邮政公司亦对 7－2 号和 7－3 号房屋不属于补偿安置房屋范围的事实无异议，且 7－2 号和 7－3 号房屋仍登记在天福公司名下，属天福公司所有，故盛达公司对该抵押房产享有优先受偿权。

观判观点

本案涉及一类新型案例，由于在立法上对于补偿安置房被设置抵押权的情形，以及相关各方权利应如何处理，法律没有明确的规定，本案一审、二审判决提出“参照”适用的方式，认定应对被拆迁人优先保护；最高人民法院在再审判决中亦明确予以确认，并进一步指出并纠正原审判决中瑕疵，细化了审判实践的标准。观判分析评价如下：

第一，关于对被拆迁人依据拆迁补偿协议享有的安置房请求权给予优先保护。《最高人民法院关于审理商品房买卖合同纠纷案件适用法律若干问题的解释》第7条规定，如果拆迁人将该补偿安置房另行出卖给第三人，被拆迁人请求优先取得补偿安置房屋的，应予支持。但本案中，并非将补偿安置房出卖给第三人的情形，而是将补偿安置房抵押给债权人，且办理了抵押登记手续的情形，故形式上不符合上述规定。但是，从该规定的立法本意上，无论是否将补偿房屋出售，还是抵押，被拆迁人均是以牺牲原房屋居住权为代价来满足城市建设等社会公共利益的需要，故对被拆迁人依据拆迁补偿协议享有的安置房请求权，应当给予适当的优先保护。

第二，关于优先保护须以查明安置房的位置、用途、具体范围等情况为前提。一审和二审判决虽然突破现有规定优先保护拆迁补偿安置权，但是在具体的保护范围上，却出现细节上的法律瑕疵。本案中，虽然案涉拆迁协议约定补偿房屋为“A栋裙楼7楼”，并约定了具体的面积，但确实没有具体房号，这说明拆迁协议本身尚有不明确的瑕疵，有待查明拆迁各方对具体安置房屋房号等的真实意思表示。经再审查明，案涉7－2和7－3号房屋产权登记是在天福公司名下，而且被拆迁人亦明确7－2和7－3号房屋不属于补偿安置的房屋范围，故再审改判当然是顺理成章了。

观判警语

对于被拆迁人的合法权益予以优先保护，已然成为法律共识，但也引发了新的问题，即作为抵押权人既无法了解拆迁人及其补偿安置协议的情况，也无法从公开渠道知晓拟接受的抵押房屋实为补偿安置房，而正常地接受为抵押物，并完成了抵押登记手续后，却最终无法享有优先受偿权。这无疑增加了抵押权人作为无过错方的法律风险，亦有失衡之处，确实有待立法上的完善。

抵押合同条款中同时出现担保本息和担保本金矛盾约定的，人民法院应按照实践惯常做法认定担保本息

◇ 方燕　王新军

案例索引

最高人民法院（2021）最高法民再53号

案情摘要

2017年1月20日，天保小贷公司与美瑞金公司签订了《借款合同》，约定向美瑞金公司提供借款1亿元，借款期限自2017年1月22日起至2018年4月20日止，借款利息为年利率10%等。天保小贷公司于2017年1月22日向美瑞金公司交付了1亿元借款。2017年1月20日，天保小贷公司与美瑞金公司分别签订了10份《抵押合同》，约定美瑞金公司为保障《借款合同》项下债权的实现，分别以其有权处分的若干房产及土地使用权提供抵押担保，担保范围均为主合同项下本金及利息、复利、罚息、违约金、损害赔偿金和实现债权及抵押权的费用，被担保债权数额分别为995万元、996万元、940万元、968万元、1008万元、1038万元、1018万元、1049万元、1000万元、1028万元，均于2017年1月23日办理了抵押登记。美瑞金公司按照合同约定，支付利息至2018年2月14日，借款到期后，美瑞金公司未履行偿还借款本息的义务。

天保小贷公司向法院起诉，请求：判令美瑞金公司立即偿还贷款本金1

亿元及利息等；天保小贷公司对《抵押合同》项下抵押物均享有优先受偿权。

原审观点

本案一审判决认为，天保小贷公司关于美瑞金公司给付借款本金1亿元及利息等的诉讼请求，应予以支持。虽然案涉10份《抵押合同》约定担保范围为上述借款本金及利息、复利、罚息、违约金、损害赔偿金和实现债权及抵押权的费用，并办理了抵押登记手续，天保小贷公司对美瑞金公司抵押的10处不动产享有优先受偿权；但是，案涉10份《抵押合同》还约定了被担保债权数额共计1亿元，也系当事人的真实意思表示，天保小贷公司应当在约定的被担保债权数额范围内优先受偿。美瑞金公司未按约定偿还借款本息，美瑞金公司应以上述抵押的不动产，基于被担保债权数额承担担保责任。一审法院判决：美瑞金公司给付天保小贷公司借款本金1亿元及利息等；天保小贷公司以美瑞金公司抵押的折价或拍卖、变卖的所得价款在上述10处不动产各被担保债权数额范围内优先受偿等。

本案二审判决认为，《物权法》第173条规定："担保物权的担保范围包括主债权及其利息、违约金、损害赔偿金、保管担保财产和实现担保物权的费用。当事人另有约定的，按照约定。"据此可以确定担保范围原则上及于全部债权，但当事人可通过约定对其范围进行限缩。案涉各份《抵押合同》第11.1条约定的被担保债权数额为1亿元，即为双方对担保范围进行的限缩，该被担保债权数额应为担保范围。同时，《物权法》第16条规定："不动产登记簿是物权归属和内容的根据……"即以登记作为公示方式的不动产担保物权的担保范围，一般应以登记的范围为准。本案不动产登记簿中所登记的担保范围亦与案涉《抵押合同》第11.1条所约定的被担保债权数额一致，故应按照该约定确定本案的担保范围。二审法院判决：驳回上诉，维持原判。

再审焦点

本案再审审理的争议焦点为：原审认定的案涉抵押担保的范围是否正确。

改判要旨

最高人民法院再审认为，案涉10份《抵押合同》第2条“担保的主债权及担保范围”均约定：担保的主债权为主合同项下的本金人民币1亿元，担保范围为主合同项下本金及利息、复利、罚息、违约金、损害赔偿金和实现债权及抵押权的费用；第11条“其他约定事项”下第11.1项分别约定被担保债权数额。10份《不动产登记证明》“其他”栏记载的担保债权数额与前述第11.1项中约定的被担保债权1亿元数额一致。天保小贷公司与美瑞金公司在案涉《抵押合同》中明确区分了“担保的主债权”与“担保范围”，二者含义及范围显然不同。且根据《物权法》第173条之规定，“担保范围”包括但不限于被担保的主债权，主债权的利息、实现债权及抵押权等费用均属于担保范围亦是实践中的惯常做法。因此，原审判决认定案涉《抵押合同》第11.1项约定的被担保债权数额系双方对担保范围进行的限缩，缺乏依据。本案中不动产登记机关所出具的不动产登记证明未设置“担保范围”栏目，仅在“其他”一项中有“担保债权数额”的表述，且只能填写固定数字。对于《抵押合同》中约定的担保范围与抵押登记出现不一致，是由于不动产登记机关登记簿的设置没有与《物权法》的规定相一致所造成的，不能归责于天保小贷公司。因此，本案以《抵押合同》第2条约定认定抵押权的担保范围是符合实际的妥当选择，也更贴近双方签订案涉《抵押合同》及办理抵押登记时的真实意图。最高人民法院再审改判：撤销一审、二审判决；美瑞金公司给付天保小贷公司借款本金1亿元及利息等；天保小贷公司对美瑞金公司抵押物在折价或者拍卖、变卖后所得价款在上述债权范围内享有优先受偿权。

观判解判

本案属于抵押合同纠纷，对于《抵押合同》中主要条款存在表述不完全一致的情形的，如何客观和准确认定抵押物所担保的债权具体金额，本案一审、二审和再审法院提出了不同的观点。观判分析解读如下：

第一，一审判决的主要观点，认为虽然案涉《抵押合同》约定担保范围为借款本金及利息等，但《抵押合同》还另外约定被担保的主债权为主合同项下的本金人民币 1 亿元，系当事人的真实意思表示，天保小贷公司应当在约定的被担保债权数额范围内优先受偿，应不含利息等。

第二，二审判决的主要观点，认为虽然担保范围原则上及于全部债权，但当事人可通过约定对其范围进行限缩，《抵押合同》第 11. 1 项约定的被担保债权数额，即为双方对担保范围进行的限缩，该被担保债权数额应为担保范围；且与本案不动产登记簿中所登记的担保范围一致。

第三，最高人民法院再审改判的主要观点，认为《抵押合同》对担保范围约定为主合同项下本金及利息、复利、罚息、违约金、损害赔偿金和实现债权及抵押权的费用等，与原《物权法》第 173 条之规定相符，也是实践中的惯常做法，不能认定《抵押合同》第 11. 1 项约定的被担保债权数额系双方对担保范围进行的限缩。对于不动产登记机关登记簿中的设置内容，不能归责于天保小贷公司。

观判观点

本案纠纷的主要争议点，系在《抵押合同》中，一方面约定担保的债权数额为主合同项下的本金人民币 1 亿元，另一方面又约定担保范围为主合同项下本金及利息等，两者有差异，产生了以何为准的争议。观判分析评价如下：

第一，关于“担保数额”和“担保范围”约定的差异问题。本案《抵押合同》在文字上存在条款表述不一致的问题，其中“担保范围”约定为本金及利息等，但“担保债权数额”约定为本金，确实存在表述不一致的情形；抵押登记的内容与“担保债权数额”的表述一致。观判认为，如果仅从逻辑上进行判断是不成立的，因为如按二审判决认定的逻辑关系，“担保债权数额”约定是对“担保范围”约定的限缩；则同理，也可以认定“担保范围”约定是对“担保债权数额”约定的扩大。可见，单纯以逻辑论证的方式，本身是无法得出确定结论的。最高人民法院提出观点，则是依据担保本金及利息等是实践中的惯常做法等。对此，观判认为，这属于人民法院自由裁量权的范围的事项，最高人民法院对本案情形作出生效判决后，以后就成为此类案件的审理标准。

第二，关于抵押登记内容的法律效果。本案中，不动产登记簿未设置“担保范围”栏目，仅在“其他”一项中有“担保债权数额”的表述，且只能填写固定数字，实际填写的担保债权数额与《抵押合同》的担保债权数额约定的本金1亿元一致，并不涉及利息。二审判决据此认定担保的债务只有本金。最高人民法院则认为，这属于不动产登记机关登记簿的设置问题，不能归责于天保小贷公司。对此，观判认为，似乎可以进一步了解一项事实，天保小贷公司在根据不动产登记簿的格式要求填写过程中，是否对填写的项目内容或格式要求提出过异议？如果能够查明上述事实，似乎更能够准确判断天保小贷公司作为专业的小贷公司在填写不动产登记簿内容时的意思表示。

观判警语

本案属于典型的在订立合同条款中存在漏洞，从而引发诉讼纠纷的情形。正常情形下，出借人为了保障收本获息的经营收入，会要求设定抵押权，并以抵押物担保本金及利息、违约金、损害赔偿金、保管担保财产和实现担保物权的费用。可见，本案在订立抵押合同以及办理抵押登记中，连续出现对出借人不利的法律隐患，确属出借人在合同审查及合同执行风险管控上，自身连续出现了问题所致。

案外人购买的商品房系投资性质的商铺的，不属于消费者生存权的保护范畴，不得对抗抵押权人的执行申请

◇ 方燕　王新军　张艳利

案例索引

最高人民法院（2021）最高法民再189号

案情摘要

新永秀公司拖欠红岭公司借款6000万元，新永秀公司以自己名下商铺为该项借款设定抵押，具体方式为：红岭公司、新永秀公司与平安银行签署《委托贷款合同》，平安银行与新永秀公司签订了《抵押担保合同》，将新永秀公司名下位于某县西侧土地使用权及地上在建工程设定抵押，抵押权人为平安银行。2014年1月7日，定安县国土局出具了（2014）第105号土地他项权利证明书。2016年8月29日、2018年1月10日，红岭公司分别向平安银行发出内容相同的《关于同意新永秀公司办理〈预售许可证〉延期的函》，且平安银行根据上述函，分别向定安县房管局发函，同意办理“永秀国际”项目预售许可证期限延期事宜。2017年1月22日，定安县房管局向新永秀公司颁发了有效期为自2017年1月22日至2018年1月22日的预售许可证。2018年6月11日，吴某等人与新永秀公司正式签订《定安县商品房买卖合同》，约定吴某等人购买永秀国际小区A栋一层01商铺，并于当日付清了全部购房款。后新永秀公司到期未清偿借款，红岭公司作为实际抵押权人依据

生效调解书向法院申请强制执行；2018 年 8 月，法院查封了包括吴某等人购买的新永秀国际小区 A 栋一层 01 商铺在内的登记在新永秀公司名下的 494 套房产。吴某等人以其已购买的房产被查封为由，要求法院解除查封，停止执行。法院作出裁定，中止对吴某等人购买的新永秀国际小区 A 栋一层 01 商铺的执行。

红岭公司提起本案申请执行人执行异议之诉，起诉请求：准许对案涉房屋采取查封、评估、拍卖或变卖等执行措施。

原审观点

本案一审判决认为，根据《最高人民法院关于适用〈中华人民共和国民事诉讼法〉的解释》第 313 条的规定，判断能否支持申请执行人许可执行的请求，需认定案外人就执行标的是否享有足以排除强制执行的民事权益。由于本案涉及的是金钱债权的执行案件，因此本案可参照《最高人民法院关于人民法院办理执行异议和复议案件若干问题的规定》（以下简称《执行异议和复议规定》）第 28 条或第 29 条的规定予以判断。本案中，案涉房屋所在的土地使用权及地上建筑物虽已办理抵押登记，但新永秀公司已取得案涉房屋的预售许可证，且红岭公司两次给平安银行发函，要求平安银行协助办理预售许可证延期手续，表明红岭公司同意新永秀公司销售案涉房屋。而且吴某等人在法院查封案涉房屋之前就已经签订了《定安县商品房买卖合同》，该合同不违反法律法规的强制性规定，合法有效。新永秀公司在法院查封之前已将案涉房屋交付给吴某等人装修及占有使用。吴某等人在签订合同当日已付清了全部购房款，新永秀公司也向吴某等人出具了购房增值税发票，故应认定吴某等人已经支付了全部购房款。由于案涉项目尚未办理房屋产权总证，且在合同约定的办理房屋权属证书期限未届满前，案涉房屋所在的土地使用权及地上建筑物已被执行查封，吴某等人对于房屋不能办理过户登记并无过错。根据《执行异议和复议规定》第 28 条关于“金钱债权执行中，买受人对登记在被执行人名下的不动产提出异议，符合下列情形且其权利能够排除执行的，人民法院应予支持：（一）在人民法院查封之前已签订合法有效的书面买卖合同；（二）在人民法院查封之前已合法占有该不动产；（三）已支付全部价款，或者已按照合同约定支付部分价款且将剩余价款按照人民法院的要求交付执行；（四）非因买受人自身原因未办理过户登记”的规定，吴某等人就案涉房屋享有足以排除强制执行的民事权益。一审法院判决：驳回红岭公司的诉讼请求。

本案二审判决认为，在新永秀公司销售房产过程中红岭公司两次给平安银行发函，要求平安银行协助办理预售许可证延期手续，平安银行两次向房产管理部门出具了同意办理预售许可证延期的函件，表明红岭公司同意新永秀公司销售案涉房屋。吴某等人购买案涉房屋系在预售许可证有效期内，故不违反《物权法》第 191 条第 2 款关于“抵押期间，抵押人未经抵押权人同意，不得转让抵押财产”之规定。二审法院判决：驳回上诉，维持原判。

再审焦点

本案再审审理的争议焦点为：吴某等人对案涉房屋享有的民事权益能否排除强制执行。

改判要旨

最高人民法院再审认为，《执行异议和复议规定》第 27 条确立了享有担保物权的申请执行人的优先受偿地位，同时基于对一些特定权益优先保护的必要，通过“但书”予以排除。根据原《最高人民法院关于建设工程价款优先受偿权问题的批复》第 1 条、第 2 条的规定，交付全部或者大部分款项的商品房消费者的权利优先于抵押权人优先受偿权，此即属于“但书”条款所言的例外规定，该规定是基于生存权至上的考虑，突破合同相对性和债权平等而设置的特别规定。《执行异议和复议规定》第 29 条规定正体现了对商品房消费者物权期待权的优先保护。本案中，吴某等人所购标的物为永秀国际小区 A 栋一层 01 商铺，具有鲜明的投资属性，不属于消费者生存权的保护范畴，不能参照适用《执行异议和复议规定》第 29 条之规定。抵押权人放弃抵押权必须有具体明确的意思表示。本案中，虽然红岭公司两次向房产管理部门出具同意为案涉商品房办理预售许可证延期手续，但是，这并不意味着红岭公司放弃就案涉商品房设定的抵押权。根据查明的事实，红岭公司是实际抵押权人，案涉他项权利证明书、抵押登记证仍然有效，吴某等人作为一般购房人，其取得的不是物权期待权，本质是债权，并不优先于抵押权。一般不动产买受人即便符合《执行异议和复议规定》第 28 条的规定，也不能对抗抵押权人，其只能对抗普通债权人。故吴某等人对案涉房屋不享有足以排除强制执行的民事权益。最高人民法院再审改判：撤销一审、二审判决，准许对永秀国际 A 栋一层 01 商铺采取查封、评估、拍卖或变卖等强制执行措施。

观判解判

本案属于案外人执行异议之诉，在抵押权人未明示放弃案涉商品房抵押权，案外人在抵押后、查封前付款购买占有了商品房，人民法院应当如何认定执行申请人的抵押权是否仍然存续，案外买受人是否能够对抗抵押权人执行申请的问题，本案一审、二审和再审法院提出了不同的观点。观判分析解读如下：

第一，一审判决的主要观点，认为在法院查封之前，红岭公司同意新永秀公司销售案涉抵押房屋，吴某等人与新永秀公司已就该房屋签订了合法有效的商品房买卖合同，并支付了全部购房款、实际占有使用案涉房屋，未办理过户登记也并非因吴某等人自身的原因，符合《执行异议和复议规定》第 28 条的规定。

第二，二审判决的主要观点，认为吴某等人购买案涉房屋时在预售许可证有效期内，不违反原《物权法》第 191 条第 2 款关于“抵押期间，抵押人未经抵押权人同意，不得转让抵押财产”之规定，认为红岭公司已放弃了抵押权的权利，进而基于本案系金钱债权的执行，认为可以适用《执行异议和复议规定》第 28 条规定。

第三，最高人民法院改判的主要观点，认为享有担保物权的执行人的优先受偿地位是法律明确规定的，只有在符合原《最高人民法院关于建设工程价款优先受偿权问题的批复》第1条、第2条关于商品房消费者基于生存权的“但书”条款规定时，才能予以排除。而本案吴某等人所购标的物为商铺，不属于消费者生存权的保护范畴，且红岭公司未明确表示放弃对案涉房屋的抵押权，故吴某等人对案涉房屋不享有足以排除强制执行的民事权益。

观判观点

本案纠纷的主要争议点，案外人购买的商品房系投资性质的商铺，但该商铺已经事先设定抵押权的，是否适用《执行异议和复议规定》第28条、第29条买受人排除执行的条款规定？最高人民法院通过对本案的改判，根据分析和说理的内容，树立了明确的审判实践标准。观判分析评价如下：

第一，关于抵押权放弃的认定依据问题。本案一审、二审法院均以红岭公司出具函件同意案涉房屋预售许可证的延续的行为，作为红岭公司放弃抵押权的事实依据。对此，最高人民法院再审明确提出了抵押权人放弃抵押权必须有具体明确的意思表示的观点。对此，观判认为，民事权利的放弃必须以明示方式，抵押权人同意办理销售许可证不能推定为具有放弃抵押权的意思；而且，抵押人销售抵押房产所得资金正常应当先行偿还抵押债务，故对抵押权人同意销售应视为积极实现抵押权的善意行为。

第二，关于商品房消费者对抗抵押权人优先权的例外情形。原《最高人民法院关于建设工程价款优先受偿权问题的批复》第1条、第2条规定，交付全部或者大部分款项的商品房消费者的权利优先于抵押权人优先受偿权。《执行异议和复议规定》第29条也有类似规定。但是，以上规定都是对商品房消费者物权期待权的优先保护，均为抵押权优先的例外情形。本案中，标的为商铺，不属于用于居住的商品房，反而具有鲜明的投资属性，故不属于消费者生存权的保护范畴，应当适用相关抵押权优先的一般性法律规定。

观判警语

本案中，购房者已经全额支付了购房款，但是由于所购商品房为商铺性质，导致无法对抗在先的抵押权，造成了巨大法律风险。本案警示了商铺的投资者，在购买前需要了解该商铺是否设定了抵押权，或者商铺项下土地使用权是否设定了抵押权等，否则将可能面临巨大的投资损失风险。

三、合同篇

实际施工人已起诉发包人行使请求权，发包人与名义承包人擅自结算工程造价的，不能约束实际施工人

◇ 方燕　王新军

案例索引

最高人民法院（2019）最高法民再295号

案情摘要

2010年9月，星火公司与晟元公司签订《建设工程施工合同》，约定星火公司将工程发包给晟元公司施工，合同暂定总价为13,000万元。2011年12月，晟元公司西北分公司与秦某等人就旭景崇盛园9号楼签订了《施工项目目标管理责任书》，约定：工程总造价的98.5%作为成本费用，税金及各项规费及公司规定费用由委托人代扣代交等。2014年11月，秦某等人与星火公司就完成的工程量签订了《施工内容》。

秦某等人于2013年12月，以星火公司为被告提起本案诉讼，法院追加晟元公司为被告，秦某等人请求判令星火公司付清秦某等人的工程款19,058,635.90元。

一审诉讼中，法院对秦某等人完成的案涉工程价款委托鉴定，2016年11月，鉴定机构作出鉴定造价金额为4649.195959万元。2016年12月，星火公司与晟元公司就旭景崇盛园9号楼及8、9分区车库签订了《工程决算审核书》，其中载明审定造价为3927.439118万元。2016年12月，星火公司与晟

元公司共同确认：旭景崇盛园9号、11号楼及地下车库、商业二工程于2013年已竣工验收，所有工程款已结清，双方已无任何经济纠纷。

原审观点

本案一审判决认为，秦某等人基于星火公司与晟元公司签订的《建设工程施工合同》提起本案诉讼，该合同约定星火公司将旭景崇盛园9号、11号楼工程发包给晟元公司施工。星火公司与晟元公司就旭景崇盛园9号、11号楼工程设立了建设工程施工合同法律关系。晟元公司西北分公司与秦某等人于2011年12月就旭景崇盛园9号楼又签订了《施工项目目标管理责任书》，秦某等人以晟元公司西北分公司名义对旭景崇盛园9号楼进行施工。2016年12月19日，星火公司与晟元公司共同确认：旭景崇盛园9号、11号楼及地下车库、商业二工程所有工程款已结清，双方已无任何经济纠纷。因星火公司与秦某等人并不存在合同关系，星火公司与合同相对方晟元公司进行结算，符合建设工程施工合同的约定。秦某等人提交的证据不足以证明星火公司在结算中存在恶意，因此其称晟元公司与星火公司恶意串通，结算应当属于无效，不予采信。星火公司与晟元公司已经就合同约定的9号、11号楼工程进行了结算，并且双方共同确认工程款已经付清。因此，秦某等人诉称星火公司拖欠工程款，依据不足，依法不予采信，判决：驳回秦某等人的诉讼请求。

本案二审判决认为，星火公司与晟元公司签订了《建设工程施工合同》，双方通过“明招暗定”方式规避招投标。双方当事人所签订的上述建设工程施工合同为无效合同。晟元公司西北分公司与秦某等人签订了《施工项目目标管理责任书》，晟元公司与秦某等人形成工程转包法律关系，其所签订的《施工项目目标管理责任书》亦为无效。根据合同相对性原则，如果存在欠付工程款的事实，应首先由晟元公司承担付款责任。发包人星火公司与实际施工人秦某等人不具有合同关系。实际施工人突破合同相对性向发包人主张权利的前提是发包人欠付工程款。晟元公司向星火公司开具已经收取全部工程款的发票，出具证明称星火公司已经向其结清工程款。星火公司已经与晟元公司按照双方签订的《建设工程施工合同》约定完成工程结算，金额为

3927.439118 万元，是双方当事人真实意思表示。二审法院判决：驳回上诉，维持原判。

再审焦点

本案再审审理的争议焦点为：星火公司应否向秦某等人支付工程款及支付工程款的数额问题。

改判要旨

最高人民法院再审认为，案涉工程属于必须进行招标的工程，晟元公司中标之前，已经与星火公司就案涉工程的实质内容进行了磋商，并签订了施工合同作出明确约定，违反《招标投标法》相关规定，故星火公司与晟元公司签订的施工合同以及晟元公司与秦某等人签订的《施工项目目标管理责任书》无效。晟元公司与秦某等人签订的《施工项目目标管理责任书》和《协议书》表明，秦某等人以晟元公司项目部的名义对案涉工程自主施工、自负盈亏、自担风险，晟元公司除收取固定比例管理费外，基本不参与具体施工，秦某等人是案涉工程的实际施工人。在一审法院就《协议书》组织质证时，星火公司应当明知秦某等人系案涉工程实际施工人，明知晟元公司仅为名义承包人。但是，星火公司在已经知晓一审法院委托鉴定确定的工程款为4649.195959 万元，且未通知秦某等人的情况下，自行与晟元公司按照3927.439118 万元进行了结算，并共同确认所有工程款已结清。综合考虑上述事实和行为等情况，认为星火公司和晟元公司该结算确定的工程总造价，不能约束实际施工人秦某等人，也不能据此认定星火公司已结清案涉工程全部工程款。

由于星火公司与晟元公司结算对秦某等人没有约束力，则应当依据鉴定方式查明工程款的金额。本案鉴定机构具有相应鉴定资质，鉴定程序合法，采信鉴定意见中的案涉工程总造价为 4649.195959 万元的结论，星火公司仍应在欠付工程款范围内向实际施工人承担付款责任，星火公司尚欠工程款数额为 7,217,568.41 元。最高人民法院再审改判：星火公司向秦某等人支付工程款 7,217,568.41 元及利息。

观判解判

本案一审、二审判决的主要观点，是根据合同相对性原则，认为星火公司已经与晟元公司按照双方签订的《建设工程施工合同》约定完成工程结算，金额为 3927.439118 万元，且确认所有工程款已结清，双方已无任何经济纠纷，是双方当事人真实意思表示，判决予以保护。最高人民法院根据本案的事实作出改判，对于最高人民法院再审改判的理由和依据，观判作出如下解读：

第一，最高人民法院认定了秦某等人为实际施工人的主体地位，认定了晟元公司为名义承包人的主体地位，并认定了星火公司亦对此完全明知（以下简称“明知”）。这成为再审改判的重要基础事实依据之一。最高人民法院基于认定星火公司“明知”的事实依据，不仅包括对《施工项目目标管理责任书》和《协议书》内容的“明知”，而且包括对一审法院在诉讼中已经委托鉴定，以及鉴定机构作出鉴定工程款为 4649.195959 万元事实的“明知”。

第二，基于星火公司上述“明知”的事实，综合考虑本案情况，最高人民法院认为星火公司和晟元公司结算确定的工程总造价不能约束实际施工人秦某等人，不能据此认定星火公司已结清案涉工程全部工程款，星火公司仍应在欠付工程款范围内向实际施工人承担付款责任。

第三，基于星火公司上述“明知”的事实，星火公司与晟元公司协商达成的结算金额不发生相应的法律效果，仍应当以司法鉴定为依据。依据该鉴定意见中的案涉工程总造价为 4649.195959 万元，减去已经支付的 3927.439118 万元，最终认定星火公司尚欠工程款数额为 721.756841 万元。

观判观点

本案属于新型判例。在通常情形下，如果简单地对本案的表面证据进行审理，晟元公司与星火公司作为发包人和承包人，是有权按合同约定协商结算工程款的。但在本案的实际施工人已经起诉发包人的特定情形下，晟元公司与星火公司的结算对实际施工人没有约束力。对此，观判分析论证如下：

第一，根据原《最高人民法院关于审理建设工程施工合同纠纷案件适用法律问题的解释》第 26 条第 2 款的规定，实际施工人是有权直接以发包人为被告主张权利的。秦某等人依上述规定起诉后，星火公司和晟元公司均参加了本案诉讼活动，不仅“明知”秦某等人是实际施工人，并“明知”秦某等人主张的结算金额，还“明知”法院委托工程造价鉴定的金额等事实，但星火公司仍然擅自与名义承包人进行结算。如果仅仅依表面证据就认定该结算行为的法律效力，将会实质性地损害实际施工人依照上述规定享有的请求权，导致请求权落空。根据本案事实，实际施工人享有直接请求权，并且已经法院审理的诉讼程序中，名义承包人对结算数额已经无直接利害关系，故违背实际施工人意愿与发包方结算的，则势必造成权利失衡，损害实际施工人的请求权。

第二，对于星火公司和晟元公司结算行为的法律性质，秦某等人主张晟元公司与星火公司恶意串通，结算应当属于无效。对此，最高人民法院并未全面认可秦某等人的主张，也没有实质否定秦某等人的主张，而是将争议的结算行为精准定性为“对秦某等人没有约束力”，从结果上切实保障了实际施工人对发包人的请求权；但也留下了潜在的法律纠纷，即星火公司和晟元公司结算协议的效力如何？星火公司是否可以依据与晟元公司的结算协议，并以再审判决金额为依据，要求晟元公司赔偿差额 721.756841 万元？对此，观判愿意与法律专业人士进行学术研究。

第三，对于再审判决的要旨，观判的理解是，实际施工人依据原《最高人民法院关于审理建设工程施工合同纠纷案件适用法律问题的解释》第 26 条第 2 款的规定，已起诉发包人行使请求权，要求发包方直接支付工程款的，发包人与名义承包人应诉后仍擅自结算工程造价的，不能约束实际施工人。如果实际施工人尚未起诉，发包人与名义承包人已经擅自完成结算的，是否约束实际施工人？对此，观判亦愿与法律专业人士进行学术研究。

观判警语

最高人民法院通过本案再审改判，对实际施工人的结算权利作出新的司法认定。本案警示了施工合同中的各方当事人，实际施工人不仅可以突破合同相对性的原则，具有对发包人的直接请求权，而且在特定情形下可以否定名义承包人的结算权，故本案对于发包人和承包人的警示意义更为明显。

第一，对于发包人而言，不能放任转包行为，如果发包人“明知”转包，亦“明知”实际施工人身份的，则发包人相对方不仅包括名义承包人，还包括实际施工人，这无疑会增加发包人合同管理的难度和复杂度，增加发包人的法律风险。

第二，对于承包人而言，不能进行转包行为，否则不仅承担合同无效的法律后果，而且实际施工人在特定情形下可以突破合同的相对性，直接与发包人产生法律关系，并否定承包人的结算权，造成承包人部分合同权利的灭失。

债务人于诉讼时效期间届满后，向债权人作出抵销债务表示的，视为对原债务的重新确认

◇ 方燕　王新军　郑妍

案例索引

最高人民法院（2019）最高法民再54号

案情摘要

2000年3月5日，宁波资金融通中心向广州银行寄送催收函，认为广州银行尚欠其本金7000万元及利息1670.97万元，并要求其偿还。2002年3月14日，广州银行向宁波资金融通中心发出函件，主要内容如下：贵中心担保的原宁波国际信托投资公司江东营业部欠我广州市商业银行的拆借债务已逾期，截至2001年12月31日，尚欠本金2亿元，利息6445.18万元未归还。请贵中心予以核对，并尽快履行担保责任，偿还上述本息。鉴于我行尚欠贵中心拆借资金本金7000万元，利息1305.15万元（从1998年1月1日起，按人民银行对金融机构同期贷款利率计算），为妥善处理三方债权债务关系，我行建议三方签订有关协议，明确相关权利义务关系。宁波资金融通中心于2003年9月3日向广州银行发函表示，广州银行提出的签订三方协议的提议该中心不能接受。2007年12月28日，宁波资金融通中心清算小组将其对广州银行享有的上述债权转让给汇达公司。2008年3月至2016年，汇达公司多次以刊登债权转让通知及催收公告、寄送债权催收通知书等方式对本案债

权进行催收。

原告汇达公司起诉，请求判令广州银行立即向汇达公司清偿贷款本金人民币7000万元及相应利息。

原审观点

本案一审判决认为，宁波资金融通中心在案涉借款逾期后，最早向广州银行催收是在2000年3月5日，此时案涉债务诉讼时效期间已经届满，故案涉债务已成为自然债务。由于双方均未提交证据证实广州银行自诉讼时效期间届满后曾经还款，故不存在广州银行曾自愿履行债务的情况。诉讼时效期间届满的自然债务欠缺强制执行力，需义务人放弃时效利益方可使其恢复。而当债务人主张用已过诉讼时效期间的债务或者实际已经消灭的债务抵消原债务时，因此类债权债务本身就没有时效利益，该行为不能被推定为放弃时效利益，不能起到恢复债务强制执行力的作用。广州银行与宁波国际信托投资公司江东营业部的拆借合同，债务到期日为1997年3月24日及25日，至2002年3月14日时保证期间作为除斥期间早已届满，广州银行的保证债权早已消灭，所以广州银行虽然确认了债务，但主张用不存在的债务进行抵消，不应视为同意履行债务。综上，一审法院认为因案涉债务诉讼时效期间已届满，且广州银行提出了诉讼时效抗辩，汇达公司的诉讼请求不应得到支持，一审法院判决：驳回汇达公司的诉讼请求。

本案二审判决认为，广州银行2002年3月14日发出的函件，仅是与对方一揽子解决三方债权债务纠纷的提议，并没有同意单方履行7000万元借款债务的意思表示，既不属于在催收单上的签名盖章行为，也并非核对贷款本息的行为，不构成对债务的重新确认，不引起诉讼时效重新计算的法律后果。汇达公司的上诉请求和理由，均缺乏事实和法律依据，二审法院判决维持一审判决。

再审焦点

本案再审审理的争议焦点为：广州银行向宁波资金融通中心发出的函件

是否构成对债务的重新确认。

改判要旨

最高人民法院再审认为，根据《最高人民法院关于超过诉讼时效期间借款人在催款通知单上签字或者盖章的法律效力问题的批复》规定："对于超过诉讼时效期间，信用社向借款人发出催收到期贷款通知单，债务人在该通知单上签字或者盖章的，应当视为对原债务的重新确认，该债权债务关系应受法律保护。"《最高人民法院关于超过诉讼时效期间后债务人向债权人发出确认债务的询证函的行为是否构成新的债务的请示的答复》指出："对债务人于诉讼时效期间届满后主动向债权人发出询证函核对贷款本息行为的法律后果问题可参照本院上述《关于超过诉讼时效期间借款人在催款通知单上签字或盖章的法律效力问题的批复》的规定进行认定和处理。"根据上述规定，广州银行在诉讼时效期间届满后主动向汇达公司发函核对本案贷款本息的行为，应当视为对原债务的重新确认。且从该回函内容上看，广州银行不仅核对了本案债务本息，还对原约定的利息计算进行了变更，并作出将上述拆借资金本息与其主张的担保债权本息进行冲减的意思表示。若广州银行无继续履行债务的意思表示，则不必提出"抵消"这一债务履行方式的建议。

故广州银行的发函行为应认定为同意履行本案债务的意思表示，该债权债务关系经广州银行发函而获得确认，应受到法律保护。最高人民法院再审改判：广州银行股份有限公司返还汇达资产托管有限责任公司借款 7000 万元及利息。

观判解判

本案一审、二审的主要观点，认为广州银行的回函，是与对方一揽子解决三方债权债务纠纷的提议，并没有同意单方履行 7000 万元借款债务的意思表示，既不属于在催收单上的签名盖章行为，也并非核对贷款本息的行为，不构成对债务的重新确认，不引起诉讼时效重新计算的法律后果。最高人民法院根据本案的事实，作出了改判。对于最高人民法院再审改判的理由和依据，观判作出解读：

第一，最高人民法院在法律适用上，根据《最高人民法院关于超过诉讼时效期间后债务人向债权人发出确认债务的询证函的行为是否构成新的债务的请示的答复》中的“对债务人于诉讼时效期间届满后主动向债权人发出询证函核对贷款本息行为的法律后果问题可参照本院上述《关于超过诉讼时效期间借款人在催款通知单上签字或盖章的法律效力问题的批复》的规定进行认定和处理”，认定广州银行在诉讼时效期间届满后主动向汇达公司发函核对本案贷款本息的行为，应当视为对原债务的重新确认。

第二，最高人民法院在回函的意思表示认定上，认为从该函内容上看，广州银行不仅核对了本案债务本息，还对原约定的利息计算进行了变更，并作出将上述拆借资金本息与其主张的担保债权本息进行冲减的意思表示。若广州银行无继续履行债务的意思表示，则不必提出“抵消”这一债务履行方式的建议，故广州银行的发函行为应认定为同意履行本案债务的意思表示。

观判观点

本案中，广州银行的回函是否构成对债务的重新确认，关键在于回函是否具有同意履行债务的意思表示。观判认为，最高人民法院实际是从两个角度，作出了全新和突破性的法律适用和事实认定：

第一，在法律适用上，《最高人民法院关于超过诉讼时效期间后债务人向债权人发出确认债务的询证函的行为是否构成新的债务的请示的答复》的规定，是特指询证函的情形。询证函一般是理解为审计中的一种常用的程序和方法，包括查询和函证。广州银行的回函从文件形式表面上，不同于一般意义上的询证函。但是，最高人民法院抓住了广州银行回函中变更了原约定的利息的内容，据此认定回函实质内容上具有了核对查证本息的内容。可见，最高人民法院根据实际情况，将本案广州银行的回函的性质按照询证函的性质予以定性，最终适用了上述“询证函”的司法解释。

第二，在意思表示上，最高人民法院通过对广州银行回函提出“三方签订有关协议”建议的分析，认定了广州银行具备履行债务的意思表示。广州银行的回函内容为："鉴于我行尚欠贵中心拆借资金本金 7000 万元，利息 1305.15 万元（从 1998 年 1 月 1 日起，按人民银行对金融机构同期贷款利率计算），为妥善处理三方债权债务关系，我行建议三方签订有关协议，明确相关权利义务关系。"最高人民法院通过对回函进行分析，论证说理过程：首先，认定广州银行作出了将本案拆借资金本息与其主张的担保债权本息进行冲减的意思表示；其次，进而定性为属于提出抵消的建议；再次，认定抵消作为债务一种履行方式构成同意履行本案债务的意思表示；最后，认定该债权债务关系经广州银行发函而获得重新确认。

观判警语

本案对债务人具有深刻的警示意义。一审、二审和再审法院均认定，广州银行在 2002 年 3 月 14 日回函时，本案债务已经超过诉讼时效，故广州银行有权根据诉讼时效的规定，可以不予回函，也可以回函告知超过了诉讼时效等。广州银行实际的回函中，不仅提出改变原约定利息，而且还提出了"三方签订有关协议"的建议，是导致本案最终败诉的根本原因。

保证合同中约定保证人承担未来诉讼环节费用的条款，不能作为适用2年保证期间的合同依据

◇ 方燕　王新军　张艳利

案例索引

最高人民法院（2018）最高法民再478号

案情摘要

2013年4月26日，马某在担任宜顺公司董事及总经理期间，为收购宜顺公司的唯一股东新港顺投资有限公司股权，获取土地开发权利，与陈某签订《借款协议》，向陈某借款2895万元，借款期限3个月。2014年2月26日，马某与出借人陈某签订《对账确认书》，对欠款本息进行对账确认，第三段约定："为确保债务履行，马某及担保人宜顺公司愿意承担赔偿责任，赔偿责任包括借款本金、利息、罚息、违约金、实现债权的费用（包括诉讼费、律师费等）及其他相关费用。"宜顺公司在上述《借款协议》《对账确认书》中作为担保人加盖了公章。

原告陈某起诉主张，马某清偿借款本金2895万元及利息，宜顺公司承担连带责任。

原审观点

本案一审判决认为，《对账确认书》约定，为确保债务履行，马某及担

保人宜顺公司愿意承担赔偿责任，范围包括借款本金、利息、罚息、违约金、实现债权的费用（包括诉讼费、律师费等）及其他相关费用。虽约定为赔偿责任实则为保证债务的履行，成立新的保证担保，且保证范围由借款本金、利息扩大至罚息、违约金、实现债权的费用及其他相关费用。《最高人民法院关于适用〈中华人民共和国担保法〉若干问题的解释》第 32 条第 2 款规定："保证合同约定保证人承担保证责任直至主债务本息还清时为止等类似内容的，视为约定不明，保证期间为主债务履行期届满之日起 2 年。"结合本案，主债务已于 2014 年 3 月 31 日到期，债权人陈某于 2016 年 3 月 8 日向一审法院提起诉讼，未超过 2 年保证期间，故本案宜顺公司的担保责任不能免除，宜顺公司应承担连带保证责任。一审法院判决：宜顺公司对马某的债务向陈某承担连带清偿责任。

本案二审判决认为，一审法院认定宜顺公司作为借款协议的担保人依据充分，当事人之间签订的《对账确认书》系因保证期间逾期，陈某为确保债权的实现而与马某及宜顺公司重新签订的，经审查其文义，各方当事人共表达出了三层意思：一是确认马某与陈某是债权债务关系；二是确认债权本息数额及违约责任；三是对上述债务进行确认及履行担保责任。根据《合同法》《民事诉讼法》及相关司法解释的规定，当事人之间对《对账确认书》中书面用语的意思产生分歧，应根据文意和目的、履行情况、交易习惯确定真实意思表示。故按照《对账确认书》上关于"担保人宜顺公司愿意承担赔偿责任"的记载，结合一般当事人对法律认知及理解程度，应认定陈某与宜顺公司形成担保关系。本案三方当事人之间订立的《对账确认书》相对于原《借款协议》形成了新的保证关系，该保证合同对宜顺公司具有约束力，从签订《对账确认书》的目的看，宜顺公司是为了案涉的主债务、实现债权的费用及相关费用的完全履行，其中包含后续诉讼环节产生的费用。由此可见，宜顺公司有与承担保证责任直至主债务本息还清时为止的类似的意思表示，本案符合《最高人民法院关于适用〈中华人民共和国担保法〉若干问题的解释》第 32 条第 2 款的规定，属于对保证期间约定不明，保证期间应确定为 2 年。债权人陈某对宜顺公司主张的保证责任尚在保证期间之内，宜顺公司应依法承担保证责任。二审法院判决：维持一审判决。

再审焦点

本案再审审理的争议焦点为：宜顺公司是否应对马某的借款向陈某承担连带清偿责任。

改判要旨

最高人民法院再审认为，宜顺公司再审主张《对账确认书》中第三段内容是对保证范围的约定而非担保期限的约定，不属于“保证期限约定不明”的情形，最高人民法院予以采信，改判理由和依据为：

第一，保证合同应当包括被保证的主债权种类、数额；债务人履行债务的期限；保证的方式；保证担保的范围；保证的期间等内容。《担保法》第21条第1款规定：“保证担保的范围包括主债权及利息、违约金、损害赔偿金和实现债权的费用……”第26条规定：“连带责任保证的保证人与债权人未约定保证期间的，债权人有权自主债务履行期届满之日起六个月内要求保证人承担保证责任。在合同约定的保证期间和前款规定的保证期间，债权人未要求保证人承担保证责任的，保证人免除保证责任。”因此，法律已经明示了保证担保的范围内容，并与保证期间规定相区分。结合本案《对账确认书》第三段内容的文意，其应为对担保人宜顺公司承担担保责任范围所作出的约定，并非对保证期间的约定，更不能就此推断出“保证责任直至主债务本息还清时为止等类似内容”的意思表示。

第二，原审判决认为该约定内容可以理解为当事人对保证期间约定不明有误。在案涉担保条款没有对责任承担期间进行约定的情况下，保证期间依法应为主债务履行期届满之日起6个月。陈某有权自主债务履行期届满之日即2014年4月1日起6个月内要求宜顺公司承担保证责任，而出借人陈某未在上述保证期间内要求宜顺公司承担保证责任，其于2016年3月8日向一审法院起诉时已经超过法定保证期间，宜顺公司依法不应承担保证责任。最高人民法院再审改判：驳回陈某要求宜顺公司承担连带责任的诉讼请求。

观判解判

本案一审、二审的主要观点，认为在《对账确认书》第三段中，宜顺公司有与承担保证责任直至主债务本息还清时为止的类似的意思表示，属于对保证期间约定不明，保证期间应确定为 2 年。最高人民法院根据本案的具体事实作出了改判，对于最高人民法院再审改判的理由和依据，观判作出如下解读：

第一，先明确区分保证范围、保证期间的差异。最高人民法院依据原《担保法》第 15 条中对保证合同内容的规定，明确保证范围、保证期间均是保证合同独立、并列的组成部分；且原《担保法》第 21 条、第 26 条又分别对保证范围、保证期间进行具体阐述，即在立法原意上亦是将两者区分为不同的两个法律概念。而一审、二审判决均没有从概念实质、立法原意进一步考据，忽略了两者的内在含义区别，以及法律上的明确区分。

第二，再对《对账确认书》第三段约定进行法律定性。原审法院均认为《对账确认书》第三段的内容，约定保证范围由借款本金、利息扩大至罚息、违约金、诉讼费、律师费等，其中包含后续诉讼环节产生的费用，故推论出宜顺公司有与承担保证责任直至主债务本息还清时为止的类似的意思表示。最高人民法院根据原《担保法》第 21 条“保证担保的范围包括主债权及利息、违约金、损害赔偿金和实现债权的费用”的规定，认定该约定是对担保人宜顺公司承担担保责任范围所作出的约定，并非对保证期间的约定。

观判观点

本案是典型的对法律适用错误的情形作出改判的案例，具有研究意义。观判认为，最高人民法院单刀直入地纠正了原审判决法律逻辑上的错误，具体过程是：

第一，直接否定原审判决的逻辑推论。原审判决认为在《对账确认书》“赔偿责任包括……实现债权的费用（包括诉讼费、律师费等）”的约定中，包含了后续诉讼环节产生的费用，即诉讼费、律师费等，故原审据此推论出宜顺公司有与承担保证责任直至主债务本息还清时为止的类似的意思表示。

最高人民法院否定了原审法院的上述法律逻辑推论，认定上述内容为保证范围的约定，不是保证期间的约定，并明确划定保证人承诺的责任包括借款本金、利息、罚息、违约金、诉讼费、律师费及其他相关费用等内容约定，属于典型的保证范围的约定，不属于保证期间的约定；并明确不能根据上述保证范围的法定内容，推论出有关保证期间的意思表示。故本案属于未约定保证期间的情形，不属于保证期间约定不明的情形。

第二，实践中大量保证合同的条款中，均约定保证人对本金、利息、违约金、诉讼费、律师费等相关费用承担保证责任，如果按照原审的推定思路再推而广之，则其中约定保证人承担未来诉讼费和律师费等保证合同，都将适用2年保证期间？故一审、二审判决不仅没有法律依据，也明显与众多司法实践结果不相符。

观判警语

《对账确认书》实际是对原《协议书》的保证范围进行了扩大，增加了违约金、诉讼费、律师费等内容，但《对账确认书》在具体表述上，没有在文字之前冠以“保证范围为：……”等文字，导致被相对人故意混淆为属于“保证期间”的条款，造成本案再审的诉累。

债权人依据转账凭证提起民间借贷诉讼，债务人即使证明借贷关系“真伪不明”，仍承担借款偿还责任

◇ 方燕　王新军

案例索引

最高人民法院（2019）最高法民再220号

案情摘要

2012年7月6日，和博公司通过其开户行重庆农村商业银行向收款人陈某账户汇入人民币2000万元，重庆农村商业银行交易凭证客户付款摘要信息部位载明：网银转账；交易信息部位载明：汇兑；用途：借款。2017年1月10日，和博公司与祥奥公司签订《债权转让协议》，主要约定，和博公司于2012年7月6日借款2000万元给陈某，现双方经协商一致，同意和博公司将其对陈某的债权转让给祥奥公司，用以冲抵和博公司尚欠祥奥公司的款项。

原告祥奥公司于2017年9月6日对陈某提起诉讼，以已受让原债权人和博公司的债权为由，要求陈某偿还2000万元借款本息。

原审观点

本案一审判决认为，祥奥公司所主张的民间借贷涉及2000万元的巨额资金，借贷双方不签订书面合同和借据的做法不合常理；付款发生于2012年7月6日，本案起诉于2017年9月6日，在长达5年的时间任由2000万元的

巨额债权处于休眠状态，也不符合常理；和博公司出借巨额资金 2000 万元而不约定利息，不追求投资收益的做法亦不合常理；对于由公司的哪位工作人员与陈某具体协商借款事宜，如何达成的借贷合意，和博公司既没有举示相关证据，也未作出相应的说明；原告和第三人不向法院提交原始的打款凭证和会计记账证据材料，应当承担相应的法律后果。综上，由于原告所主张的债权存在的前述各种不合常理情况，现仅以一张打印于开庭当日的银行凭证作为主张涉及巨额资金的民间借贷法律关系成立的基础证据，证明力较弱，不足以支撑原告的诉讼请求。一审法院判决：驳回祥奥公司的诉讼请求。

本案二审判决认为，根据《最高人民法院关于审理民间借贷案件适用法律若干问题的规定》（以下简称《民间借贷规定》）第 17 条的规定："原告仅依据金融机构的转账凭证提起民间借贷诉讼，被告抗辩转账系偿还双方之前借款或其他债务，被告应当对其主张提供证据证明。被告提供相应证据证明其主张后，原告仍应就借贷关系的成立承担举证证明责任。"祥奥公司举示了重庆农村商业银行客户付款回单，以证明和博公司与陈某之间存在借贷关系。陈某举示了证人骆某的证言、其与拉萨市矿业公司签订的《拉萨矿业公司罗布莎 V 号矿区转让协议》以及其他证据材料。由于骆某的证人证言亦没有对诸如为何双方没有签订书面的买卖合同、买卖合同的实际履行情况、货物的交付情况、价款的实际支付情况等作出合理的说明，故不能认定陈某与胡某甲之间系买卖合同关系。但是，综合评判陈某举示的所有证据，和博公司与陈某之间存在借贷关系的事实已重新回到了真伪不明的状态。祥奥公司即需要继续举证证明和博公司与陈某之间存在借贷关系的事实。祥奥公司、和博公司没有对案涉借款为何事前没有订立书面的借款合同、事后没有出具书面借据作出合理说明，没有对借款期限和利息的约定作出合理说明，没有对和博公司的资金来源作出合理说明，没有对为何和博公司长期未向陈某主张还款的原因作出合理说明。祥奥公司举示的现有证据尚不足以达到认定和博公司与陈某之间存在借贷关系的事实具有高度可能性的证明标准，祥奥公司应当对此承担举证不能的法律后果。二审法院判决：驳回上诉，维持原判。

再审焦点

本案再审审理的争议焦点为：作为债权受让方的祥奥公司与陈某之间是否存在民间借贷关系。

改判要旨

最高人民法院再审认为，根据《民间借贷规定》第 17 条的规定，和博公司于 2012 年 7 月 6 日向陈某打款 2000 万元，并备注为“借款”，陈某对此予以否认，并抗辩主张该款项系案外人胡某甲向陈某购买位于西藏铬铁矿的矿石货款，和博公司对自己的打款是替胡某甲付款。故根据上述司法解释的规定，陈某应当对自己的抗辩主张提供相应证据予以证明。

陈某为证明自己的抗辩主张，举示了证人骆某的证言、其与拉萨市矿业公司签订的《拉萨矿业公司罗布莎 V 号矿区转让协议》。但陈某举示的骆某的证言已经被其所指向的胡某甲本人作为证人出庭所否认，且骆某证言对于矿石买卖合同的成立情况、矿石的交付情况等内容并未作出合理说明，结合骆某自述其同陈某之间系合作开采矿石的关系，在陈某未举示其他证据证明其与胡某甲或者和博公司之间存在矿石买卖合同关系的情况下，骆某的证言不应采信。陈某所举示的《拉萨矿业公司罗布莎 V 号矿区转让协议》，即便存在陈某承包矿山并开采矿石的事实，该证据亦不能证明胡某甲或者和博公司曾向其购买铬铁矿。因此，陈某所举示的证据无法证明自己的抗辩主张，应承担举证不能的不利法律后果。二审法院认为的“但此时被告提供证据的证明标准仅需达到对双方存在借贷关系的认定重新回到真伪不明的状态即可，而无需达到对被告抗辩主张的其他债权债务关系的存在具有高度可能性的标准”以及“综合评判陈某举示的所有证据，和博公司与陈某之间存在借贷关系的事实认定已重新回到了真伪不明的状态”，事实依据明显不足，属于适用法律错误，本院予以纠正。最高人民法院再审改判：撤销一审和二审判决，改判陈某向祥奥公司偿还 2000 万元及利息。

观判解判

本案一审、二审判决的结果相同，但法律适用不同：一审判决系依据多项不合理的现象，包括借贷双方不签订书面合同和借据，在长达5年的时间不主张权利，不约定利息，没有说明出借资金的来源，没有具体借贷合意的经办人，没有记账（以下简称“六项不合理现象”）等，直接否定了存在借贷关系的事实；二审判决则依据《民间借贷规定》（2015年）的规定，认定陈某对其抗辩承担举证责任，虽然认定陈某未能完成证明另有矿石买卖合同关系，但认定陈某达到了证明借贷关系“真伪不明”的结果，故重新二次分配举证责任，要求祥奥公司继续举证证明和博公司与陈某之间存在借贷关系的事实，后以祥奥公司未能完成二次举证，故二审亦不支持借贷关系。

观判认为，最高人民法院根据双方各自举证责任的完成情况作出了改判，再审改判的主要理由和依据，是基于陈某不能举证证明其主张的2000万元是买卖矿石货款，随即直接认定民间借贷关系，而不应向祥奥公司重新二次分配举证责任。最高人民法院上述审理和认定的过程为：

第一，最高人民法院首先明示本案应适用《民间借贷规定》（2015年）第17条规定审理，并审理认定了和博公司提交的向陈某付款2000万元并备注为“借款”的转让凭证，已经完成了举证责任，故按规定应当由陈某对其抗辩主张的2000万元是买卖矿石货款承担举证责任。

第二，对于陈某的举证证据，最高人民法院的审理结果是，陈某提供的证人骆某的证言，已经被其所指向的胡某甲本人作为证人出庭所否认；陈某所举示的《拉萨矿业公司罗布莎V号矿区转让协议》，认定即便存在陈某承包矿山并开采矿石的事实，该证据亦不能证明胡某甲或者和博公司曾向陈某购买铬铁矿，不具有证据关联性。因此，陈某所举示的证据无法证明自己的抗辩主张，应承担举证不能的不利法律后果，并据此认定本案构成借贷关系。

第三，对于二审判决的事实认定和法律适用，最高人民法院不予支持，包括：否定了二审法院降低陈某举证责任为“仅需达到对双方存在借贷关系的认定重新回到真伪不明的状态即可，而无需达到对被告抗辩主张的其他债权债务关系的存在具有高度可能性的标准”；否定了祥奥公司应承担二次举证责任，即不支持二审法院仍要求和博公司需对“六项不合理现象”等承担举证责任。

观判观点

本案的是典型的“原告仅依据金融机构的转账凭证提起民间借贷诉讼”的情形，一审、二审、再审对于举证责任的分配问题，可谓是各不相同，一审法院、二审法院、最高人民法院对同一事实给出了完全不同的三个观点：

第一，一审判决完全遗漏了适用《民间借贷规定》（2015 年）的规定。《民间借贷规定》（2015 年）第 17 条明确规定了此类案件的特殊分配的举证责任，但一审法院完全没有适用，属于遗漏法律适用。

第二，二审判决虽然适用了《民间借贷规定》（2015 年）第 17 条的规定，并认定祥奥公司完成了初步举证责任，也向陈某分配了承担其抗辩理由的举证责任，甚至也认定了陈某没有完成证明 2000 万元是买卖矿石货款，相关举证本应到此为止，但额外认定陈某证明了借贷关系“真伪不明”，故据此向祥奥公司分配二次举证责任。上述额外增加的二次举证责任与《民间借贷规定》（2015 年）第 17 条规定不符，属于错误法律适用。

第三，最高人民法院按照《民间借贷规定》（2015 年）第 17 条的规定，先认定祥奥公司完成了初步举证责任，再认定应由陈某承担其抗辩理由的举证责任，最后认定了陈某没有完成证明 2000 万元是买卖矿石货款后，随即据此直接判定借贷关系成立。

观判警语

本案的一审、二审和再审判决的法律适用均不同，实质还是各级法院对于和博公司“六项不合理现象”的认知角度和处理方式不同。根据再审判决书的记载，和博公司和祥奥公司似乎始终未能对借款资金来源不明、借款协商过程不明、长期不追索等疑点作出合理解释，但这些在法律上又不影响收款人承担借贷关系的还款责任。因此，本案对于通过银行转账收取他人付款的现象，提供了重大警示：如果不能妥善留存证明转款真实原因的证据，付款人多年后仅依据转款凭证主张借贷关系的，收款人将面临巨大法律风险。

在代位权诉讼中，如最迟在作出判决之时债权仍未到期的，相应债务人将不承担责任

◇ 方燕　王新军

案例索引

最高人民法院（2019）最高法民再4号

案情摘要

2013年11月，发包方霍山指挥部与承包方大地公司签订《施工合同》，约定由该公司承建03段项目。2014年5月，甲方大地公司与乙方李某签订协议，约定由乙方负责本工程项目施工的具体实施。2014年1月，李某向魏某出具《借条》，载明"今借魏某现金人民币壹仟肆佰捌拾万元正，用于03段工程项目款"。2015年3月27日，魏某作为债权人向李某出具《债权转让通知书》，载明"李某：现我将对你的债权中的一部分：即人民币450万元，大写人民币肆佰伍拾万元整，转让给任某"。2015年5月6日，李某又向张某出具《借条》，载明"今借到张某人民币伍佰玖拾贰万元正"并签名。

张某、任某起诉，请求判决李某、大地公司、霍山指挥部、霍山县政府支付欠款人民币592万元及利息。

原审观点

本案一审判决认为，李某作为03段项目的负责人向魏某借款用于该工程项目的建设，并向魏某出具《借条》，双方之间构成了民间借贷合同关系。此后魏某作为债权人将其中450万元债权转让给任某，并通知了债务人李某，

李某亦承诺还款，故本案属债权转让合同纠纷，受让人任某取代出让人魏某成为450万元民间借贷关系的债权人。张某、任某系夫妻关系，李某亦向张某出具了承诺书。因此，对于张某、任某要求李某归还借款本金450万元及利息的请求应依法予以支持。李某作为大地公司在03段项目的负责人对外借款，且所借款项用于该项目建设，因此，大地公司作为03段项目的承包方，应对该笔借款共同承担清偿责任。03段项目由霍山指挥部发包，该指挥部虽为独立法人，但仅是霍山县政府为建设该工程临时组建的机构，其权利义务在项目完成后即终止，而霍山县政府作为其组建机关，应对该指挥部对外作出的行为承担责任；同时，该工程项目按照国有投资项目的相关规定是由霍山县政府代为履行建设、管理权。故霍山指挥部和霍山县政府应对该笔债务承担连带责任。一审法院判决：李某、大地公司、霍山指挥部、霍山县政府连带支付张某、任某欠款人民币450万元及利息。

本案二审判决认为，根据《合同法》第73条“因债务人怠于行使其到期债权，对债权人造成损害的，债权人可以向人民法院请求以自己的名义代位行使债务人的债权，但该债权专属于债务人自身的除外。代位权的行使范围以债权人的债权为限”的规定，张某、任某代位向李某、大地公司、霍山县政府主张权利具有事实和法律依据。霍山县政府霍政办（2013）23号文件规定：“工程建设费用扣除国家和省级补助的不足部分，按照市政府的分摊比例由县财政筹集，征地拆迁安置费用由县政府负责筹集，项目前期工作经费及建设管理费用由县财政予以安排”。03段项目完工后，由于拖欠工程款，导致农民工到霍山县政府上访索要工程款，霍山县政府为此直接拨付了部分所欠工程款。故原审判决霍山县政府对李某、大地公司承担连带清偿责任并无不当。二审法院判决：驳回上诉，维持原判。

再审焦点

本案再审审理的争议焦点为：原审判决霍山县政府对案涉债务承担责任是否正确。

改判要旨

最高人民法院再审认为，张某、任某因受让魏某对李某的债权而成为李某的债权人；而债务人李某作为案涉工程实际施工人，对大地公司享有工程款支付请求权，对霍山指挥部在欠付大地公司工程款范围内亦享有该项债权。作为霍山指挥部民事责任的实际承担者，霍山县政府应当在霍山指挥部欠付大地公司工程款范围内对李某承担责任。依据《最高人民法院关于适用〈中华人民共和国合同法〉若干问题的解释（一）》［以下简称《合同法解释（一）》］第 11 条的规定，“债权人依照合同法第七十三条的规定提起代位权诉讼，应当符合下列条件：（一）债权人对债务人的债权合法；（二）债务人怠于行使其到期债权，对债权人造成损害；（三）债务人的债权已到期；（四）债务人的债权不是专属于债务人自身的债权。”本案二审判决在未查明本案是否符合上述第 2 项、第 3 项规定的情形，即对于李某对霍山县政府享有的债权是否到期，李某是否怠于行使其到期债权均未进行审查，即认定霍山县政府应对案涉债务承担责任，属适用法律错误。

根据霍山指挥部与大地公司签订的《施工合同》，霍山指挥部截至 2016 年 6 月 14 日，支付工程款 9344.42 万元，已超过合同约定价格的 80%，也超过审计报告确认的工程价款 9990.47 万元的 80%，更超过审计报告确认的工程价款 9990.47 万元的 90%，故在本案二审判决作出之时，霍山县政府已经按照合同约定支付工程价款，李某对霍山县政府未有到期债权，更不存在李某怠于行使对霍山县政府到期债权的情况。因此，本案亦不符合代位权诉讼的条件，霍山县政府对案涉债务不应承担责任。原审判决霍山县政府对案涉债务承担责任错误，最高人民法院再审改判：撤销一审和二审判决，李某和大地公司偿还任某和张某的 450 万元及利息，驳回对霍山县政府的诉讼请求。

观判解判

本案一审判决的主要观点，认为 03 段项目由霍山指挥部发包，霍山县政府作为其组建机关，应对该指挥部对外作出的行为承担责任；同时，该工程项目按照国有投资项目的相关规定是由霍山县政府代为履行建设、管理权，故霍山指挥部和霍山县政府应对该笔债务承担连带责任。

本案二审判决的主要观点，除了支持一审观点外，提出一项新事实，即农民工到霍山县政府上访索要工程款时，霍山县政府为此直接拨付了部分所欠工程款，补强说明霍山县政府应承担责任。

最高人民法院再审改判的主要观点，认定原审判决法律适用错误，不满足原《合同法解释（一）》第 11 条代位权诉讼的规定中“（二）债务人怠于行使其到期债权，对债权人造成损害”和“（三）债务人的债权已到期”，认定原审判决适用法律错误。

观判观点

本案系因原审法院法律适用错误，导致最高人民法院改判的典型案例。本案债务的起源，是李某作为 03 段项目的负责人向魏某借款用于该工程项目的建设，故李某及大地公司应向魏某偿还借款。此后，由于魏某将债权转让给张某、任某，故李某及大地公司应向张某、任某偿还借款。本案审理的重大分歧在于，霍山县政府作为霍山指挥部的组建方，直接对张某、任某承担偿还借款责任，是否具有法律依据？对此，观判认为：

第一，在法律适用方面。本案案由虽然为债权转让合同纠纷，但相对于霍山县政府，则属于代位权的法律关系，本案应当适用原《合同法解释（一）》第 11 条的规定，霍山县政府有权根据代位权的规定行使抗辩权。根据再审判决所述内容，原审法院对于霍山县政府代位权抗辩的内容，没有进行审理，应属法律适用错误。

第二，在基本事实方面。根据霍山指挥部与大地公司签订的《施工合同》，在本案二审判决作出之时，霍山县政府已经按照合同约定支付了工程价款，并无欠付大地公司的工程款，故本案事实不符合“债务人怠于行使其到期债权”，也不符合“债务人的债权已到期”的情形，大地公司不享有对霍山县政府的到期债权，张某、任某作为债权受让人，当然亦无权要求霍山县政府承担责任。

第三，对于农民工到霍山县政府上访索要工程款时，霍山县政府为此直接拨付了部分所欠工程款的事实，即使霍山县政府对大地公司尚未到期的债权提前支付了款项，亦不能据此强制要求霍山县政府对所有债权人提前支付，前述部分提前支付是自愿行为，不能作为强制性义务。故二审判决将上述过程作为补强一审判决的事实依据，应属不妥。

观判警语

本案是一件典型的代位权诉讼，事实清楚，法律规定也明确，但一审和二审判决未对霍山县政府的债务是否到期进行审理，直接判决霍山县政府承担责任，最高人民法院因此再审改判，其中原因确实令人费解。本案波折的诉讼过程，说明在任何诉讼中，都可能存在难以预料的诉讼风险。

债务人负有到期债务的，其无偿受赠财产后立即再次赠与的，债权人有权主张撤销再次赠与

◇ 方燕　王新军

案例索引

最高人民法院（2018）最高法民再437号

案情摘要

2007年5月28日，孟某1签订《商品房买卖合同》购买了某小区B17号房屋。2007年12月14日，宋某取得并办理了某小区B16号房屋产权登记。宋某和孟某1于2008年3月21日登记结婚。2015年1月8日，宋某作为赠与人与受赠人孟某1办理了《房屋赠与合同》公证，宋某将B16号房屋所有权赠与孟某1。同日，孟某1作为赠与人与受赠人孟某2办理了《房屋赠与合同》公证，孟某1将B16号和B17号房屋所有权赠与孟某2。某法院2015年11月20日作出民事判决，其中载明，2014年9月4日，正一公司股东宋某、孟某1通过股东会决议，向融和银行借款500万元，宋某、孟某1等人与融和银行签订《最高额保证担保合同》，但逾期未偿还贷款；法院判决：正一公司偿还融和银行借款本金4,990,706.71元及利息，孟某1、宋某等人对上述款项承担连带清偿责任（以下简称“借款担保案件”）；该民事判决已于2016年2月22日生效。

融和银行起诉请求：撤销孟某1将B16号和B17号房屋赠与第三人孟某

2 的行为等。

原审观点

本案一审判决认为，B16 号房产的转让行为符合法定撤销条件。孟某 1 与孟某 2 转让案涉房产的行为为无偿转让，孟某 2 主张因宋某的父亲宋某某向其借款未还，宋某用 B16 号房产抵销了部分欠款，但孟某 2 提交借款合同对应的汇款凭证为复印件，对该复印件的真实性不予确认；仅依据宋某某出具的《借款条》，不足以认定双方具有借款关系。孟某 2 与宋某签订的《协议书》仅是两人的内部约定，仅凭该《协议书》亦不能认定孟某 2 是 B16 号房产的实际所有权人。孟某 2 提交的证据不能证明其为 B16 号房产支付了对价。孟某 1 与孟某 2 转让涉案房产的行为损害了融和银行的债权。在借款担保合同案件中，法院查封了孟某 1 所有的 3 处房产，对上述 3 处房产的查封不足以实现融和银行的债权，孟某 1 亦未提交证据证明其处分 B16 号房产后仍有清偿债权人的债权的资产，因此该处分行为有害债权，债权人可行使撤销权。此外，B17 号房产的转让行为不符合法定撤销条件。一审法院判决：撤销孟某 1 将 B16 房屋转让给孟某 2 的行为。

本案二审判决认为，B16 号房屋在孟某 1 与宋某结婚以前登记在宋某名下，该房屋并非孟某 1 的婚前财产或者婚后共同财产，B16 号房屋虽然在 2015 年 1 月 8 日由宋某赠与并变更登记至孟某 1 名下，但是宋某和孟某 1、孟某 1 和孟某 2 于 2015 年 1 月 8 日分别就该房屋办理赠与合同公证的事实及其陈述表明，宋某的真实意思并非将 B16 号房屋赠与孟某 1，而是以此作为将 B16 号房屋变更登记至孟某 2 名下的方式和中间环节，并且孟某 1 已在接受赠与 B16 号房屋的当天即将该房屋转赠孟某 2。由此可见，孟某 1 亦不是 B16 号房屋的实际所有权人。因此，融和银行尚不具备行使债权人撤销权的前提条件。二审法院判决：撤销一审判决，驳回融和银行的诉讼请求。

再审焦点

本案再审审理的争议焦点为：债务人孟某 1 转让 B16 号房屋的行为是否

为无偿性质，以及该行为是否损害了债权人融和银行的债权。

改判要旨

最高人民法院认为，宋某于2007年12月14日就B16号房屋办理了产权登记，宋某与孟某1于2008年3月21日登记结婚，B16号房屋于2015年1月8日由宋某变更登记为孟某1；上述事实表明，B16号房屋的原权利主体为宋某，后宋某将B16号房屋赠与孟某1，并进行了房屋产权变更登记手续。由此，孟某1为B16号房屋的所有权人。此后，孟某1通过赠与的方式，将B16号房屋变更登记至孟某2名下。孟某2抗辩提出B16号房屋其系通过以房抵债的方式所得，但其提供的《协议书》及宋某某等出具的借条等证据，并不足以证明其主张。宋某将B16号房屋赠与孟某1并变更登记后，孟某1将案涉房屋赠与孟某2的行为为无偿性质。

根据借款担保案件中的法院查明事实，根据融和银行的申请，该案中虽然查封了孟某1所有的其他房屋，但是融合银行申请法院所采取的保全措施因本案之外的因素导致其申请保全的目的无法完全实现。本案再审期间，孟某1虽提供了正一公司、孟某1银行账户交易明细等证据，以证明孟某1将B16号房屋转让给孟某2的行为并不损害债权人融合银行的债权。但在案证据显示，正一公司、孟某1、宋某等涉及多起诉讼，正一公司的资产亦被法院采取查封措施，正一公司曾偿还银行贷款本金以及有银行存款的事实，并不足以证明正一公司、孟某1等债务人具有完全偿还债务的能力，故孟某1将B16号房屋转让给孟某2的行为损害了债权人融和银行的债权。

观判解判

一审判决的主要观点，认为根据仅为复印件的汇款收据以及孟某2与宋某签订的《协议书》等，不能证明孟某2主张因宋某的父亲宋某某向其借款未还，宋某用B16号房产抵销了部分欠款的事实，不能证明其为B16号房产支付了对价。

二审判决的主要观点，认为B16号房屋是宋某的婚前财产，宋某的真实意思并非将B16号房屋赠与孟某1，而是以此作为将B16号房屋变更登记至孟某2名下的方式和中间环节，孟某1不是B16号房屋的实际所有权人，其不存在无偿转让财产的行为。

最高人民法院再审改判的主要观点，认为B16号房屋的原权利主体为宋某，后宋某将B16号房屋赠与孟某1，孟某1通过赠与的方式，将B16号房屋变更登记至孟某2名下，由于孟某1将案涉房屋赠与孟某2的行为为无偿性质，该行为影响了孟某1的偿债能力，对债权人造成损害。

观判观点

本案诉讼的焦点争议事实，在于孟某1对融和银行负有到期债务的情况下，无偿受赠了房屋，但当天即再次无偿赠与第三方，其再次赠与的行为是否对债权人融和银行造成损害，债权人是否有权主张撤销。对此，二审法院的审判思路非常“奇特”：认定宋某的真实意思并非将B16号房屋赠与孟某1；认定赠与孟某1是下一步变更登记至孟某2名下的方式和中间环节；认定孟某1不是B16号房屋的实际所有权人；最后以不是所有权人为由，认定本案不存在孟某1“无偿转让财产”的情形。观判特作出观点分析，如下：

第一，在证据证明方面。宋某作为赠与人与受赠人孟某1办理了《房屋赠与合同》公证，其内容明确载明是将B16号房屋赠与孟某1，该公证书本身即可证明宋某的真实意思表示；类似地，孟某1作为赠与人与受赠人孟某2办理了《房屋赠与合同》公证，其内容明确载明孟某1将上述房屋所有权赠与给孟某2，该公证书本身即可证明孟某1的真实意思表示。但是，二审判决仅凭宋某等利害关系人之间的互相佐证，就全部否定公证书载明的赠与孟某1、赠与孟某2的意思表示，没有事实依据，缺乏说服力。

第二，在法律适用方面。本案应适用原《合同法》第74条规定，“因债务人放弃其到期债权或者无偿转让财产，对债权人造成损害的，债权人可以请求人民法院撤销债务人的行为。债务人以明显不合理的低价转让财产，对债权人造成损害，并且受让人知道该情形的，债权人也可以请求人民法院撤销债务人的行为”，三级法院均是认同的。可见，法院审理的焦点在于是否存在债务人“无偿转让财产”的行为。但是，二审判决却将“孟某1不是B16号房屋的实际所有权人”作为焦点问题，本身已经偏离法律适用。更关键的是，孟某1不仅签订了受赠的公证书，而且此后进行了房屋产权变更登记手续，成为房屋登记权利人。二审判决却认为“孟某1不是B16号房屋的实际所有权人”，更与物权登记不符。

第三，从实际处理结果方面。宋某本人也是担保借款案的债务人，也是该案的被执行人。由于宋某与孟某1相同，均是融和银行在该案中的债务人和被执行人，同属于原《合同法》第74条调整的对象。因此，宋某无论是赠与孟某2、还是赠与孟某1，其最终的结果都是一样的，即融和银行均有权对宋某的赠与主张撤销。

观判警语

最高人民法院的改判，实质上是认定存在转移财产、逃避债务的情形。本案所涉的相关当事人均是配偶或直系亲属的关系，二审判决采信了上述有利害关系当事人之间的互相佐证的证据，但最高人民法院则立足客观证据，依法认定案涉赠与行为属于无偿转让，并损害了银行实现债权。本案再审改判，说明通过转移财产方式逃避债务的行为，是难以实现的。

如将开具发票列为合同约定义务内容，则属于民事合同义务范围，人民法院应当审理开具发票的诉讼请求

◇ 方燕　王新军

案例索引

最高人民法院（2019）最高法民再166号

案情摘要

2011年5月，临峰公司与中业公司签订协议，约定临峰公司同意将其开发的香江花园商住楼总承包给中业公司施工。2011年10月11日，省工程建设招标投标管理办公室发出《中标通知书》，确定中业公司为临峰公司开发的香江花园的中标人。2011年10月12日，临峰公司与中业公司签订《施工合同》。中业公司履行施工合同过程中，因双方出现履行纠纷，临峰公司另行委托他人施工，并为此支付相应工程价款。

临峰公司起诉中业公司，提出多项诉讼请求，其中第3项为：判令中业公司按工程价款开具建安税务专用发票。

原审观点

本案一审判决认为，对于中业公司应否按未开具发票数额向临峰公司开具建安税务专用发票，由于交纳税款事宜应由税务部门审查核定，且开具税务发票不属于人民法院的民事受理范围，故对临峰公司主张不予支持。一审

法院判决：不予支持临峰公司开具发票的诉讼请求。

本案二审判决认为，中业公司不属于青海辖区企业，其税金缴纳须受企业外出经营活动税收管理的约束，加之税收管理已进行了调整，无论纳税主体或是税款具体数额，均属于税务机关核定确认的事项，人民法院不宜对此作出处理，双方应依照相关法律规定另行解决。故临峰公司主张由人民法院确定中业公司应开具建安税务发票的具体数额，并判令中业公司按照法院确定的数额开具发票的上诉理由不能成立，应不予支持。二审法院判决：维持不予支持开具发票的一审判项。

再审焦点

本案再审审理的争议焦点为：开具发票是否属于人民法院受案范围。

改判要旨

最高人民法院再审认为，根据《税收征收管理法》第21条第1款“税务机关是发票的主管机关，负责发票印制、领购、开具、取得、保管、缴销的管理和监督。单位、个人在购销商品、提供或者接受经营服务以及从事其他经营活动中，应当按照规定开具、使用、取得发票”及《发票管理办法》第19条“销售商品、提供服务以及从事其他经营活动的单位和个人，对外发生经营业务收取款项，收款方应当向付款方开具发票；特殊情况下，由付款方向收款方开具发票”的规定，收取工程款后开具工程款发票是承包方税法上的义务，承包人应当依据税法的相关规定向发包人开具发票。

本案中，开具发票、交付竣工资料等均属合同约定内容，属于民事合同义务范围。“开具发票”从文义解释看虽是由税务机关开具和履行，但合同文本中所约定的“开具发票”含义并非由税务机关开具发票，而是指在给付工程款时需由承包方向发包人给付税务机关开具的发票。该给付义务属于承包方应当履行的合同义务。有义务开具发票的当事人在遵守税收法律法规的前提下，可以自主作出向其他民事主体开具发票的意思表示，该行为属于民事法律行为；对于接受发票的一方当事人来说，是否可以取得发票将影响其民事权益，因此当事人之间就一方自主申请开具发票与另一方取得发票的关系，属于民事法律关系范畴，人民法院应当依法审理。原判决以不属于人民法院民事受理范围未予支持临峰公司的该项诉讼请求确有不当，予以纠正。

最高人民法院再审改判：中业公司于工程款给付后15日内向临峰公司移交税务机关开具的建安税务专用发票。

观判解判

一审判决的主要观点，认为开具税务发票不属于人民法院的民事受理范围。

二审判决的主要观点，认为税金缴纳须受企业外出经营活动税收管理的约束，加之税收管理已进行了调整，无论纳税主体还是税款具体数额，均属于税务机关核定确认的事项，人民法院不宜对此作出处理，双方应依照相关法律规定另行解决。

最高人民法院改判的主要观点，认为在本案合同中有开具发票的约定内容，合同文本中所约定的“开具发票”含义并非由税务机关开具发票，而是指在给付工程款时需由承包方向发包人给付税务机关开具的发票，该给付义务属于承包方应当履行的合同义务，有义务开具发票的当事人可以自主作出向其他民事主体开具发票的意思表示，故该行为属于民事法律行为，人民法院应当依法审理。

观判观点

对于开具发票是否属于人民法院受案范围，是具有普遍性的争议问题。在本案之前类似案件中，大多认定不属于人民法院民事诉讼的受案范围。例如，（2018）鄂民终1151号裁判文书的观点，具有一定代表性：“本院认为，开具发票是合同附随义务，也是税法规定的法定义务；但依照《税收征收管理法》和《发票管理办法》的规定，税务机关是发票的主管机关，对拒不开具发票的行为，权利遭受侵害的一方当事人可以向税务机关投诉，由税务机关依照税收法律法规处理；同时，对拒不开票的义务人，税务机关可责令开票义务人限期改正，没收其违法所得，并可处以罚款；因此，如何开具发票是税务机关管理的范围，不属于民事法律关系，故而不属于人民法院受理民事案件的范围。”

最高人民法院本案再审作出改判的立足点，建立在合同中已经明确约定了开具发票属于合同义务的事实，进而判令当事人按约履行开具发票的约定义务。对此，观判进一步作出分析如下：

第一，“开具发票”系由税务机关开具和履行，对于不开具发票的行为，当事人可以向税务机关投诉，由税务机关依照税收法律法规处理。但是，并不能因为当事人具有行政程序的救济途径，就必然丧失了可以选择通过民事诉讼程序救济的途径，两者之间其实没有必然的因果关系。

第二，基于本案的特定事实，系由于合同当事人将开具发票的行为约定为合同义务，且临峰公司不是仅依据《税收征收管理法》和《发票管理办法》的规定要求中业公司开具发票，而是依据合同条款而主张中业公司履行合同约定义务，即开具发票。因此，在此等情形下，开具发票则属于民事合同中约定的义务范围，故临峰公司有权要求中业公司履行开具发票的合同约定义务。

第三，最高人民法院对于依据合同约定要求履行开具发票约定的，如何表述诉讼请求，在本案中亦作出了示范性的格式。请求开具发票的，正确表述方式不应是开具发票，而应当表述为移交税务机关开具的发票。此外，对于接受发票一方如尚未付清款项的，则应当变更表述为给付款项后15日内移交税务机关开具的发票。

综上，对于开具发票是否属于人民法院受案范围的问题，最高人民法院通过本案再审改判开创了全新的审判思路：如当事人将开具发票列为合同约定内容的，则开具发票属于民事合同义务范围，人民法院应当审理开具发票的诉讼请求，不能再以不是法院受案范围为由驳回起诉。

观判警语

最高人民法院通过本案改判，指引了有权接受发票的当事人取得发票的新路径：一方面，可以继续通过原有的行政投诉程序，要求取得发票；另一方面，可将开具发票明确约定列为合同义务，再通过民事诉讼程序起诉要求义务人移交税务机关开具的发票。

保管人未收到存货人的通知直接向买方放货，即使存货人认可买方收货的，也不影响存货人追究保管人的赔偿责任

◇ 方燕　王新军　张艳利

案例索引

最高人民法院（2018）最高法民再230号

案情摘要

2011年11月15日，中铁公司与港务公司签订《仓储保管合同》，合同约定：中铁公司委托港务公司仓储保管货物带钢21,709.06吨，存放地点为港务公司所属仓库，费用由中铁公司指定的买方良兴公司支付，货物的所有权属于中铁公司；《入库通知单》为仓储货物明细的唯一依据；港务公司须凭中铁公司的提货单正本或传真件办理货物出库手续，如因港务公司审核有误，无提货单或未严格依照中铁公司开具的提货单办理货物的出库手续，给中铁公司造成损失的，港务公司应承担全额赔偿责任。《入库通知单》样单、《提货单》样单作为合同附件。2011年12月至2012年5月，中铁公司将21,709.06吨带钢交由港务公司保管。港务公司部分货物依约凭《提货单》放货，但有11,793.64吨货物未凭《提货单》放货。

中铁公司起诉港务公司，请求：判令港务公司交付保管的钢材11,793.64吨，或赔偿损失47,142,767.76元。

原审观点

本案一审判决认为，《仓储保管合同》合法有效，双方均应依照合同约定履行义务。中铁公司将21,709.06吨钢材交由港务公司保管，中铁公司已举证证明出具《提货单》通知港务公司出货的数量为9915.42吨；而港务公司称所有货物已基本提完，对《提货单》之外的货物系中铁公司收到良兴公司的货款后电话通知港务公司放货，中铁公司不予认可，港务公司亦未提交证据证实。可认定，港务公司在未收到与合同约定一致的《提货单》正本或传真件时即办理货物出库手续的行为，已构成违约，应承担返还货物或赔偿损失的违约责任。对于港务公司提出的中铁公司与良兴公司之间就讼争货物存在买卖合同关系，该买卖合同关系与本案属于不同的法律关系，不属于本案审理的范围。一审法院判决：港务公司返还中铁公司热轧带钢11,793.64吨；如不能返还相应的货物，则应赔偿中铁公司的经济损失41,867,422元。

本案二审判决认为，各方均认可良兴公司是讼争钢材的实际买受人，并实际由良兴公司陆续提取。根据中铁公司与良兴公司《销售合同》及银行转账凭证、提货单，表明在合同履行中存在先放货后支付货款的事实，且中铁公司对此认可。中铁公司与良兴公司于事后达成《协议书》，确认良兴公司共结欠中铁公司货款37,546,991元，大众公司为该《协议书》项下债务提供工业用地、房产作为抵押担保；上述签订相关协议的行为，佐证了中铁公司实际上认可良兴公司提取了讼争合同项下的货物，对港务公司在履行合同过程中的放货行为并无异议。因此，港务公司不应承担赔偿责任，亦无须再对应承担的违约责任范围问题做分析认定。二审法院判决：撤销一审判决，驳回中铁公司的诉讼请求。

再审焦点

本案再审审理的争议焦点为：港务公司是否应当对中铁公司承担违约责任。

再审改判

最高人民法院再审认为，对于本案无提货单出库货物 11,793.64 吨钢材，港务公司主张系按照中铁公司的电话指示向良兴公司放货，但未提交证据予以证明。良兴公司事后自认 21,709.06 吨货物均已由其提取。港务公司作为保管人，应当严格按照《仓储保管合同》约定办理出库手续，其在中铁公司未出具提货单的情况下向良兴公司放货，违反了与中铁公司的合同约定，应当承担返还货物或赔偿损失的违约责任。中铁公司与良兴公司在履行销售合同过程中，是否存在先提货后付款的情况，均不影响港务公司按照仓储合同约定履行保管义务，不能据此认定中铁公司允许港务公司无单放货，亦不能因此免除港务公司无单放货的违约责任。中铁公司虽在事后与良兴公司就部分销售合同欠款签订了《协议书》，但在未实际获得清偿的情况下，不因此丧失对港务公司的违约责任请求权。二审判决认为签订《协议书》，佐证了中铁公司对港务公司放货行为并无异议，属于认定事实错误，应予纠正。良兴公司虽承诺向中铁公司还款，大众公司提供担保，但均未实际履行，故中铁公司诉请港务公司返还货物或赔偿相应经济损失，应予以支持。港务公司主张中铁公司诉请的销售合同项下货款无损失，亦不能成立。最高人民法院再审改判：撤销二审判决，维持一审判决。

观判解判

一审判决的主要观点，认为港务公司未收到提货单办理货物出库手续的行为，已构成违约；收货人良兴公司与中铁公司就讼争货物存在买卖合同关系，但该买卖合同关系与本案属于不同的法律关系，不属于本案审理的范围。因此，不影响港务公司对中铁公司承担违约责任。

二审判决的主要观点，认为在良兴公司收到案涉货物后，中铁公司与良兴公司达成了《协议书》，确认良兴公司共结欠中铁公司货款 37,546,991 元等，佐证了中铁公司实际上认可良兴公司提取了案涉货物，对港务公司在履行合同过程中的放货行为并无异议。因此，港务公司不应对中铁公司承担赔偿责任。

最高人民法院再审改判的主要观点，认为中铁公司虽在事后与良兴公司就部分销售合同欠款签订了《协议书》，良兴公司承诺向中铁公司还款，但均未实际履行，故中铁公司在未实际获得清偿的情况下，不因此丧失对港务公司的违约责任请求权。

观判观点

本案属于仓储保管合同的常见纠纷类型，即保管人未取得存货人出具的提货单，却将货物直接交付给存货人货物的买受方，而存货人事后又被动地接受了交货事实，并与买受方确认了债权，但买受方未实际偿还债务，则存货人是否还有权要求保管人承担赔偿责任？最高人民法院对本案再审改判，树立此类案件的审判标准和尺度，具有重大指导意义。对此，观判作出分析如下：

第一，一审法院完全没有对中铁公司与良兴公司的买卖关系进行审理，理由是其是与本案无关的另一合同关系。二审法院审查了中铁公司与良兴公司的买卖关系，但认定中铁公司认可收货事实，并与良兴公司达成了还款协议，故丧失了要求港务公司赔偿损失的权利。对此，最高人民法院认可二审观点，本案应当审查中铁公司与良兴公司的买卖关系，也确认了良兴公司达成的还款协议。但是，最高人民法院认定由于良兴公司未按照协议实际清偿债务，故中铁公司仍有权要求港务公司承担赔偿责任；换言之，如果良兴公司按照协议实际清偿了债务，则中铁公司无权要求港务公司承担赔偿责任。可见，最高人民法院是从上述两组合同关系及其履行的整体结果上，综合认定中铁公司的赔偿责任及其范围的。

第二，对于中铁公司违约行为与违约后果之间的因果关系，二审法院认为良兴公司在合同履行中，中铁公司存在过“先放货后支付货款”的事实，说明中铁公司也会在未收到货款的情况下先行交货，以此作为论证港务公司擅自直接无提货单放货行为无责的客观依据。最高人民法院再审明确否定了二审观点，认定无论是否存在先提货后付款的个别情形，均不影响港务公司按照约定履行保管义务，不能据此认定中铁公司允许无提货单放货，而免除港务公司的违约责任。

第三，从中铁公司实现权利的角度上，中铁公司一方面可以依据还款协议要求良兴公司清偿债务，另一方面又可以依据本案再审判决要求港务公司全额赔偿，是否可能造成中铁公司获得双份的财产收益？最高人民法院对此并没有作出特别论述。对此，观判从法理上分析认为，如果港务公司先按照再审判决承担责任，则有权要求良兴公司返还不当得利；如果良兴公司先按照协议清偿债务，则中铁公司的损失数额有所减少，应减少港务公司的相应赔偿责任的金额。但是，在具体法律程序上，确实存在中铁公司可以同时享有和同时行使两项追索权利的问题。

观判警语

在仓储合同纠纷中，保管人往往因各种原因未严格依照合同约定，在没有收到提货单、约定提货单据、指定业务联系人准确指令的情况下贸然放货或恶意串通放货，最终面临向相关权利人返还货物或等值货物损失赔偿的违约风险。因此，对于仓储保管人而言，需严格执行仓储管理制度，按照货物入库出库约定，审核验证提货单或联系人指令信息，降低合同违约法律风险。

原债权人起诉后才转让债权的，原债权人仍可继续以自己的名义向债务人主张债权

◇ 方燕　王新军　张艳利

案例索引

最高人民法院（2020）最高法民再13号

案情摘要

2016年8月22日，万事发公司与农发行签订《流动资金借款合同》，合同约定万事发公司向农发行借款1723万元，借款期限自2016年8月24日起至2017年8月23日止；万某、龙头公司等为万事发公司借款合同项下债务提供连带责任担保。2016年8月，农发行按合同约定向万事发公司发放贷款1723万元；借款期限届满，万事发公司未按期返还本金及相应利息等。2019年1月，农发行将案涉债权转让给第三人城投公司。

农发行向一审法院提起诉讼，请求：判令万事发公司偿还农发行贷款本金1723万元及相应利息、复利和罚息。

原审观点

本案一审判决认为，农发行依约已履行了向万事发公司发放贷款1723万元的义务，万事发公司未依约偿还贷款本息已构成违约，农发行有权要求万事发公司按约定承担还款责任及支付罚息、复利、律师费等违约责任。本案

开庭前，龙头公司已依约向农发行代偿了贷款本金200万元及相应的利息，农发行撤回对龙头公司的起诉，不影响其他保证人的保证责任的范围。一审法院判决：万事发公司向农发行偿还贷款本金1523万元及利息、罚息、复利等。

本案二审判决认为，农发行在二审期间于2019年2月1日出具的《中国农业发展银行贷款余额对账单》显示，截至2019年1月31日万事发公司所欠农发行贷款已经清偿完毕。2019年6月13日，农发行向二审法院出具《江西省万事发粮油有限公司相关情况说明》，自认农发行于2019年1月28日全部收回万事发公司所贷款本金、利息及一审判决所判费用。因此，万事发公司已经清偿一审判决所确定的万事发公司所欠农发行债务，本案诉讼请求的事实基础已不存在。二审法院判决：撤销一审判决，驳回农发行的诉讼请求。

再审焦点

本案再审审理的争议焦点为：万事发公司是否已经清偿案涉贷款本息等债务，以及农发行能否在本案中继续以自己的名义主张债权。

改判要旨

最高人民法院再审认为，关于万事发公司是否清偿案涉贷款本息等债务。万事发公司二审期间提交的《中国农业发展银行贷款余额对账单》显示，截至2019年1月31日万事发公司贷款余额为零，但该对账单并不是还款凭证，不足以认定万事发公司已清偿案涉债务。《江西省万事发粮油有限公司相关情况说明》对收回万事发公司贷款进行了说明，即农发行于2019年1月将其持有的万事发公司债权转让给了城投公司，城投公司向农发行支付了债权转让款16,711,106.30元。该情况说明有农发行提交的《债权转让协议》及付款回单等证明，且万事发公司再审中亦主张案涉贷款债权已转让给城投公司。因此，二审判决认定万事发公司已清偿一审判决确认的债务属于认定事实错误。

关于农发行能否在本案中继续以自己的名义主张债权。首先，《合同法》第80条第1款规定：“债权人转让权利的，应当通知债务人。未经通知，该转让对债务人不发生效力”。本案中，农发行称其与城投公司尚未将债权转让通知万事发公司，而万事发公司虽称城投公司曾口头通知其债权转让，但对此并未提交证据证明。万事发公司虽从其他渠道获悉债权转让的事实，仍不能认定案涉债权转让已通知万事发公司，故案涉债权转让对万事发公司尚未发生法律效力。其次，案涉债权转让发生在一审判决作出之后，属于在诉讼中的权利转移行为。《最高人民法院关于适用〈中华人民共和国民事诉讼法〉的解释》第249条第1款规定：“在诉讼中，争议的民事权利义务转移的，不影响当事人的诉讼主体资格和诉讼地位。人民法院作出的发生法律效力的判决、裁定对受让人具有拘束力”。据此，案涉债权转让并不影响农发行在本案中的诉讼主体资格和诉讼地位。即便案涉债权转让已通知债务人，因受让人未申请替代转让人参加诉讼，本案亦无须变更诉讼当事人。最后，债权转让本身并不影响债务人的债务负担，其合同义务仍然存在。本案判决万事发公司、万某等承担责任并不加重其应承担的债务数额，其履行本案判决确定的义务后，无须承担其他责任或义务，并不导致其重复清偿或农发行重复获益的可能。最高人民法院再审改判：撤销二审判决，维持一审判决。

观判解判

本案属于典型的在起诉后才进行债权转让的案件。对于债务偿还情况的认定和债权转让后原债权人是否仍具备债权人主体资格，本案原审和再审法院提出了不同的观点。观判分析解读如下：

第一，本案一审判决的主要观点，认为基于本案一审过程中尚未发生债权转让事实，认为万事发公司未依约偿还贷款本息构成违约，农发行有权要求万事发公司按约定承担还款等违约责任。

第二，本案二审判决的主要观点，认为基于二审中发生的农发行将涉案债权转让给城投公司的事实，依据《中国农业发展银行贷款余额对账单》《江西省万事发粮油有限公司相关情况说明》，认定农发行对于欠款已偿还的自认，认定万事发公司已清偿一审判决认定的所欠农发行的债务，故驳回农发行对万事发公司的诉讼请求。

第三，最高人民法院改判的主要观点，认为16,711,106.30元系城投公司向农发行支付的债权转让款，并非万事发公司的还款，万事发公司的债务不因此而消灭，且城投公司在再审阶段明确同意由农发行继续负责本案诉讼，以及农发行与城投公司之间的债权转让关系亦未通知万事发公司等，故该债权转让对万事发公司尚未发生法律效力。因此，农发行仍然可以在本案中以自己的名义主张债权，万事发公司仍应向农发行承担责任。

观判观点

本案作为借款合同纠纷案件的基础事实是清楚的，但存在一项特殊事实：在债权人对债务人诉讼期间，债权人将债权转让给了第三人，第三人亦按约支付了转让价款。故本案基于上述特殊事实引起的争议点，在于原债权人能否以自己的名义在本案诉讼中继续主张债权，或者应当驳回起诉或诉讼请求？最高人民法院通过对本案的再审改判，明确了在诉讼期间才发生债权转让的，原债权人可继续以自己的名义主张债权，观判分析评价如下：

第一，在事实认定上，债权受让人支付转让对价的行为，不属于债务人的清偿性质。对于城投公司向农发行支付16,711,106.30元的性质，二审判决根据农发行内部结算中的表述方式，认定为系万事发公司清偿债务，缺乏事实依据。因为该款项是债权转让协议中的价款，并非城投公司代万事发公司的还款，即使农发行内部结算上表述为债权已经实现，但不能必然是万事发公司的清偿行为，而应当根据相关付款合同认定付款性质。因此，最高人民法院根据农发行提交的《债权转让协议》等改判认定付款性质，是具有事实依据的。

第二，在法律适用上，在诉讼期间发生案涉权利转移的，原则上是不影响当事人的诉讼主体资格和诉讼地位的。本案具体包括两种情形：其一，债权转让未通知债务人的，原债权人可以继续以自己的名义在本案中主张债权。由于农发行尚未作出债权转让的通知，故本案属于未通知债务人，债权转让对债务人不发生效力，农发行仍然可以自己名义在本案中向万事发公司主张债权。其二，即使债权转让通知债务人，但如债权受让人未申请替代原债权人参加诉讼的，原债权人可以继续以自己的名义在本案中主张债权。由于本案受让人城投公司未申请替代农发行参加诉讼，故即使本案债权转让已通知债务人，原债权人农发行仍可继续作为本案原告及再审申请人参加诉讼，主张权利。

第三，对于在诉讼之前发生案涉争议的权利转移的，则不适用《最高人民法院关于适用〈中华人民共和国民事诉讼法〉的解释》第249条第1款规定。虽然尚无相关司法解释的明确规定，但参考最高人民法院公报案例，即最高人民法院（2005）民一终字第95号判决书，其中论述为："权利转让已经完成，权利主体已由金利公司变更为澳金利公司。2004年4月6日，金利公司以自己名义向远东公司主张其已经转让了的权利，远东公司对此提出抗辩的理由成立，应予支持。有鉴于此，金利公司主体不适格，不享有提起本纠纷之诉权，对其起诉应予驳回。"可见，对于诉讼之前案涉争议的权利转让完成的，原债权人不再享有诉权，将按照驳回起诉处理。

观判警语

农发行二审败诉的背景事实是二审期间进行了债权转让，但败诉的根源则在于没有及时提供农发行与城投公司签订的《债权转让协议》及附件，也没有提交城投公司同意以农发行名义向万事发公司等主张权利的证明。上述证据是在再审期间才提交的，最高人民法院再审中据此认定了新事实，并在全面事实的基础上适用了诉讼中权利转移的规定，作出对农发行有利的改判。可见，如果农发行在二审期间能够按照相关规定，及时提交有利证据，或将会避免二审法院误将债权转让价款作为万事发公司的还款，农发行也可能相应避免再审的诉累。

占有资金属于不当得利的，占有人应当按照银行贷款利率，向权利人支付其无依据占有期间的利息

◇ 方燕　王新军

案例索引

最高人民法院（2020）最高法民再98号

案情摘要

2013年10月14日，土地储备中心向华丰公司支付1.15亿元高压线落地费。2016年7月4日，土地储备中心与华丰公司签订协议书，约定华丰公司实施电力线路36#至39#区间迁改工程费用，以工程决算审核的结果为准，并以此与土地储备中心进行结算；华丰公司向土地储备中心返还结算后所有剩余费用；华丰公司向土地储备中心先行返还不低于2000万元等。2016年7月18日，华丰公司向土地储备中心返还2000万元高压线落地费。土地储备中心于2016年10月9日、17日两次致函华丰公司，要求尽快按约定决算，并于2016年10月底前向土地储备中心支付剩余线路迁改费用。华丰公司于2016年10月30日向土地储备中心复函称“无力按照原约定时间返还，故请求将最后期限延至年底”。

土地储备中心提起诉讼，请求：判令华丰公司返还工程款8600万元，并给付自2013年10月1日起算的贷款利息。

原审观点

本案一审判决认为，经鉴定华丰公司已完工程共花费 18,809,228.03 元，加之华丰公司已返还了 2000 万元，华丰公司还需向土地储备中心返还 76,190,771.97 元（1.15 亿元 - 18,809,228.03 元 - 2000 万元）。一审法院判决：华丰公司于判决生效之日起 10 日内向土地储备中心返还 76,190,771.97 元高压线落地费；华丰公司于判决生效之日起 10 日内向土地储备中心支付高压线落地费利息（以 96,190,771.97 元为基数，自 2013 年 10 月 15 日起至 2016 年 7 月 17 日止；以 76,190,771.97 元为基数，自 2016 年 7 月 18 日起至本判决确定给付之日止，按中国人民银行发布的同期同类贷款利率计算）。

本案二审判决认为，椒金山花园项目 DN450 管线工程不应计入高压线落地工程，应改判将椒金山花园项目 DN450 管线工程款 59 万元扣除。根据双方协议书约定，华丰公司于工程决算审核后，向土地储备中心返还结算后所有剩余费用，没有关于罚息及复利的特殊约定。二审法院改判：华丰公司于判决生效之日起 10 日内向土地储备中心返还 76,780,771.97 元高压线落地费；华丰公司于判决生效之日起 10 日内向土地储备中心支付高压线落地费利息（以 96,780,771.97 元为基数，自 2013 年 10 月 15 日起至 2016 年 7 月 17 日止，以 76,780,771.97 元为基数，自 2016 年 7 月 18 日起至本判决确定给付之日止，按中国人民银行发布的同期同类贷款利率计算）。

再审焦点

本案再审审理的争议焦点为：二审法院判决华丰公司自 2013 年 10 月 15 日起支付剩余高压线落地费的利息是否恰当。

改判要旨

最高人民法院再审认为，《民法总则》第 122 条规定：“因他人没有法律根据，取得不当利益，受损失的人有权请求其返还不当利益。”本案系土地储备中心请求华丰公司返回剩余高压线落地费引发的纠纷，从一审、二审法院查明的事实看，按照2016年7月4日签订的协议书约定，华丰公司已于协议书签订之后的15日内，即2016年7月18日向土地储备中心返还2000万元高压线落地费，但未按协议书约定于2016年10月31日前将结算后所有剩余费用全额返还至土地储备中心。协议书系华丰公司与土地储备中心关于返还剩余高压线落地费的真实意思表示，并不违反法律、行政法规的强制性规定，应认定为合法有效，且再审中华丰公司与土地储备中心对此均无异议。故华丰公司在2016年10月31日之前占有剩余高压线落地费具有合同依据，二审法院判决华丰公司自2013年10月15日起向土地储备中心返还占有剩余高压线落地费取得的不当利益，适用法律错误，应予纠正。因土地储备中心与华丰公司未在协议书中对逾期支付剩余高压线落地费的利息作出约定，参照《最高人民法院关于审理建设工程施工合同纠纷案件适用法律问题的解释》第17条关于“当事人对欠付工程价款利息计付标准有约定的，按照约定处理；没有约定的，按照中国人民银行发布的同期同类贷款利率计息”的规定，华丰公司应自2016年11月1日起按照中国人民银行发布的同期同类贷款利息计付剩余工程款76,780,771.97元的利息。最高人民法院再审改判：华丰公司于本判决生效之日起10日内向土地储备中心返还76,780,771.97元高压线落地费；并于本判决生效之日起10日内向土地储备中心支付高压线落地费利息（以76,780,771.97元为基数，自2016年11月1日起至本判决确定给付之日止，按中国人民银行发布的同期同类贷款利率计算）。

观判解判

根据协议书的约定，华丰公司应当返还落地费无争议，但未明确约定返还落地费的具体日期及利息，仅约定了落地费的结算程序，因此，占用该资金应付利息的起算时间，成为本案核心争议。本案原审和再审法院提出了不同的观点，观判分析解读如下：

第一，本案一审判决的主要观点，认为基于土地储备中心向华丰公司支付1.15亿元高压线落地费的时间为2013年10月14日，以及2016年7月18日华丰公司已向土地储备中心返还2000万元工程款的事实，认定利息的起算时间应当自支付落地费的次日 2013 年 10 月 15 日起算。

第二，本案二审判决的主要观点，与一审基本相同，但对于应返还的基数认定应当增加 59 万元，并再次认定利息的起算时间为 2013 年 10 月 15 日。

第三，最高人民法院改判的主要观点，认为本案法律关系属于不当得利，根据协议书中的意思表示，华丰公司在 2016 年 10 月 31 日之前占有剩余高压线落地费具有合同依据，故认定二审判决华丰公司自 2013 年 10 月 15 日起承担占有落地费的利息，适用法律错误。

观判观点

本案基础合同依据是双方签订的协议书，该协议书仅约定了 2000 万元落地费的返还时间，对于其余部分的落地费没有约定具体返还时间，但明确约定了以完成工程决算审核为返还条件。因此，本案应属于合同纠纷，并非没有任何合同约定的情形。本案的再审改判中，最高人民法院提出不当得利的观点，故本案具有新型案例的指导意义，观判分析评价如下：

第一，协议书约定了落地费的返还条件，即完成工程决算审核后，华丰公司向土地储备中心返还结算后所有剩余费用。可见，华丰公司返还落地费的期限将为结算完成之时。但是，对于结算完成之前占用落地费期间的利率，在协议书中没有约定，且对占有落地费期间的利息起算时间，在协议书中也没有约定。对此，最高人民法院认为，本案应当适用原《民法总则》第 122 条规定的不当得利，否定了原审判决中的原《合同法》第 8 条和第 60 条法律适用依据。

第二，从不当得利的角度看，根据原《民法总则》第 122 条“因他人没有法律根据，取得不当利益，受损失的人有权请求其返还不当利益”的规定，不当得利的首要要件，是“没有法律依据”和“取得不当利益”。根据本案事实，华丰公司是基于协议书的约定占有落地费，虽然协议书签订时间晚于支付 1.15 亿元落地费的时间，但是亦产生追认的法律效力，故最高人民法院认为截至协议书签订时，华丰公司占有落地费是具有合同依据的，认定在此期间因占有资金取得利息不属于“不当利益”。最高人民法院认定的利息起算时间为2016年11月1日，是以土地储备中心要求2016年10月底支付剩余线路迁改费用的函件为依据。

第三，从协议书的合同关系角度看，虽然对于剩余落地费没有约定具体返还的时间，但明确约定以完成工程决算审核为条件，那么结算完成时间就是返还剩余落地费的时间，也应当是计算利息的起算时间；因为，在完成结算之前，债权本金偿还义务尚未到期，利息亦不应起算。对此，最高人民法院另行提出参照适用的法律依据，即参照原《最高人民法院关于审理建设工程施工合同纠纷案件适用法律问题的解释》第17条关于“当事人对欠付工程价款利息计付标准有约定的，按照约定处理；没有约定的，按照中国人民银行发布的同期同类贷款利率计息”的规定，参照欠付工程款利息的性质，定性本案落地费在尚未结算完成之前的利息。

‖ 观判警语 ‖

本案相关落地费的基础事实并不复杂，可以比照代建费，即类似于合同一方向另一方提前超额支付了代建费用，但对于占有期间的利息未作约定，导致对占用资金期间的利息问题产生争议。对此，最高人民法院作出的再审改判，既没有从落地费实际支付之日起算利息，也没有从协议书约定的完成结算之日起算利息，而是选择以土地储备中心函件中主张2016年10月底支付的次日起算。但是，对于该日期的确认与不当得利之间的法律适用关系，最高人民法院未详细予以阐明，可继续研究。

当事人约定增加债务履行方式后，债务人仍不履行的，债权人有权要求按照原履行方式偿还债务

◇ 方燕　王新军　张艳利

案例索引

最高人民法院（2019）最高法民再187号

案情摘要

舒兰矿业与纳汇公司从2010年7月5日起，陆续签订《施工承包合同书》《项目承包合同书》《煤炭生产运营协议书》等。根据上述合同约定，舒兰矿业对纳汇公司的煤矿进行矿建工程、安全生产和运营的现场管理以及各生产系统设备日常的维护等工作。纳汇公司履行了部分付款义务。2015年9月9日，双方就欠款偿还签订《煤炭抹账协议》，约定：截至2015年5月末，纳汇公司累计拖欠舒兰矿业5072.1万元；纳汇公司每月提供5万吨煤炭抹账给舒兰矿业进行销售，销售煤炭所得全部用于偿还所欠款项，直至抵消所欠全部账款……为履行《煤炭抹账协议》，2016年1月18日，纳汇公司与舒兰矿业的子公司签订《煤炭买卖合同》，约定了交货地点、质量、品种规格、单价、时间自2016年1月至12月，但没有约定每月交粉煤的数量。纳汇公司于2016年1月25日和28日向舒兰矿业子公司提供煤炭总计7117.48吨。

舒兰矿业向一审法院起诉，请求：判令纳汇公司立即偿还欠款61,800,521.73元。

原审观点

本案一审判决认为，根据《煤炭抹账协议》“乙方提出，甲方应以现金偿还上述欠款，确因资金原因无力偿还时，可以用煤炭抹账方式偿还欠款，并就煤炭抹账事宜达成协议”的约定，表明双方约定的还款方式为现金偿还或煤炭抹账，后实际履行了7117.48吨煤炭买卖，该行为表明双方实际选择了煤炭抹账的方式偿还5072.1万元欠款。该《煤炭买卖合同》还处于履行期间。因舒兰矿业在诉讼请求中并未请求解除上述合同，合同中也未约定解除事宜。舒兰矿业向纳汇公司送达《解除合同通知书》，并不具备《合同法》第93条规定的约定解除、第94条规定的法定解除条件，其在诉讼程序中实施的该行为不能产生解除合同的法律效力。故双方应以《煤炭抹账协议》约定的方式进行偿还，舒兰矿业坚持以现金方式偿还5072.1万元欠款的请求因与约定不符，不予支持。另外，双方2015年5月31日至2016年3月31日产生的劳务费仍欠12,084,811.90元，该欠款双方未约定以煤炭抹账方式偿还，对以现金方式偿还的请求予以支持。一审法院判决：纳汇公司向舒兰矿业支付12,084,811.90元。

本案二审判决认为，舒兰矿业所提供证据未证明纳汇公司明确表示不履行其提供煤炭的义务，亦未能证明纳汇公司存在拒绝拉运煤炭请求的行为，现《煤炭抹账协议》《煤炭买卖合同》不存在无法履行、难以实现合同目的的情形。本案不符合《合同法》第94条第2项“在履行期限届满之前，当事人一方明确表示或者以自己的行为表明不履行主要债务”和第4项“当事人一方迟延履行债务或者有其他违约行为致使不能实现合同目的”的规定。因此，舒兰矿业向纳汇公司送达《解除合同通知书》的行为，不能产生合同解除的法律效力。二审法院判决：驳回上诉，维持原判。

再审焦点

本案再审审理的争议焦点为：舒兰矿业主张以现金方式偿还5072.1万元欠款是否成立。

改判要旨

最高人民法院再审认为，为履行《煤炭抹账协议》，舒兰矿业的子公司与纳汇公司签订《煤炭买卖合同》，约定提货期限为2016年1月至12月，没有约定每月提粉煤的数量，但《煤炭抹账协议》中有明确的约定，即每月提供5万吨纳汇公司所属煤矿的商品煤炭抹账给舒兰矿业进行销售。从《煤炭抹账协议》的实际履行情况来看，纳汇公司2016年1月总计提供煤炭7117.48吨，与每月提供50,000吨煤炭的数量相差甚远。《煤炭抹账协议》中双方约定的还款方式为现金偿还或煤炭抹账，在纳汇公司仅仅提供7117.48吨煤炭的情况下，使用煤炭抵账偿还欠款的目的显然很难实现。对于纳汇公司拖欠舒兰矿业5072.1万元款项这一事实，双方均没有异议，签订《煤炭抹账协议》只是债的履行方式的变更，煤炭抹账方式并不排除现金偿还的方式。舒兰矿业起诉主张纳汇公司以现金偿还2015年5月末前的欠款是合情合理的，应当予以支持。

对于2015年5月31日至2016年3月31日拖欠的劳务费数额，一审和二审法院均认定为12,084,811.9元；对于2015年5月31日之前所欠款项，舒兰矿业主张为5072.1万元，但上述两项相加的数额为62,805,811.9元，超出了舒兰矿业一审的诉讼请求数额，故对其主张的2015年5月31日之前的欠款5072.1万元，依法支持49,715,715.83元。最高人民法院再审改判：判令纳汇公司偿还舒兰矿业61,800,527.73元。

观判解判

本案属于典型的因债务履行方式发生变更而引起的合同纠纷。对于当事人在原债务履行方式基础上，约定增加债务履行方式，债务人未按照增加的债务履行方式履行的，债权人是否有权要求按照原约定的履行方式偿还债务，本案一审、二审和再审法院提出了不同的观点。观判分析解读如下：

第一，本案一审判决的主要观点，认为《煤炭抹账协议》表明双方约定的还款方式为现金偿还或煤炭抹账，双方签订《煤炭买卖合同》后，已经实际履行了7117.48吨煤炭买卖，表明双方实际选择了煤炭抹账的方式偿还5072.1万元欠款；且《煤炭买卖合同》还处于履行期间，不存在无法履行的情况，舒兰矿业未提出解除《煤炭买卖合同》的诉讼请求，亦无权解除《煤炭买卖合同》，应继续按照煤炭抹账的方式偿还。

第二，本案二审判决的主要观点，认为舒兰矿业向纳汇公司送达《解除合同通知书》的行为，不能产生合同解除的法律效力，不符合原《合同法》第94条规定的解除条件，认为《煤炭买卖合同》未解除的情况下，舒兰矿业无权选择按原现金偿还或按《煤炭抹账协议》现金偿还与煤炭偿还方式择其一的方式要求纳汇公司履行债务。

第三，最高人民法院改判的主要观点，认为签订《煤炭抹账协议》只是债的履行方式的变更，煤炭抹账方式并不排除现金偿还的方式，在纳汇公司仅提供7117.48吨煤炭的情况下，使用煤炭抵账偿还欠款的目的显然很难实现，舒兰矿业起诉主张纳汇公司以现金偿还是合情合理的，认定舒兰矿业有权依据《煤炭抹账协议》选择现金偿还方式。

观判观点

本案争议为因债的履行方式发生变更后，债务人未按照增加的债务履行方式履行，债权人是否有权要求按照原来的方式偿还债务。最高人民法院通过对本案的改判，对于增加的债务履行方式的法律效力，树立了新审判标准，观判分析评价如下：

第一，关于《施工承包合同书》等基础合同与《煤炭抹账协议》的法律关系及其效力问题。一审、二审判决的观点，认为《煤炭抹账协议》是对《施工承包合同书》等基础合同项下债务以现金偿还的履行方式的变更，《煤炭买卖合同》是对《煤炭抹账协议》的进一步变更，债务履行方式已经变更为唯一用煤炭抹账方式偿还。最高人民法院则从合同内容出发，依据《煤炭抹账协议》中“纳汇公司应以现金偿还欠款，确因资金原因无力偿还时，可以用煤炭抹账方式偿还欠款”的约定，认定煤炭抹账并非对现金偿还方式的排除，现金偿还方式仍在《煤炭抹账协议》约定方式的范畴内。观判认为，

《煤炭抹账协议》中是用“可以”一词定性煤炭抹账方式，虽然也认可煤炭抹账方式，但是并非否定现金偿还方式，两者是并存的关系，故舒兰矿业有权要求根据《煤炭抹账协议》以现金偿还债务。

第二，关于《煤炭买卖合同》与《煤炭抹账协议》的法律关系及其效力问题。《煤炭买卖合同》是舒兰矿业子公司签订的，并非舒兰矿业公司签订，故解除合同也应当由舒兰矿业子公司作为诉讼主体。因此，从诉讼程序上，对于《煤炭买卖合同》解除的问题不属于本案直接审理和判决的内容。但是，从《煤炭买卖合同》实际履行的事实上，《煤炭抹账协议》约定每月提供5万吨煤炭抹账给舒兰矿业，但是实际履行数量仅为7117.48吨。对此，最高人民法院认定，使用煤炭抵账偿还欠款的目的显然很难实现。最终，最高人民法院据此排除了《煤炭买卖合同》约定对《煤炭抹账协议》效力的影响。观判认为，最高人民法院实际是适用了法院自由裁量权，并按照诚实信用原则作出的判决；虽然从严格的法律程序上存在可商榷之处，但瑕不掩瑜，从判决结果上是符合合情合理的价值取向的。

观判警语

本案纠纷的根源，在于债权人在约定增加债务履行方式的《煤炭抹账协议》中，不仅没有明确现金偿还应优先的要求，而且对于煤炭抹账与现金偿还之间的关系语焉不详，这是导致一审、二审诉讼结果对债权人不利的根源。虽然最高人民法院通过再审改判，肯定了债权人的基础权利，但是判决结果不能抹去在约定上存在法律瑕疵的事实。本案警示了债权人在变更债务履行方式时，务必约定如债务人未按变更的履行方式履行全部债务的，债权人有权恢复原债务履行方式的条款，以避免争议和诉累。

虽然债权超过诉讼时效，但属互负到期债务，如另在合理期间通知抵销的，仍有权确认该债权债务抵销

◇ 方燕　王新军　郑妍

案例索引

最高人民法院（2018）最高法民再51号

案情摘要

2005年11月18日，悦信公司以承诺人的名义向源昌公司和侯某出具《承诺函》，承诺悦信公司负责办理厦门市"源昌山庄"项目南闽字第2726A号地块开发所需的部队手续。确认截至2005年4月13日，已经陆续收到源昌公司及侯某支付的委托费用2000万元，悦信公司承诺如不能按时完成委托事项则将于2006年2月18日前将委托费用2000万元全额退还源昌公司及侯某。2005年，源昌公司与悦信公司协商投资合作事宜，2005年8月15日，悦信公司向源昌公司账户汇入投资款2800万元，后源昌公司于2005年10月26日退还悦信公司投资款800万元。2014年12月31日，源昌公司向悦信公司发《关于再次通知2000万元债权债务互相抵销的函》，称其将相关款项支付给悦信公司后，悦信公司未完成委托事项又未另外退还委托费用，要求其对悦信公司享有的2000万元债权与悦信公司对其享有的2000万元款项相互抵销，抵销后，其对悦信公司不再负有债务。

源昌公司向法院起诉，请求：确认源昌公司有权将其对悦信公司享有的

3400 万元债权中的一部分用于等额抵销与悦信公司之间的金钱债权债务。

原审观点

本案一审判决认为，因悦信公司就其对源昌公司享有 2000 万元借款债权于 2014 年 6 月 26 日另案起诉后，源昌公司才知道其权利被侵害，故本案诉讼时效应从源昌公司收到该案起诉状的时间计算，未超过法律规定的 2 年诉讼时效。但是，本案为委托合同纠纷，源昌公司在本案请求确认其对悦信公司享有债权，与悦信公司对源昌公司享有的借款债权因不属于同一法律关系，且悦信公司对源昌公司享有的借款债权已另案审理，故对源昌公司提出本案所涉债权的一部分用于抵偿其对悦信公司债务的主张，法院不做处理，其可在执行中主张抵销。一审法院判决：确认源昌公司对悦信公司享有 2000 万元及违约金。

本案二审判决认为，源昌公司虽主张其对悦信公司享有的 2000 万元债权与悦信公司对其享有的 2000 万元债权已相互抵销，但是源昌公司没有证据证明其曾在悦信公司起诉主张盈余分配前向悦信公司发出债务抵销通知，悦信公司也否认曾收到源昌公司的债务抵销通知，否认双方达成抵销债务的合意，源昌公司一直认为已抵销系其主观认识，实际双方并未抵销。源昌公司自 2006 年 2 月 18 日起就知道其权利被侵害，其应向悦信公司主张返还 2000 万元委托费用。根据《民法通则》第 135 条的规定，本案诉讼时效应自 2006 年 2 月 18 日起算，至 2008 年 2 月 18 日届满，源昌公司未在此期间向悦信公司主张返还 2000 万元委托费用，也已经超过诉讼时效。综上所述，源昌公司提起本案诉讼已经超过诉讼时效。二审法院判决：撤销一审判决，驳回源昌公司的诉讼请求。

再审焦点

本案再审审理的争议焦点为：关于源昌公司能否主张与悦信公司债务抵销的问题。

改判要旨

最高人民法院再审认为，源昌公司在2006年2月18日届至时即有权向悦信公司主张权利，诉讼时效亦自此起算，故源昌公司起诉本案确认债权已超过诉讼时效。虽然源昌公司对悦信公司享有的主动债权已超过诉讼时效，本案中源昌公司与悦信公司互负金钱债务，在源昌公司对悦信公司2000万元债权于2006年2月18日履行期届至，到2008年2月17日诉讼时效期间届满的时间内，悦信公司对源昌公司的2000万元债权亦处于可履行之状态，故双方债务均已到期。综上所述，源昌公司与悦信公司互负到期金钱债务，本案法定抵销权形成的积极条件已经成立，源昌公司与悦信公司即已互负到期金钱债务，具备法定抵销要件，源昌公司抵销权成立。本案中，源昌公司行使抵销权之时虽已超出诉讼时效，但并不妨碍此前抵销权的成立。抵销通知亦为单方意思表示，意思表示只要到达对方，无须其同意即可发生抵销的法律后果，作为形成权抵销权的行使不受诉讼时效限制。2011年悦信公司向福建省高级人民法院提起（2012）闽民初字第1号公司盈余分配之诉后，源昌公司遂即在该案中提出债务抵销之主张，当属在合理期限内主张权利，自难谓其怠于行使抵销权。综上所述，源昌公司在另案诉讼中行使抵销权并无不当，双方债权已经抵销。最高人民法院再审改判：撤销一审、二审判决，源昌公司与悦信公司互负的2000万元到期债务已抵销。

观判解判

对于源昌公司与悦信公司互负债务能否抵销，本案一审、二审和再审判决提出了不同的观点，观判分析解读如下：

第一，本案一审判决的主要观点，认为源昌公司对悦信公司的2000万元债权未超过诉讼时效，应当予以保护，但是源昌公司在本案请求确认其对悦信公司享有债权，与悦信公司对源昌公司享有的借款债权因不属于同一法律关系，故本案中不能予以抵销。

第二，本案二审判决的主要观点，认为源昌公司对悦信公司的2000万元债权已超过诉讼时效，而且源昌公司没有证据证明其曾在悦信公司起诉主张盈余分配前向悦信公司发出债务抵销通知，悦信公司也否认曾收到源昌公司的债务抵销通知，且悦信公司对源昌公司的2000万元债权在该院2016年7月26日作出（2016）琼民终154号民事判决之前是尚未确定的，故不存在抵销的事实基础。

第三，最高人民法院的主要观点，认为源昌公司对悦信公司的2000万元债权虽然已超过诉讼时效，但是仍有权主张抵销。鉴于双方债务均已到期，本案法定抵销权形成的积极条件已经成就；而且，抵销通知亦为单方意思表示，作为形成权抵销权的行使不受诉讼时效限制，认定2011年源昌公司在另案诉讼中提出债务抵销之主张，当属在合理期限内主张权利，双方债权已经抵销，故确认该2000万元债权已经抵销。

观判观点

本案的争议，表面上是源昌公司债权是否超过诉讼时效，以及与悦信公司互负的债务能否进行抵销的问题，实质却是抵销权作为形成权，行使抵销权是否受到诉讼时效的限制？最高人民法院通过对本案的改判，明确了对已经超过诉讼时效的债权是否能主张抵销的判断标准，具有典型性。观判分析评价如下：

第一，关于法定抵销权形成的基本条件。首先涉及合同标的物的种类、品质是否相同，该种类是指债务的种类而非合同的种类，如果双方债务并非依据法律规定或者按照合同性质不得抵销之债务，则无论基础合同的种类为何，双方互负的债务均可以抵销。本案中，双方债务虽然产生的合同依据不同，但最终的债权债务的法律关系及履行内容均为给付货币，且均为到期债务，因此具备了抵销权形成的基本条件。

第二，关于抵销权的行使。行使抵销权的方式是向对方发出通知。只要抵销通知到达对方，即发生抵销的法律后果。法定抵销权属于形成权，形成权不适用诉讼时效的规定。行使抵销权应当在合理的期间内通知。本案中，悦信公司与源昌公司在2005年末几乎同时发生数额相同的金钱债务，虽然源昌公司在长达6年的时间里未通知抵销，但是悦信公司也未通知抵销，源昌公司在悦信公司主张债权时，当即首次提出抵销。据此，最高人民法院根据本案的特殊情形，认定源昌公司在6年后才通知抵销，仍应当予以保护。

第三，关于行使抵销权的合理期间。对于行使抵销权的合理期间，在原《民法通则》和原《合同法》等法律中均无明确规定。对于本案中认定的通知抵销的合理期限为6年的认定，观判认为这是最高人民法院行使自由裁量权的情形，并不是放之四海皆准的统一司法审判标准。

观判警语

双方互负到期债务，主张债务抵销的，应依法行使抵销权。抵销权的行使必须在合理期间内通知对方。本案争议的起因，系双方各自债权的诉讼时效截止期限不同，且其中一方发出抵销通知时，该一方的该债权已经超过诉讼时效，而另一方仍在诉讼时效期限内，故当然不认可抵销，由此产生本案争议。虽然最高人民法院对本案进行了改判，但是我国并不是适用判例法的司法制度，故不能将本案裁判作为正式的司法解释予以理解和适用。

商业银行委托贷款合同具有民间借贷的特点，委托贷款利率上限应参照民间借贷的相关规则

◇ 方燕　王新军　张艳利

案例索引

最高人民法院（2018）最高法民再54号

案情摘要

2011年10月18日，浦发银行、地中海酒店及侯某签订了《委托贷款合同》，合同约定：侯某委托浦发银行向地中海酒店出借人民币壹亿贰仟万元整，借款利率为年利率24%，借款期限为6个月，借款合同到期日为2012年4月25日；约定借款人需按月付息，付息日为每月20日，在贷款期内未依约按时支付贷款利息的，贷款人有权加收延付利息的罚息；借款人未按约定归还贷款本息的，贷款人有权对逾期贷款加收合同利率上的50%的罚息。2011年10月25日和26日，浦发银行共向地中海酒店发放了1.2亿元贷款本金。贷款到期后，地中海酒店仅支付了2011年11月20日之前的利息，之后贷款本息均未偿还。

浦发银行向一审法院起诉，请求：判令地中海酒店立即向浦发银行偿还借款本金人民币1.2亿元以及相关借款利息及罚息。

原审观点

本案一审判决认为，地中海酒店抗辩主张本案为民间借贷纠纷案件，贷

款期外的利息、罚息等总额应以中国人民银行公布的同期同类贷款利率的4倍为限。民间借贷纠纷是指商业银行金融借贷以外的借款合同纠纷。虽然《委托贷款合同》的具体内容实际上是由委托人和借款人事先协商确定，但是本案贷款人浦发银行为商业银行，应当遵守国家金融监管部门对商业银行贷款业务的相关规定，本案不适用民间借贷纠纷的处理规则。《中国人民银行关于人民币贷款利率有关问题的通知》（银发〔2003〕251号）第3条规定："关于罚息利率问题。逾期贷款（借款人未按合同约定日期还款的借款）罚息利率由现行按日万分之二点一计收利息，改为在借款合同载明的贷款利率水平上加收30%－50%……对逾期或未按合同约定用途使用借款的贷款，从逾期或未按合同约定用途使用贷款之日起，按罚息利率计收利息，直至清偿本息为止。对不能按时支付的利息，按罚息利率计收复利。"《中国人民银行关于调整金融机构存、贷款利率的通知》（银发〔2004〕251号）第2条第1款规定："金融机构（城乡信用社除外）贷款利率不再设定上限。商业银行贷款和政策性银行按商业化管理的贷款，其利率不再实行上限管理，贷款利率下浮幅度不变。"本案《委托贷款合同》是当事人的真实意思表示，关于贷款利率、逾期利息及贷款期内延付利息的罚息的约定不违反上述法律、行业主管部门规范性文件的规定，合法有效。一审法院判决：地中海酒店应向浦发银行支付贷款本金1.2亿元及其利息、罚息（贷款期内即从2011年11月21日至2012年4月25日按照贷款利率即年利率24%计算利息，之后按照贷款利率上浮50%计算罚息，从2011年12月21日起对延付的利息按照上述罚息利率计算复利）。

本案二审判决认为，根据《贷款通则》第7条第3款"委托贷款，系指由政府部门、企事业单位及个人等委托人提供资金，由贷款人（即受托人）根据委托人确定的贷款对象、用途、金额、期限、利率等代为发放、监督使用并协助收回的贷款。贷款人（受托人）只收取手续费，不承担贷款风险"的规定，本案侯某（委托人）、浦发银行（受托人）与地中海酒店（借款人）三方签订并实际履行了案涉《委托贷款合同》，建立了委托贷款法律关系。而贷款人浦发银行是商业银行，应遵守国家金融监管部门对商业银行贷款业务的相关规定。一审判决依据银发〔2003〕251号、银发〔2004〕251

号文件规定，认定案涉合同关于贷款利率、罚息、复利等约定合法有效，并无不当。二审法院判决：驳回上诉，维持原判。

再审焦点

本案再审审理的争议焦点为：案涉借款利息应当如何认定。

改判要旨

最高人民法院再审认为，一方面委托贷款已经纳入国家金融监管范围，此与金融借款合同具有类似之处；但另一方面，委托贷款与民间借贷亦有相通之处。首先，金融机构非自主决定贷款事宜，有关贷款对象、用途、金额、期限、利率等借款合同主要权利义务的确定仍体现了委托人的意志。其次，是委托人而非贷款人享有贷款利息收益等合同主要权利，并实际承担借款人不还款及逾期还款的风险。最后，委托贷款直接来源于委托人的自有资金，与出借人以自有资金进行民间借贷别无二致。在现行法律及司法解释对委托贷款未做明确规定的情况下，可通过分析相关问题是更具有金融借款还是民间借贷的特点，确定可参照的规则。

鉴于委托贷款系由委托人确定借款利率并实际收取利息，与民间借贷在资金来源相同的基础上可推定其资金成本大致等同，人民法院确定委托贷款合同的利率上限时当参照民间借贷的相关规则。案涉合同签订于2011年10月18日，放贷于2011年10月25日、26日，应参照借款发生时有效的《最高人民法院关于人民法院审理借贷案件的若干意见》第7条规定，民间借贷利率不得超过银行同类贷款利率的4倍。同时，根据《最高人民法院关于适用〈中华人民共和国合同法〉若干问题的解释（二）》第29条，对《最高人民法院关于审理民间借贷案件适用法律若干问题的规定》（2015年）施行前民间借贷中利息、罚息、复利等明显过高且当事人主张适当减少的，对同一时期的利息等费用之和以不超过银行同类贷款利率的4倍为宜，对超出该部分的不予保护。最高人民法院再审改判：判令利息按中国人民银行同期同类贷款利率4倍计算。

观判解判

本案属于典型的在法规尚无明确规定的情况下，委托贷款合同性质的认定及其利率保护上限的标准确定问题，本案一审、二审和再审法院提出了不同的观点。观判分析解读如下：

第一，一审判决的主要观点，认为贷款人浦发银行为商业银行，本案属于金融监管部门管理之下的商业银行贷款业务范畴，应按照金融机构的贷款利率规则；进而根据中国人民银行银发〔2003〕251号、银发〔2004〕251号文件规定，认为金融机构贷款利率不再实行上限管理。

第二，二审判决的主要观点，认为本案属于《贷款通则》规定的委托贷款，贷款人为商业银行，地中海酒店上诉认为案涉《委托贷款合同》实为民间借贷不符合本案事实，不予支持，总体认可了一审判决的裁判思路。

第三，最高人民法院改判的主要观点，认为本案《委托贷款合同》与金融借款合同类似，委托贷款兼具金融借款与民间借贷的双重特点；委托贷款直接源于委托人的自有资金，与出借人以自有资金进行民间借贷别无二致。在现行法律及司法解释对委托贷款未作明确规定的情况下，通过分析认定更具有民间借贷的特点，最终参照民间借贷规则。改判支持了地中海酒店按银行同期同类贷款利率4倍计算的抗辩主张。

观判观点

本案的合同关系是商业银行接受委托、作为贷款人发放贷款、不承担贷款风险的委托贷款关系，对于委托贷款合同的利率保护上限，我国法律并无明确规定。最高人民法院通过对本案的改判，通过分析和说理，树立了明确的审判实践标准。本案作为公报案例刊登在《最高人民法院公报》（2020年第4期，总第282期），观判分析评价如下：

第一，关于委托贷款合同的性质。委托贷款的合同形式体现为金融借款合同，与金融借款有类似之处，但是在最终合同收益及风险的承担方面，具有民间借贷的实质属性。因此，对于委托贷款合同的性质，应该结合遇到的具体问题而确定其属性特点，以及适时选择参照的标准。观判查询到，最高人民法院2021年3月30日作出的（2020）最高法民终1299号民事判决，亦有同样的认定："委托贷款兼具金融借款与民间借贷的特点，人民法院确定委托贷款合同的利率上限时可参照民间借贷的相关规则。"这说明在司法实践中，委托贷款兼具金融借款与民间借贷的属性。

第二，关于委托贷款合同性质对利率的影响。本案纠纷的根源在于当前金融借款与民间借贷利率保护上限的标准不同：《中国人民银行关于调整金融机构存、贷款利率的通知》明确"金融机构（城乡信用社除外）贷款利率不再设定上限"；而民间借贷始终有4倍银行同期同类贷款利率等上限规定，高于规定上限的利息部分法院则不予保护。《民法典》第680条第1款明确规定："禁止高利放贷，借款的利率不得违反国家有关规定。"可见，委托贷款合同性质在本案中的定性结果，按照金融借款合同对待，还是按照民间借贷合同对待，对于适用利率是否具有上限，产生直接的影响。

第三，关于委托贷款中利率上限的参照适用标准。本案中，利率上限参照了借款发生时的法律规定为准，即参照了借款发生时有效的《最高人民法院关于人民法院审理借贷案件的若干意见》第6条规定，民间借贷利率不得超过银行同类贷款利率的4倍。

观判警语

在以金融服务实体经济为价值本源的大背景下，无论金融借款还是民间借贷，高利放贷行为都是被严格禁止和管控的。本案改判的社会效果，还在于堵住了委托人借助于商业银行委托贷款合同的金融通道，规避民间借贷的利率上限规定的漏洞，对于参与民间借贷的各方，均具有示范意义。

“借新还旧”不是对旧借款的展期，债务人破产申请受理前一年内“借新还旧”并新设抵押的，不应予以撤销

◇ 方燕　王新军　张艳利

案例索引

最高人民法院（2020）最高法民再296号

案情摘要

农行辽源分行与麦达斯公司于2016年12月20日签订743号《借款合同》，麦达斯公司向农行辽源分行借款9700万元，借期1年；签订1405号《最高额抵押合同》，麦达斯公司以机器设备为双方之间发生于2016年12月20日至2018年12月20日的借款提供抵押担保，担保限额为15,036万元。2016年12月29日，双方签订780号《借款合同》，借款5300万元，借期1年，担保合同为1405号《最高额抵押合同》。2016年12月29日，双方签订782号《借款合同》，借款5500万元，借期1年，单人担保。2017年10月11日，双方签订1011号《最高额抵押合同》，麦达斯公司以机器设备为双方发生于2017年10月11日至2019年10月10日的贷款业务提供抵押担保，担保限额5936万元；并在该《最高额抵押合同》第17条中约定，为5500万元的782号《借款合同》提供补充抵押担保，并办理了6046号《动产抵押登记书》。借款到期后，除780号《借款合同》项下借款被偿还600万元本金外，743号和782号《借款合同》项下借款均未偿还本金。2018年3月15

日，双方签订 123 号《借款合同》，约定借款 1.99 亿元，借期 3 年，借新还旧；并以 1405 号和 1011 号《最高额抵押合同》共同提供抵押担保。2018 年 4 月 2 日，人民法院作出裁定，受理麦达斯公司破产重整申请。

麦达斯公司破产管理人向一审法院起诉，请求：撤销 1011 号《最高额抵押合同》项下抵押物设立动产抵押的行为，即 6046 号《动产抵押登记书》。

原审观点

本案一审判决认为，农行辽源分行在向麦达斯公司发放贷款的当天即 2018 年 3 月 15 日就将向麦达斯公司发放的 4700 万元、5500 万元和 9700 万元转出，说明该贷款用途确实是借新还旧。该借新还旧的贷款行为本质上是旧贷的一种特殊形式的展期。根据《企业破产法》第 31 条第 3 项的规定，人民法院受理破产申请前 1 年内，对债务人没有财产担保的债务提供财产担保的，管理人有权请求人民法院予以撤销。在签订 782 号《借款合同》时对 5500 万元借款并没有进行抵押担保，双方于 2017 年 10 月 11 日签订 1011 号《最高额抵押合同》时，才为该 5500 万元借款提供补充抵押担保，这种对已经存在而没有财产担保的债权，债务人在法院受理债务人破产重整前 1 年内提供担保，使不能优先受偿的普通债权转变为可以就该担保财产优先受偿的担保债权，无疑会损害其他债权人的合法权益。一审法院判决：撤销 1011 号《最高额抵押合同》项下抵押物设立动产抵押的行为，即 6046 号《动产抵押登记书》。

本案二审判决认为，虽然新贷代替了旧贷，但实际上贷款人与借款人之间的权利义务除了延长还款时间外，并无变化。故一审法院将本案中“借新还旧”行为视为旧贷的一种特殊形式的展期并无不当。123 号《借款合同》应视为对之前贷款的展期，故该抵押合同应视为对展期的借款又进行了补充抵押担保。农行辽源分行的“贷新还旧”行为没有使得麦达斯公司的财产增加，反而减少了麦达斯公司的无抵押债务并增加了有抵押债务，损害了全体债权人的利益。二审法院判决：驳回上诉，维持原判。

再审焦点

本案再审审理的争议焦点为：案涉贷款“借新还旧”的性质，以及就1011号《最高额抵押合同》项下抵押物设立动产抵押行为的可撤销性。

改判要旨

最高人民法院再审认为，2018年3月15日签订的123号《借款合同》，约定借款1.99亿元，对旧的三笔借款债务1.99亿元进行“借新还旧”处理，即消灭三笔旧债，重新设立新的借款债务1.99亿元，并无对1.99亿元旧债进行展期的约定，明确约定借款用途是“借新还旧”，一审、二审法院认定123号《借款合同》是对旧的借款的展期与合同约定不符。贷款到期后，借款人与贷款人订立新的借款合同，将新贷用于归还旧贷，旧贷因清偿而消灭，为旧贷设立的担保物权也随之消灭。麦达斯公司破产管理人请求法院撤销的1011号《最高额抵押合同》项下6046号《动产抵押登记书》系为782号《借款合同》所作担保，因782号《借款合同》中的5500万元旧债权因“借新还旧”已消灭，故为该5500万元提供的抵押担保也相应消灭，无须撤销。双方为123号《借款合同》的1.99亿元提供担保属于为新的债务提供担保，而不是为原本存在的无担保的债务额外提供担保。鉴于1011号《最高额抵押合同》约定的抵押是为1.99亿元新的债务提供担保，故不应撤销。最高人民法院再审改判：撤销一审、二审判决，驳回麦达斯破产管理人的诉讼请求。

观判解判

本案属于在法规尚无明确规定的情况下，在破产申请受理前1年内为“借新还旧”新形成的债务提供的担保，是否属于可撤销行为的典型争议，本案一审、二审和再审法院提出了不同的观点。观判分析解读如下：

第一，一审判决的主要观点，认为“借新还旧”不同于自有资金还贷，贷款人与借款人之间的债权债务并未消除，只是旧债还款期限的延长。5500万元借款原没有进行抵押担保，在人民法院受理破产申请前1年内，以签订

1011 号《最高额抵押合同》方式，为该 5500 万元借款提供抵押担保，故有权请求人民法院予以撤销。

第二，二审判决的主要观点，认为“借新还旧”后，贷款人与借款人之间的债权债务除延长还款时间外，并无变化。农行辽源分行的“贷新还旧”行为没有使得麦达斯公司的财产增加，反而减少了麦达斯公司的无抵押债务，并增加了有抵押债务，损害了全体债权人的利益。

第三，最高人民法院改判的主要观点，认为 123 号《借款合同》并不属于“将三笔借款进行展期”的性质，123 号《借款合同》系新债的设立、旧债的消灭。5500 万元旧债务因清偿已消灭，为之设立的 6046 号《动产抵押登记书》也随之消灭，不存在撤销的问题；而 123 号借款合同项下 1011 号《最高抵押合同》所担保的借款属于新的借款，属于为新的债务设立的担保，不属于《企业破产法》第 31 条第 3 项规定的为原本存在的无担保的债务额外提供担保情形。

观判观点

本案纠纷的争议点，在于债务人破产申请受理前 1 年内，与债权银行以“借新还旧”形式重新签订借款合同，并为该新的借款一并设立抵押担保，是否属于《企业破产法》第 31 条规定的可撤销的情形？我国法律对此并无明确规定。最高人民法院对本案的改判，通过分析和说理，树立了明确的审判实践标准。观判分析评价如下：

第一，关于“借新还旧”的法律性质。农行辽源分行与麦达斯公司签订新的借款合同，对 1.99 亿元债务“借新还旧”，重新签订了借款合同、抵押合同。因此，“借新还旧”虽然具有债务展期的商业效果，但是从约定及法律适用上，仍属于 1.99 亿元旧债的消灭、1.99 亿元新债的设立的性质，故不应将“借新还旧”视为旧借款的还款期限的延长性质，更不能据此适用旧借款延期的法律规定。

第二，关于“还旧”后的旧借款及其抵押消灭的问题。基于“借新还旧”属于旧债消灭、新债设立的性质，故 5500 万元旧借款因“还旧”而消灭；相应地，为该5500万元提供的抵押担保也相应消灭，故无须撤销。可见，并不存在5500万元旧借款处于展期法律状态的事实，而是处于债务完全消灭的状态，其抵押担保亦因债务消灭而消灭，也不存在撤销的问题。

第三，关于“借新”后的新借款及其抵押设立的问题。为123号《借款合同》中的1.99亿元设立担保的依据，是1011号《最高额抵押合同》。如前所述，旧5500万元债务已经全部消灭，新5500万元属于设立新债的“借新”法律性质，1011号《最高抵押合同》属于为新的债务提供的新担保的情形，而不是为原本存在的无担保的债务额外提供担保的情形，故不应撤销。

第四，一审、二审判决的认识起源在于，认为如对该5500万元不进行“借新还旧”，到破产受理时，该债务将因撤销属于无抵押债务；但在特定期间内进行了“借新还旧”的操作后，竟然成功使该债务成为有抵押债务，故客观上存在非法规避的“钻空子”效果，故不应保护。观判认为，从逻辑分析上看，一审、二审判决的思路有一定道理，但是将“借新还旧”定性为债务展期的基础法律关系，并不适当。对于如何堵住类似的法律漏洞，确实有待进一步研究。

观判警语

本案争议源于在尚无法律明文规定情况下，对现有法规理解与适用上的分歧。尤其在破产案件中，相关法律规定及适用较为特殊，故对商业银行而言，避免介入有争议的借贷法律关系，对于降低诉讼风险，是至关重要的。

当事人未约定转让土地使用权，仅约定过户土地出让金发票的，不能定性为土地使用权转让合同

◇ 方燕　王新军　郑妍

案例索引

最高人民法院（2020）最高法民再52号

案情摘要

2013年1月1日，刘某与宏佳公司签订《房地产开发合作合同》，约定以宏佳公司为主共同开发某县温泉苑项目。刘某已垫付土地出让金2000万元，并出资股金800万元，2000万元土地出让金由宏佳公司分期还付给刘某。刘某应当在宏佳公司前期1100万元到账后与宏佳公司共同将由刘某缴纳的2000万元土地出让金发票过户给宏佳公司。开发建设该项目所有所需资金由宏佳公司全额自筹解决，刘某股金800万元，该项目实施过程中无论宏佳公司盈亏必须保证刘某2000万元红利。刘某系地建公司的法定代表人和实际控制人，2010年至2013年，地建公司已缴纳土地出让金共2400万元。2012年后，宏佳公司累计向地建公司及刘某支付1250万元。案涉土地尚未办理招拍挂手续，但某县国土资源局出具了付款人为地建公司的收款收据后，已将该收据上付款人名称手写变更为宏佳公司，已在修改处加盖了某县国土资源局财务专用章。某县国土资源局认可宏佳公司取得案涉土地的开发权，但双方尚未签订国有建设用地使用权出让合同。

刘某向一审法院起诉，请求：判令宏佳公司支付刘某垫付的土地出让金1150万元及违约金。

原审观点

本案一审判决认为，刘某与宏佳公司签订的《房地产开发合作合同》关于项目的资金投入、开发建设等过程均没有体现出共同投资、共担风险的情况。首先，从共同投资的角度来看，合同中约定开发建设项目所需资金由宏佳公司全额自筹解决，合同载明项目土地出让金刘某已经垫付2000万元，并且约定有宏佳公司后续的分期还款计划，说明该项目的全部资金由宏佳公司负担，双方之间不存在共同投资。其次，从共担风险角度来看，合同中约定，刘某股金800万元，该项目实施过程中无论宏佳公司盈亏必须保证刘某2000万元红利。该约定证明在该项目的开发过程中，刘某不承担风险。故刘某与宏佳公司之间并不存在合作开发关系。适用《最高人民法院关于审理涉及国有土地使用权合同纠纷案件适用法律问题的解释》第24条的条件是刘某为合同中提供土地使用权的当事人，而本案中双方并未在合同中约定由刘某提供该案涉土地使用权，且该案涉土地并未经过招拍挂程序，刘某也未与某县国土资源局签订国有建设用地使用权出让合同。按照正常的国有土地使用权出让程序，刘某尚未取得案涉土地的使用权，其不可能作为土地使用权的提供者与宏佳公司签订合作开发合同，故案涉合同不能认定为土地使用权转让合同。从合同所约定的双方权利义务内容分析，案涉合同属于无名合同。因履行无名合同发生纠纷的，要按照合同约定的内容来明确当事人各自的权利义务，确定各自的民事责任。一审法院判决：宏佳公司支付刘某1150万元及违约金。

本案二审判决认为，关于本案合同的性质与效力，根据案涉合同的主要内容分析，双方系在地建公司已经缴纳2000万元土地出让金这一基本事实基础上签订该合同，其真实目的在于将地建公司拟取得且已交付部分土地出让金的相应方位及面积的土地使用权通过变更出让金交付主体的方式转让给宏佳公司。双方当事人在合同中约定的“发票过户”表述不规范，2000万元土地出让金收据的交款人由“地建公司”被直接修改为“宏佳公司”，不符合政府非税收入管理办法有关票据的管理规定。因此，案涉合同约定的主要内容符合《最高人民法院关于审理涉及国有土地使用权合同纠纷案件适用法律问题的解释》第24条的规定，应确认为土地使用权转让合同。至本案一审诉讼前，地建公司或刘某均未取得案涉土地使用权证书，案涉土地至今未办理招拍挂手续。案涉合同违反了《城市房地产管理法》第38条第1项、第39条第1款第1项的强制性规定，该合同应属无效。二审法院判决：撤销一审判决，驳回刘某的诉讼请求。

再审焦点

本案再审审理的争议焦点为：关于刘某与宏佳公司所签《房地产开发合作合同》的性质及效力问题。

改判要旨

最高人民法院再审认为：（1）《房地产开发合作合同》不是合作开发房地产合同。该合同虽名为“房地产开发合作合同”，但并不符合合作开发房地产合同共同投资、共享利润、共担风险的特征。合同中没有共同投资的约定。合同中约定，项目所需全部资金由宏佳公司全额自筹解决；刘某垫付的2000万元款项由宏佳公司分期偿还，该款项并非刘某在合作开发中的投资。合同中并未约定刘某的投资义务。合同中没有共担风险的约定。合同约定刘某股金800万元，无论宏佳公司盈亏必须保证刘某2000万元红利，刘某在该项目的开发过程中并不承担风险。该合同不是合作开发房地产合同。（2）该合同不是土地使用权转让合同。案涉土地未经招拍挂程序，刘某未与某县国土资源局签订国有建设用地使用权出让合同，亦未办理国有土地使用权证。该合同中并无土地使用权转让的内容，也未约定刘某提供土地使用权。合同中约定的刘某在宏佳公司一定数额款项到账后将其已缴纳的2000万元土地出让金发票过户给宏佳公司，约定的发票过户并非刘某向宏佳公司提供土地使用权，不是土地使用权的转让。该合同不属于土地使用权转让合同。因此，该合同不符合《合同法》所规定的有名合同类型，属于无名合同，二审判决认定该合同违反法律强制性规定而无效，适用法律错误。《房地产开发合作合同》系双方真实意思表示，内容不违反法律、行政法规的强制性规定，应认定为合法有效。

最高人民法院再审改判：撤销一审和二审判决，改判宏佳公司支付刘某1150万元及违约金。

观判解判

本案中，对于案涉合同的性质是否属于合作开发房地产合同或土地使用权转让合同，以及案涉合同是否有效，本案一审、二审和再审判决提出不同的观点。观判分析解读如下：

第一，本案一审判决的主要观点，认为刘某与宏佳公司签订的《房地产开发合作合同》关于项目的资金投入、开发建设等过程均没有体现出共同投资、共担风险的情况。按照正常的国有土地使用权出让程序，刘某未取得案涉土地的使用权，其不可能作为土地使用权的提供者与宏佳公司签订合作开发合同。因此，刘某与宏佳公司不存在合作开发关系，案涉合同也不能认定为土地使用权转让合同。当事人双方应按照合同约定的权利义务确定各自的民事责任，宏佳公司应当偿还1150万元。

第二，本案二审判决的主要观点，认为双方系在地建公司已经缴纳的土地出让金这一基本事实基础上签订案涉合同，其真实目的在于将地建公司拟取得且已交付部分土地出让金的相应方位及面积的土地使用权通过变更出让金交付主体的方式转让给宏佳公司。故可以认定刘某实为土地使用权的提供者，案涉合同属于土地使用权转让合同，该合同应属无效。

第三，最高人民法院改判的主要观点，认为案涉合同既不是合作开发房地产合同，也不是土地使用权转让合同，属于无名合同。案涉土地未经招拍挂程序，刘某也未与某县国土资源局签订国有建设用地使用权出让合同，亦未办理国有土地使用权证，案涉合同中并无土地使用权转让的内容，也未约定刘某提供土地使用权，并未违反法律强制性规定，并非无效合同。

观判观点

本案中，案涉合同具有特殊性，仅约定过户土地出让金发票的，按照正常商业逻辑推测具有土地使用权转让的潜在意思表示，但是并无具体的转让行为，对于性质及效力的判断具有一定的争议。观判分析评价如下：

第一，关于案涉合同是否属于合作开发房地产合同关系。合作开发房地产合同关系的成立必须同时具备三个法定基本要件：一是共同投资，二是共享利润，三是共担风险，缺一不可。案涉合同不存在前述三个特征，显然不属于合作开发房地产合同，一审、二审和再审法院的观点也是一致的。

第二，关于案涉合同是否属于土地使用权转让合同关系。基于本案基础事实，可以推测双方的真实合同目的，应为将地建公司拟取得且已交付部分出让金的土地使用权通过变更出让金交付主体的方式转让给宏佳公司。故观判认为，二审判决思路具有一定逻辑基础，但在具体权利义务中，案涉合同实际并无土地使用权转让的约定，亦不排除将来宏佳公司将通过土地招拍挂程序、签订土地使用权出让合同等正当程序取得案涉土地使用权的可能，因此二审判决中仅仅以土地出让金发票过户给宏佳公司为依据，主观定性为向宏佳公司转让土地使用权，确属不当。

第三，关于案涉合同所涉的实际商业交易模式的探讨。刘某实际控制的地建公司虽然缴纳了土地出让金，但案涉土地尚未进行土地招拍挂程序，地建公司不仅不是该土地出让的受让人，而且也不能排除将来进行土地招拍挂时地建公司或宏佳公司均未能摘得土地的可能性，相应地，也不能排除某县国土资源局将预收的土地出让金退还宏佳公司的可能性。因此，观判推测本案实质的商业交易模式：刘某及地建公司可能基于某种特殊关联权利，如是土地一级整理开发商等，与宏佳公司进行合作，放弃开发权，放弃以后受让土地使用权而让渡给宏佳公司。虽然此等商业交易模式的违规违法性，有待研究，但是也属于土地部门的行政管理范畴，亦不涉及案涉合同本身效力问题。

观判警语

本案中，双方当事人约定了刘某将土地出让金发票过户给宏佳公司，具有通过此种方式实现土地使用权转让的嫌疑，确实也导致二审判决据此认定属于土地使用权转让合同，并认定违反国家强制性规定而导致无效。如果双方在合同中能够明确约定，宏佳公司应当通过正常土地招拍挂程序取得土地使用权，且与刘某无关等条款的，将消除土地使用权转让的嫌疑，有效避免诉讼风险。

当事人自行约定合同解除条件，但未明确排除法定解除权的，仍有权单独行使法定解除权

◇ 方燕　王新军　张艳利

案例索引

最高人民法院（2019）最高法民再229号

案情摘要

2012年11月13日，裕丰祥公司与成都南联公司签署《交钥匙工程合同书》，约定：由裕丰祥公司向成都南联公司购买凉茶植物饮料生产线，包括设备的安装、调试费和运输、保险费，共计价款3333万元等；在第4.6条特别约定，如因卖方设备出现质量问题，卖方负责免费解决；如都不能解决，卖方更换整台套设备，如更换整台套设备还不能达到买方所需生产性指标，卖方应退还买方已付设备货款并承担由此引起的全部损失。2013年2月27日，广州南联公司与裕丰祥公司就上述合同签署《补充协议书》，增减部分报价。截至2013年8月8日，裕丰祥公司共计支付预付款3097.47万元。广州南联公司从2013年1月3日起向裕丰祥公司运送设备，自2013年2月前往调试和完善设备。2013年6月29日设备存在诸多问题，一直未解决。2014年6月8日至2015年5月22日，裕丰祥公司先后6次发函至成都南联公司要求尽快调试和完善设备，否则将按合同约定退货。

裕丰祥公司向一审法院起诉，请求：解除《交钥匙工程合同书》《补充

协议书》；成都南联公司、广州南联公司连带承担退还已付设备货款3097.47万元，并赔偿损失。

原审观点

本案一审判决认为，根据《交钥匙工程合同书》和《补充协议书》，广州南联公司向裕丰祥公司运送设备，裕丰祥公司、成都南联公司对此均未提出任何异议。三方以实际行为变更了《交钥匙工程合同书》的主体，广州南联公司应当为合同义务履行相对人。裕丰祥公司已依约支付合同对价，但成都南联公司、广州南联公司出售的设备达不到约定的验收标准，裕丰祥公司长时间无法进行稳定的批量生产，故成都南联公司、广州南联公司明显存在违约行为。一审法院判决：解除《交钥匙工程合同书》《补充协议书》，成都南联公司、广州南联公司向裕丰祥公司退还货款本金30,974,700元，并赔偿损失。

本案二审判决认为，成都南联公司与裕丰祥公司签订《交钥匙工程合同书》，广州南联公司自始至终没有加入该债务中来的意思表示，其与裕丰祥公司签订了《补充协议书》且实际做了交货、调试等工作，在本案中处于成都南联公司的债务辅助人的地位，故广州南联公司履行不当的法律后果应由成都南联公司承担责任。从《交钥匙工程合同书》第4.6条约定来看，本案合同解除的条件是当设备出现质量问题时，先由成都南联公司修理和更换，若仍达不到约定的标准时，裕丰祥公司才有权利退货并要求损失。本案双方一致认可尚处在调试阶段，没有经过维修及更换设备阶段，尚不符合退货退款的条件。二审法院判决：撤销一审判决，成都南联公司向裕丰祥公司更换所涉生产线。

再审焦点

本案再审审理的争议焦点为：（1）广州南联公司是否是《交钥匙工程合同书》当事人；（2）案涉合同是否应当解除。

改判要旨

最高人民法院再审认为，从合同的履行情况看，成都南联公司接收了裕丰祥公司交付的合同货款，而广州南联公司履行了合同约定的交货、运输、安装、调试等大部分义务。同时，广州南联公司自认其为《交钥匙工程合同书》的合同当事人，裕丰祥公司和成都南联公司也予以认可；成都南联公司亦没有因广州南联公司的加入而退出。根据当事人意思自治原则，裕丰祥公司、广州南联公司和成都南联公司是《交钥匙工程合同书》的当事人。

关于《交钥匙工程合同书》和《补充协议书》是否应当解除。2014 年 6 月 8 日至 2015 年 5 月 22 日，经裕丰祥公司多次发函催促，成都南联公司至本案起诉前均未按合同要求，履行将案涉设备调试、维修、更换等至正常使用状态，且目前成都南联公司已进入破产程序，确已无能力履行维修和更换设备的义务，其行为已构成《合同法》第 94 条第 3 项“当事人一方迟延履行主要债务，经催告后在合理期限内仍未履行”的法定解除情形，裕丰祥公司有权要求解除上述合同。《交钥匙工程合同书》第 4.6 条约定解除权并未涵盖迟延履行主要债务的法定解除情形，也没有排除《合同法》第 94 条第 3 项法定解除权的行使。最高人民法院再审改判：撤销二审判决，维持一审判决。

观判解判

本案属于当事人已事先约定合同解除条件的情况下，是否还有权行使法定解除权而主张解除合同的争议，本案一审、二审和再审法院提出了不同的观点。观判分析解读如下：

第一，一审判决的主要观点，认为裕丰祥公司已按约定履行付款义务，而成都南联公司、广州南联公司提供的设备达不到验收标准，明显违约，故根据《合同法》第 107 条“当事人一方不履行合同义务或者履行合同义务不符合约定的，应当承担继续履行、采取补救措施或者赔偿损失等违约责任”的法定解除的规定，判决解除合同。

第二，二审判决的主要观点，认为《交钥匙工程合同书》第4.6条约定了本案合同解除的条件，而案涉合同尚处于调试阶段，未经修理和更换，约定的解除条件不成就，裕丰祥公司无权主张退货并要求承担损失。故以主张解除合同不符合当事人约定的合同解除条件为依据，判决更换设备。

第三，最高人民法院改判的主要观点，认为成都南联公司、广州南联公司长时间未将设备调试或更换至正常状态，且成都南联公司已进入破产程序，确已无合同履行能力，符合《合同法》的法定解除情形；案涉合同第4.6条的约定解除条款并未涵盖、更未排除法定解除，二审法院用约定解除权排除了法定解除权的适用，存在错误；且在当事人没有提出更换的诉讼请求的情况下，径行判决更换案涉生产线，亦属错误。

观判观点

本案纠纷的争议点，主要是当事人的约定解除权与法定解除权可否并存适用，即当事人能否放弃主张和行使约定解除权，而仅主张和行使法定解除权的问题。最高人民法院对本案的改判，通过分析和说理，树立了明确的审判实践标准。观判分析评价如下：

第一，关于合同当事人主体的确定规则。虽然《交钥匙工程合同书》的签约、收款主体均为成都南联公司，广州南联公司不是《交钥匙工程合同书》的合同主体，但从当事人意思自治角度，广州南联公司已自认是合同当事人，并愿意承担合同责任，而裕丰祥公司、成都南联公司亦均予认可，并结合广州南联公司亦实际履行大部分合同义务的事实，可认定本案属于合同主体加入，是符合原《合同法》第77条第1款“当事人协商一致，可以变更合同”的规定，因此，可以认定《交钥匙工程合同书》卖方主体变更为成都南联公司和广州南联公司。

第二，关于约定解除权与法定解除权的并存及其适用问题。本案中，裕丰祥公司的诉讼请求为解除合同，其解除合同的事实依据是成都南联公司违约，而其主张解除合同的合同及法律依据，不是《交钥匙工程合同书》第4.6条的约定，而是法定解除权。由此引起的争议，在于合同第4.6条约定解除条件中所约定的“修理”“更换”的条件，是否也构成了行使法定解除权的必备前置条件的问题，这是本案的实质性争议。对此，观判认为，裕丰祥公司虽然可以要求“修理”和“更换”，但是成都南联公司在诉讼期间已经破产，客观上已经不具备继续履行“修理”和“更换”的可能；且由于《交钥匙工程合同书》第4.6条的约定解除条款中，未明确排除法定解除权的行使，也未明确对行使法定解除权设定前置条件，因此，在约定解除权与法定解除权并存的情况下，裕丰祥公司有权选择行使法定解除权，且满足了行使《合同法》第94条第3项法定解除权的要件，故应予支持。

第三，关于排除或放弃法定解除权的约定是否有效的问题。对此，本案最高人民法院再审判决虽未进一步阐明，但其说理论述中暗含了肯定的观点，本书亦认同：首先，法定解除权作为一项权利，依据意思自治的原则，权利人有权进行处分，其中即包括与相对人约定行使解除权的条件，除非违背强制性的法律规定，否则对解除权进行处分应属有效；其次，对于案涉合同的第4.6条的性质，并不是对法定解除权的处分，而是另行约定的约定解除权，如果该约定内容中明确：行使法定解除权也须履行“修理”和“更换”的前置条件，否则将无权解除合同等类似内容，方可认定为是对法定解除权的处分；最后，参考最高人民法院（2017）最高法民再50号判决，其中论述：“融昌公司和弘毅公司在合同中预先对委托合同的任意解除权进行了放弃……在法律没有对当事人放弃任意解除权作出限制或禁止性规定的情况下，当事人的意思自治应得到尊重，该约定内容应有效，对本案双方均有约束力。”与本案的裁判思路基本一致，认可当事人对法定解除权进行处分的权利。

观判警语

本案具有特别的警示意义。如果当事人为了维护交易关系的稳定，有意特别设置合同解除的前置条件，且有意对法定解除权也设置条件的，那么不能仅仅简单地直接约定解除的条件，还要在约定中明确排除适用法定解除权，或者明确行使法定解除权亦必须满足约定的前置条件，否则将无法全面实现设置前置条件的目的。

违约方起诉解除合同，但不属合同僵局且违约方无履行合同的善意的，人民法院不予支持

◇ 方燕　王新军　郑妍

案例索引

最高人民法院（2020）最高法民再102号

案情摘要

福某德集团于1997年取得案涉土地的使用权，并在案涉地块上建筑厂房一处、办公楼一处。2001年11月11日，福某德公司与广某集团的前身签订《房地产买卖合同》，约定福某德公司将案涉厂房、办公楼、土地使用权及该房产内现有设备转让给广某集团的前身。2002年，福某德集团未按照长春经济技术开发区国土资源局的要求办理换证手续，缴纳欠付的土地出让金，土地使用权证已作废。2002年8月29日，案涉厂房由福某德公司更名过户至广某集团的前身名下。案涉办公楼因福某德公司与案外人的债务纠纷已被查封。2010年9月30日，广某集团与成捷公司签订案涉《资产转让合同》，约定广某集团向成捷公司转让国有土地使用权、厂房、办公楼，并过户至成捷公司名下，成捷公司应向广某集团支付价款总额为4800万元。案涉合同签订后，成捷公司向广某集团支付转让价款共计2500万元，成捷公司已实际入住标的资产中，但并未办理更名过户手续。2011年3月10日，广某集团更名为广某公司；2015年10月，广某公司分立为广某公司和陆辉公司。2015年

11 月 10 日，案涉厂房的所有权从广某公司转移至陆辉公司名下。

陆辉公司一审起诉请求：解除广某集团与成捷公司签订的《资产转让合同》；成捷公司立即向陆辉公司返还国有土地使用权、厂房及办公楼。

原审观点

本案一审判决认为，案涉国有土地使用权系福某德集团与长春经济技术开发区管理委员会签订《土地使用权出让订购书》取得，因福某德集团欠缴土地出让金、未办理换证手续，案涉土地使用权证书被土地管理部门声明作废，无法办理转移登记，不具备更名至成捷公司名下的条件。案涉办公楼因被法院查封，亦不具备更名过户条件。案涉厂房的产权虽登记在陆辉公司名下，但根据“房随地走”“地随房走”的基本原则，案涉厂房、办公楼与案涉国有土地使用权三者应一并转让，而国有土地使用权、办公楼现均不具备更名条件，故厂房亦不应单独转让。依据《资产转让合同》的约定，案涉标的物只有在更名过户时，成捷公司才支付剩余转让价款 2300 万元，案涉标的物无法更名过户，则陆辉公司取得标的物对价的合同目的无法实现，《资产转让合同》应予解除。一审法院判决：解除广某集团与成捷公司签订的《资产转让合同》；成捷公司向陆辉公司返还案涉国有土地使用权、厂房及办公楼。

本案二审判决认为，案涉房屋及土地由陆辉公司自福某德集团处受让取得，但福某德集团并未实际取得该土地使用权。福某德集团经土地部门多次催缴而未缴纳土地出让金及滞纳金，案涉土地使用权证书已被宣布作废，故在福某德集团不缴纳土地出让金及滞纳金的情况下，陆辉公司无法按照《资产转让合同》的约定将诉争土地使用权变更至成捷公司名下。根据《资产转让合同》第 7 条关于“若甲方（广某集团）原因导致本合同不能执行或终止解除，甲方应合理补偿该投入”的约定，案涉合同已经无法履行，无法实现合同目的，故应予解除。依照“房随地走”“地随房走”的基本原则，该厂房及办公楼的转让也无法履行，有关转让厂房及办公楼的合同约定亦应一并解除。二审法院判决：驳回上诉，维持原判。

再审焦点

本案再审审理的争议焦点为：陆辉公司作为案涉合同项下的违约方，是否有权行使合同解除权。

改判要旨

最高人民法院再审认为，广某集团与成捷公司签订《资产转让合同》后，应当向成捷公司交付案涉不动产并将案涉不动产权属过户登记至成捷公司名下，广某集团交付案涉不动产后，没有按照约定期限办理权属过户登记手续，违反合同约定。虽然《资产转让合同》约定，由于广某集团原因不能履行合同，其应向成捷公司返还已付款项并支付合同总价款25%的违约金，但该违约责任条款系守约方要求违约方承担违约责任的合同依据，而不是违约方以承担违约责任为代价主动主张解除合同的合同依据。陆辉公司作为违约方主张法定解除权，缺乏法律依据。合同解除作为违约的补救手段，原则上解除权由非违约方行使，违约方一般不享有单方解除合同的权利，只有在合同陷于僵局等特定情况下才允许违约方通过起诉方式由人民法院决定是否解除合同。在本案中，案涉不动产权属没有过户登记至成捷公司名下，并不影响成捷公司使用经营，故案涉合同部分履行状态尚未形成对双方均不利、浪费财产的僵局。陆辉公司主要因为履行合同对其经济上的不利而要求解除合同，其主观上并非善意。违约方陆辉公司不能以合同僵局为由主张解除合同。如果人民法院判决解除合同，责令成捷公司返还其正在使用经营的案涉不动产，很可能严重影响其经营利益，对其显失公平。最高人民法院再审改判：撤销一审、二审判决，驳回陆辉公司诉讼请求。

观判解判

本案中，对于违约方是否可以主张解除合同，本案一审、二审和再审判决提出不同的观点。观判分析解读如下：

第一，一审判决的主要观点，认为案涉土地使用权证书被土地管理部门声明作废，无法办理转移登记；案涉办公楼因被法院查封，亦不具备更名过户条件；案涉厂房的产权虽登记在陆辉公司名下，但根据“房随地走”“地随房走”的基本原则，国有土地使用权、办公楼现均不具备更名条件，故厂房亦不应单独转让。由于案涉标的物全部无法更名过户，则陆辉公司取得标的物对价的合同目的无法实现，《资产转让合同》应予解除。

第二，二审判决的主要观点，认为陆辉公司无法按照《资产转让合同》的约定将诉争土地使用权变更至成捷公司名下，故根据《资产转让合同》第7条关于“若甲方（广某集团）原因导致本合同不能执行或终止解除，甲方应合理补偿该投入”的约定，案涉合同已经无法履行，无法实现合同目的，故应予解除。

第三，最高人民法院再审改判的主要观点，认为案涉不动产权属没有过户登记至成捷公司名下，并不影响成捷公司使用经营，故案涉合同部分履行状态尚未形成对双方均不利、浪费财产的僵局。陆辉公司主要因为履行合同对其经济上的不利而要求解除合同，其主观上并非善意。违约方陆辉公司不能以合同僵局为由主张解除合同。

观判观点

本案属于违约方通过起诉方式由人民法院决定是否解除合同的典型案例。本案中的陆辉公司是违约方，而成捷公司并无任何违约，陆辉公司是否可主张解除合同？对此，一审、二审和再审法院提出了不同的观点，具有一定代表性，观判分析评价如下：

第一，关于违约方解除合同的法律依据。本案的一审和二审法院均依照原《合同法》第67条、第93条、第94条的规定，支持违约方解除合同，但上述规定均未明确规定违约方解除权。对此，最高人民法院在本案中提出，根据《合同法》第5条规定的公平原则和第6条规定的诚实信用原则，只有在合同陷于僵局等特定情况下才允许违约方通过起诉方式由人民法院决定是否解除合同。观判认为，对于违约方解除权的依据：从参照的司法案例上，是2006年最高人民法院的公报案例“新宇公司诉冯某商铺买卖合同纠纷案”；从司法文件上，是《全国法院民商事审判工作会议纪要》（以下简称《九民纪要》）在第 48 条中的指引性意见；从成文法上，只有《民法典》第 580 条中，首次对违约方解除权作出了明确规定，其中还作出程序性的规定，即必须通过人民法院或仲裁机构审理裁决。

第二，关于违约方解除合同所依据“合同僵局”的认定标准。出现合同僵局是违约方有权起诉解除合同的必要的事实依据。对此，《九民纪要》第 48 条提出了“双方形成合同僵局，一概不允许违约方通过起诉的方式解除合同，有时对双方都不利”的观点。最高人民法院在本案中论述认为，案涉不动产权属没有过户登记至成捷公司名下，并不影响成捷公司使用经营，故案涉合同部分履行状态尚未形成对双方均不利、浪费财产的僵局。可见，最高人民法院明确合同僵局的认定标准：继续履行合同仅对一方不利，而不是对双方均不利的，不属于合同僵局。

第三，关于违约方解除合同的其他事实依据。《九民纪要》第 48 条规定了违约方解除合同其他的必要条件，包括：（1）违约方不存在恶意违约的情形；（2）违约方继续履行合同，对其显失公平；（3）守约方拒绝解除合同，违反诚实信用原则。在本案中，陆辉公司虽然不属于恶意违约，但是客观存在房地产价格上涨的基本事实，故可推定其因履行合同对其经济上的不利而要求解除合同，主观上并非善意，并可能对成捷公司造成显失公平。因此，参照《九民纪要》第 48 条的规定，陆辉公司亦不具备违约方解除合同的其他事实依据。

观判警语

本案中，陆辉公司作为违约方主张解除合同，在既无合同依据又不符合法定解除权规定的情况下，双方之间是否形成合同僵局，成为本案的关键争议。虽然表面上存在案涉土地没有土地使用权证书无法办理过户、办公楼被查封等情况，看似处于僵局，但实际上，不能排除陆辉公司通过积极履行的行为消除上述情形，故不能简单认定为合同僵局。

土地出让合同约定逾期付款违约金为每日1‰，兼顾综合因素，人民法院不予调整减少

◇ 方燕　王新军　张艳利

案例索引

最高人民法院（2018）最高法民再422号

案情摘要

2014年3月4日，西安市国土局（出让人）与晟森公司（受让人）签订《国有建设用地使用权出让合同》，第8条约定本合同项下的宗地成交总价款为4956万元；第10条约定受让人向出让人支付国有建设用地使用权成交价款：本合同签订之日起30日内支付总出让价款的50%，60日内一次性付清国有建设用地使用权成交价款；第30条约定：受让人应当按照本合同约定，按时支付国有建设用地使用权出让价款；受让人不能按时支付国有建设用地使用权出让价款的，自滞纳之日起每日按迟延支付款项的1‰向出让人缴纳违约金。晟森公司依约向西安市国土局缴纳了2800万元土地出让金，尚欠2156万元土地出让金未付。

西安市国土局向法院起诉，请求：判令晟森公司立即支付拖欠的土地出让价款2156万元、迟延付款违约金2091.32万元（自2014年5月5日起至2017年1月5日止）及至欠款付清之日的迟延付款违约金。

原审观点

本案一审判决认为，西安市国土局要求的违约金计算方法折算成年利率为36.5%，明显高于其实际损失，晟森公司请求对未付2156万元土地出让金的违约金予以调低，依法予以支持，该违约金计算应按照中国人民银行同期贷款利率计算为宜。一审法院判决：晟森公司向西安市国土局支付土地出让金2156万元及违约金，违约金以2156万元为基数，按照中国人民银行同期贷款利率自2014年5月5日起至实际给付之日止。

本案二审判决认为，西安市国土局主张依照合同约定计算违约金，违约金的约定标准符合《国务院办公厅关于规范国有土地使用权出让收支管理的通知》的规定。该规定系从行政管理角度规范国有土地出让收入的缴纳，属于行政规章，在调整平等民事主体之间的法律关系中不宜直接作为计算违约金的依据。如果依照合同约定按照每日1‰支付违约金，折算成年利率为36.5%，明显高于其实际损失。如果以中国人民银行同期同类贷款利率计算案涉违约金，不能体现违约金的惩罚性。西安市国土局未举证证明其存在除利息外的其他损失，故西安市国土局的损失为晟森公司所拖欠土地使用权出让金的利息损失。二审法院判决：晟森公司向西安市国土局支付国有建设用地使用权出让价款2156万元，并按中国人民银行同期同类贷款利率的2倍计算支付违约金（以2156万元为基数，自2014年5月5日起至实际给付之日止）。

再审焦点

本案再审审理的争议焦点为：案涉《国有建设用地使用权出让合同》约定的日1‰违约金是否予以调整。

改判要旨

最高人民法院再审认为，首先，《合同法》第114条规定，并非意味着只要过分高于损失就必须调整。依据《最高人民法院关于适用〈中华人民共和国合同法〉若干问题的解释（二）》（以下简称《合同法解释二》）第29条规定，当事人主张违约金过高时，人民法院应以实际损失为基础，兼顾合同履行情况、当事人过错程度以及预期利益等综合因素，根据公平原则和诚实信用原则予以衡量。其次，国有建设用地使用权出让事关土地资源的充分保护和合理利用，其方式、程序、权利、义务由《物权法》《土地管理法》《城市房地产管理法》等法律、行政法规明确规定。合同中的诸多重要条款必须符合法律和政策规定，除经特殊程序合同主体一般无权作出变更和另行协商。《国务院办公厅关于规范国有土地使用权出让收支管理的通知》第7条，及《财政部、国土资源部、中国人民银行关于印发〈国有土地使用权出让收支管理办法〉的通知》第34条都明确规定，对国有土地使用权人不按土地出让合同、划拨用地批准文件等规定及时足额缴纳土地出让收入的，应当按日加收违约金额1‰的违约金。案涉违约金条款作为土地拍卖文件的一部分，晟森公司在参加竞拍前既已知晓，不存在超出当事人预期或显失公平之情形。最后，晟森公司未按合同约定支付足额出让价款，从2014年5月5日起至2018年6月欠付余款2156万元出让金，达4年之久。西安市国土局依约交付了土地，在合同履行过程中没有违约行为，且晟森公司亦享受了棚户区改造的相关优惠政策。在此情况下，若对违约金予以调整，既不符合有关政策规定，也有悖公平和诚实信用原则。

最高人民法院再审改判：晟森公司向西安市国土局按照每日1‰支付违约金（以2156万元为基数，自2014年5月5日起至实际给付之日止）。

观判解判

本案合同属于土地出让合同的性质，该合同约定的土地出让金逾期缴纳的违约金为每日1‰的标准。在违约方请求适当减少违约金的情况下，人民法院应当如何适用法律的问题，本案一审、二审和再审法院提出了三种不同的观点。观判分析解读如下：

第一，一审判决的主要观点，认为日1‰的违约金计算方法折算成年利率为36.5%，明显高于西安市国土局的实际损失，认定该违约金应按照中国人民银行同期贷款利率计算为宜。

第二，二审判决的主要观点，认为一审判决以中国人民银行同期贷款利率计算案涉违约金，只能体现违约金的补偿性，未体现其惩罚性，显属不当，应以中国人民银行公布的同期贷款利率的2倍计算案涉违约金。

第三，最高人民法院再审改判的主要观点，认为政府公布的多项土地政策规定中，均规定未及时足额缴纳土地出让收入的，应当按日加收违约金额1‰的违约金，并是全国各地国有土地管理部门统一执行的宏观政策；案涉违约金条款作为土地拍卖文件的一部分，晟森公司在竞拍前已知晓且自愿竞拍并签订案涉合同；晟森公司严重违约，西安市国土局不存在任何违约行为等。综合上述多项情形，从公平和诚实信用原则角度，对本案合同约定的违约金标准予以调整缺乏充足理由。

观判观点

本案纠纷的主要争议点，在于土地出让合同是平等民事主体之间的民事合同类型，但政府相关部门对土地出让事项另行制定了特殊的政策规定，是否可以作为民事合同关系的法律适用依据？最高人民法院通过对本案的改判，利用分析和说理的内容，树立了明确的审判实践标准。观判分析评价如下：

第一，关于违约金过分高于损失时，人民法院是否必须予以适当减少。原《合同法》第114条第2款规定："约定的违约金低于造成的损失的，当事人可以请求人民法院或者仲裁机构予以增加；约定的违约金过分高于造成的损失的，当事人可以请求人民法院或者仲裁机构予以适当减少。"实践中，法院支持或部分支持违约金适当减少的案例十分常见，是否意味着人民法院必须予以适当减少？最高人民法院在本案中指出"这并非意味着只要过分高于损失就必须调整"，并依据原《合同法解释二》第29条"当事人主张约定的违约金过高请求予以适当减少的，人民法院应当以实际损失为基础，兼顾合同的履行情况、当事人的过错程度以及预期利益等综合因素，根据公平原则和诚实信用原则予以衡量"的标准进行认定。观判认为，人民法院对于违约金适当增加或减少，以及增加或减少的具体数额等，均属于人民法院行使自由裁量权的情形。

第二，关于政策规定是否可以成为民事合同的法律适用依据。《国务院办公厅关于规范国有土地使用权出让收支管理的通知》等多项土地政策规定中，均规定未及时足额缴纳土地出让收入的，应当按日加收违约金额1‰的违约金。对此，二审判决明确提出观点：平等民事主体之间不宜将行政规章直接作为违约金的计算依据。最高人民法院再审中，间接否定了二审法院的观点，在“本院认为”论述中，直接援引了上述政策规定，并作为改判说理论述的一部分理由。观判认为，如前所述，本案讼争问题属于人民法院行使自由裁量权的范围，故虽然不宜直接依据政策规定作为本案适用的法律依据，但基于该政策规定以及广泛执行的实际情况等，人民法院根据公平原则和诚信原则予以衡量，并作为行使自由裁量权所依据的综合因素之一，是具有法律依据的。

第三，关于土地出让金逾期缴纳时日1‰违约金标准的调整标准。最高人民法院基于本案实际情况，对本案土地出让合同的每日1‰违约金减少的请求，认为既不符合有关政策规定，也有悖公平和诚信原则，故未予以支持。但不具有普遍性的标准。观判查询到（2021）最高法民申3623号案件中，最高人民法院在“本院认为”中则论述：“可见，晨明公司向资源局缴纳葫芦坝宗地和余梁嘴宗地的分期出让金均有所迟延，其也存在一定的违约行为。同时，资源局已经向晨明公司颁发了余梁嘴地块的国有土地使用权证书，履行了部分土地交付义务，并非全部违约。故一审、二审法院将违约金调整为0.5‰，已经充分考虑了违约金弥补损失性和惩罚性的双重功能，并无不当。”根据个案中具体实际情况，最终确定为日0.5‰的违约金标准。这进一步说明，人民法院在法定范围内行使自由裁量权的审判职权。

观判警语

本案对于重要自然资源（土地、矿产资源等）的出让方和受让方对违约金条款的认识有重要警示。对土地受让方而言，虽然有原《合同法》第 114 条和《民法典》第 585 条违约金过高时请求适当减少的规定，但这并非护身符。因土地管理行业政策规定、土地出让程序的特殊性，人民法院对于违约金过高请求适当减少的诉求，在行使自由裁量权中，政策规定的日 1‰违约金标准只属于综合因素之一，仍应当予以全面考虑。

合同权利义务的合法受让方未参加合同纠纷诉讼的，该合同纠纷的民事判决应予撤销

◇ 方燕　王新军　郑妍

案例索引

最高人民法院（2021）最高法民再38号

案情摘要

2015年11月1日，博大公司与褚某和陈某双方签订了《投资开发协议》，博大公司以案涉工程做投资，褚某和陈某按照规划设计标准建设，并以现金方式投资所需资金，案涉工程建成后双方按比例分配所建商品房，并以售房资金作为收益。2016年4月18日、19日，褚某和陈某分别向项目经理史某出具委托书，委托史某代其二人全权处理涉案工程开发建设管理和项目转让的相关事宜。2016年5月13日，博大公司的法定代表人在2016年4月18日、19日史某与褚某和陈某分别签订的两份委托书上签名并加盖博大公司印章。2016年5月11日，史某受褚某和陈某委托与孙某签订《投资开发转让协议》，将案涉工程全部转让给案外人孙某投资、建设、销售。《投资开发转让协议》中有甲方史某和乙方孙某签字捺印，无被告博大公司的签字盖章。后孙某开始对涉案工程实际投资建设，博大公司对以上授权及转让均知情。博大公司因工程纠纷起诉褚某和陈某、史某3人，孙某多次要求参加诉讼，但一审法院均拒绝，经审理后作出了（2016）宁0303民初1768号民

事判决书和（2017）宁03民终666号民事判决书。

孙某不服上述判决提起第三人撤销之诉，请求：判令撤销（2016）宁0303民初1768号民事判决书和（2017）宁03民终666号民事判决书。

原审观点

本案一审判决认为，博大公司与褚某和陈某签订的《投资开发协议》名为合作开发合同，但褚某和陈某实际对案涉项目进行了建设施工，该合同实为建设工程施工合同，褚某和陈某未取得建筑企业资质，《投资开发协议》无效，应终止履行。史某并不是案涉《投资开发协议》的合同相对方，原告孙某与史某签订的《投资开发转让协议》被告博大公司没有加盖印章，被告博大公司当庭不予认可。根据合同相对性原则，孙某对案涉工程实际进行投资建设，其投资、建设、销售等利益依法应当另行主张。综上所述，孙某认为原一审、二审判决结果损害了其民事权益，判决主文应予以撤销、自己属于不能归责于本人的事由未参加诉讼而应当参加诉讼的诉讼请求和理由不能成立，本院不予支持。一审法院判决：驳回原告诉讼请求。

本案二审判决认为，因《投资开发转让协议》签订于2016年5月11日，而博大公司在委托书上签字盖章的时间为2016年5月13日，且博大公司既未在《投资开发转让协议》上签字盖章，事后也未追认，一审法院关于《投资开发转让协议》的认定并无不当。一审法院根据《投资开发协议》双方当事人的约定和实际履行的内容，认定《投资开发协议》名为合作开发合同，实为建设工程施工合同，应当适用《最高人民法院关于审理建设工程施工合同纠纷案件适用法律问题的解释》并无不当。根据合同相对性原则，一审判决认定（2017）宁03民终666号民事判决并未损害孙某的民事权益。二审法院判决：驳回上诉，维持原判。

再审焦点

本案再审审理的争议焦点为：（2016）宁0303民初1768号民事判决和（2017）宁03民终666号民事判决是否存在错误，并损害了孙某的民事权益。

改判要旨

最高人民法院再审认为，案涉《投资开发协议》约定博大公司以案涉工程投资，提供设计图纸及开工手续，监督工程建设质量及外围配套设施建设投资；乙方在建设过程中以现金方式投资，提供所需资金，并承担与项目施工直接相关的一系列义务，符合共同投资的要件。双方的投资收益受案涉项目实际建设情况及商品房转化收益等诸多因素的影响，符合共担风险的要件。双方在案涉工程建成后按比例分配所建商品房，并以售房资金作为收益，符合共享利益的要件，明显有别于建设工程施工合同收取固定价款的内容。《投资开发协议》符合合作开发房地产合同的法律特征，原一审、二审判决错误认定该协议的合同性质，应属适用法律错误。《投资开发协议》是当事人真实的意思表示，并未违反法律效力性强制性规定，应属合法有效。博大公司在原一审案件中诉请解除该协议，孙某合法受让了褚某和陈某在该协议项下的权利义务，应当作为纠纷当事人参加诉讼，而原一审、二审均未准许孙某参加诉讼，剥夺了孙某的诉讼权利。上述民事判决确认《投资开发协议》无效，致使孙某无法基于合同关系主张权利，明显损害了孙某的民事权益。最高人民法院再审改判：撤销本案一审、二审判决，改判撤销（2016）宁 0303 民初 1768 号民事判决和（2017）宁 03 民终 666 号民事判决。

观判解判

本案是第三人行使撤销权维护其受让的合同权益所引发的争议，争议点在于合同受让方在原合同当事人之间合同解除之诉中，是否应当参加诉讼的问题。本案一审、二审和再审法院提出了不同的观点。观判分析解读如下：

第一，一审判决的主要观点，认为博大公司与褚某和陈某签订《投资开发协议》名为合作开发合同，实为无效合同。对于孙某签订的《投资开发转让协议》，博大公司没有加盖印章且当庭不予认可。根据合同相对性原则，虽然孙某对案涉工程实际进行投资建设，但其投资、建设、销售等利益依法应当另行主张，并非必须参加本案诉讼。

第二，二审判决的主要观点，认为因《投资开发转让协议》签订时间早于博大公司在委托书上签字盖章的时间，且博大公司既未在《投资开发转让协议》上签字盖章，事后也未追认。《投资开发协议》实为建设工程施工合同，属无效合同，应终止履行。根据合同相对性原则，原一审、二审判决并未损害孙某的民事权益。

第三，最高人民法院再审改判的主要观点，认为《投资开发协议》符合合作开发房地产合同的共同投资、共担风险、共享利润的法律特征，且未违反法律效力性强制性规定，应属合法有效，原审判决对合同效力认定错误。孙某合法受让了褚某和陈某合同项下的权利义务，应当作为纠纷当事人参加诉讼，而原一审、二审法院均未准许孙某参加诉讼，剥夺了孙某的诉讼权利，明显损害了孙某的民事权益。

观判观点

对于《民事诉讼法》第 59 条规定的第三人撤销之诉，在第三人确有利害关系的前提下，需要判断是否因不能归责于第三人的事由未参加诉讼、生效判决存在错误、损害第三人民事权益三个因素。本案中，孙某在原一审、二审中多次提出参加诉讼均被法院驳回，符合因不能归责于第三人的事由未参加诉讼的程序性条件，对于其他两个因素在司法实践中如何认定的问题，最高人民法院通过本案的再审改判，树立了此类案件的审判标准。对此，观判分析评价如下：

第一，关于《投资开发协议》的合同性质和效力。从《投资开发协议》的内容上看，虽然有工程范围、工期、具体施工义务等条款，但也有提供所需资金的投资约定，以及在案涉工程建成后按比例分配所建商品房，并以售房资金作为收益等分配约定。故从整体合同关系上，施工义务是从属于投资及分配条款的局部条款，但原审判决仅着眼于从局部条款出发，定性《投资开发协议》整体为建设工程施工合同性质，进而适用建设工程施工合同的规定，认定为合同全部无效，确实有失偏颇。

第二，关于是否损害第三人孙某的民事权益。在确认《投资开发协议》

合法有效的前提下，孙某基于褚某和陈某的委托书，并受让其在《投资开发协议》中的合同权利义务，博大公司亦在褚某和陈某分别签订的两份委托书上签字盖章，具有事后追认的意思表示，最终孙某亦按照《投资开发协议》实际履行，博大公司对此明知亦并未提出异议等；故基于上述事实，博大公司与孙某成为《投资开发协议》合同当事人。因此，在博大公司提出解除合同之诉中，原审法院未准许孙某参加诉讼，不仅剥夺及侵害孙某的诉讼权利，并且明显损害了孙某的民事合同权益。最高人民法院据此认定原审判决程序错误，并撤销原审判决，是具有事实和法律依据的。

观判警语

本案《投资开发协议》中确定的投资合作关系，是在实践中较为常见，但也是不尽规范的合同关系，特别是包含了无施工资质却承担施工等事务的约定，具有无效合同的嫌疑，亦成为本案的重大争议问题。对此，观判建议，作为房地产合作开发关系的出资方，应通过招投标程序依法确定有资质的施工单位，避免出资方与施工人主体同一，或可避免类似本案中被认定合同无效的法律风险。

商业承兑汇票金额与实际债权金额不一致，但经双方合意确认的，应认定持票人合法享有票据权利

◇ 方燕　王新军　张艳利

案例索引

最高人民法院（2020）最高法民再 86 号

案情摘要

自 2015 年 7 月始，顶善公司陆续向鑫海公司出借资金，用于鑫海公司的生产经营；截至 2017 年 7 月 11 日按照年利率 24% 计算，借款本息合计 2322.3212 万元，扣除还款 370 万元，鑫海公司尚欠顶善公司 1952.3212 万元。2017 年 7 月 11 日，鑫海公司与顶善公司签订还款协议一份，内容为：鑫海公司偿还顶善公司借款 3475 万元，其中用开具商业承兑还款 3115 万元。商承票号：0010006225462030，金额 3115 万元，到期日 2017 年 8 月 10 日；用现金还款 360 万元，农行出具的保兑保函号为：B50858020。

鑫海公司向法院起诉，请求：判令顶善公司返还商业承兑汇票，鑫海公司不承担票据责任。

原审观点

本案一审判决认为，双方对借款到期后利息没有约定，鉴于双方约定的借款利率超过年利率 24%，超出部分，不予支持。《最高人民法院关于审理

票据纠纷案件若干问题的规定》(2000 年)(以下简称《票据规定》)第 10 条规定，票据债务人依照《票据法》第 13 条的规定，对与其有直接债权债务关系的持票人提出抗辩，人民法院合并审理票据关系和基础关系的，持票人应当提供相应的证据证明已经履行了约定义务。通过计算，鑫海公司应当偿还顶善公司借款本息合计 1952.3212 万元，明显低于涉案承兑汇票的承兑金额 3115 万元。顶善公司没有提供证据证实 3115 万元的债权债务关系，对鑫海公司主张返还票据的诉讼请求，予以支持。一审法院判决：顶善公司返还鑫海公司商业承兑汇票。

本案二审判决认为，《票据规定》第 2 条规定，依据《票据法》第 10 条的规定，票据债务人(出票人)以在票据未转让时的基础关系违法、双方不具有真实的交易关系和债权债务关系、持票人应付对价而未付对价为由，要求返还票据而提起诉讼的，人民法院应当依法受理。鑫海公司、顶善公司均认可存在民间借贷法律关系，但双方对出借主体、出借本金等存在争议，顶善公司提供的证据仅能证明其出借款项为 1952.3212 万元，与案涉票据票面金额 3115 万元明显不符，且对案涉票据的票面金额鑫海公司未予认可，符合《票据法》及司法解释规定的未支付双方认可的对价。《票据规定》第 15 条规定，持票人取得票据存在恶意或重大过失等情形，票据债务人提出票据抗辩的，人民法院应予支持。二审法院判决：驳回上诉，维持原判。

再审焦点

本案再审审理的争议焦点为：顶善公司应否将案涉票据返还给鑫海公司。

改判要旨

最高人民法院再审认为，根据鑫海公司与顶善公司签订的还款协议，约定鑫海公司偿还顶善公司借款 3475 万元，其中用开具商业承兑还款 3115 万元，故由上述事实可见，鑫海公司是为偿还民间借贷法律关系项下的债务而开具案涉票据给顶善公司，顶善公司是基于民间借贷法律关系取得该票据，票据金额 3115 万元是依据双方当事人约定的借款利率计算的本息数额进行的确定，是当事人双方合意确认的数额。从符合当事人约定本意的角度分析，可以认定顶善公司取得票据之时支付了双方认可的对价。《票据法》第12条规定：“以欺诈、偷盗或者胁迫等手段取得票据的，或者明知有前列情形，出于恶意取得票据的，不得享有票据权利。持票人因重大过失取得不符合本法规定的票据的，也不得享有票据权利。”虽然鑫海公司出具案涉票据之时，该公司的公章由顶善公司的法定代表人郭某持有，故该公章系由郭某加盖，但案涉票据系由鑫海公司出具，票据上加盖了该公司印章，鑫海公司对签订该还款协议的事实并未否认。因此，鑫海公司仅以票据上的公章是由郭某加盖为由，主张顶善公司是以胁迫方式取得案涉票据，事实依据不足。最高人民法院再审改判：撤销一审、二审判决，驳回鑫海公司的诉讼请求。

观判解判

本案属于票据返还请求权纠纷，在票面金额与实际债权金额不一致的情况下，人民法院应当如何认定票据的取得具有真实的交易关系和债权债务关系，票据持有人是否支付了双方认可的对价的问题，本案一审、二审和再审法院提出了三种不同的观点。观判分析解读如下：

第一，一审判决的主要观点，认为鑫海公司应当偿还顶善公司1952.3212万元，明显低于汇票的承兑金额3115万元，顶善公司没有提供证据证实3115万元的债权债务关系，不符合《票据规定》第10条“持票人应当提供相应的证据证明已经履行了约定义务”的规定。

第二，二审判决的主要观点，认为顶善公司提供的证据仅能证明其出借款项为1952.3212万元，与票据票面金额明显不符，顶善公司取得案涉票据未支付双方认可的对价，且存在《票据规定》第15条“恶意或重大过失”取得票据的情形，案涉票据应予返还。

第三，最高人民法院改判的主要观点，认为根据双方签订的还款协议，约定鑫海公司开具商业承兑向顶善公司还款3115万元，3115万元是双方合意确认的数额，可以认定顶善公司取得票据之时支付了双方认可的对价；鑫海公司亦不能证明顶善公司以胁迫方式取得票据，顶善公司合法持有票据并依法享有票据权利。

观判观点

本案纠纷的主要争议点，在于存在一定的债权债务基础关系，但持票人持有的票据票面金额与其实际的债权金额存在较大差异，而其直接出票人对票据的基础债权债务关系、相对应对价的支付、票据的合法持有等全面予以否定抗辩的情况下，法院如何认定票据的基础关系和取得票据的合法性？最高人民法院通过对本案的改判，根据分析和说理的内容，树立了明确的审判实践标准。观判分析评价如下：

第一，关于票据无因性与票据基础关系的适用。持票人顶善公司再审主张本案应根据“票据行为与其背后的基础原因关系相分离”的票据无因性审理，不应审理借款关系及出借金额的问题。对此，最高人民法院并未认可，而是肯定原审法院对票据基础法律关系的全面审理。观判认为，依据《票据规定》第2条“票据债务人（即出票人）以在票据未转让时的基础关系违法、双方不具有真实的交易关系和债权债务关系、持票人应付对价而未付对价为由，要求返还票据而提起诉讼的，人民法院应当依法受理”的明确规定，票据的无因性原则显然并不适用本案情形。

第二，关于顶善公司是否支付了票据的应付对价。原审判决否定了顶善公司支付票据对价的事实依据，源于票据金额3115万元与原债权金额1952.3212万元的较大差异。但是，原审疏忽审查了出具案涉票据时，双方签订还款协议的行为和事实。双方在还款协议中明确约定，鑫海公司偿还顶善公司借款3475万元，其中用开具商业承兑还款3115万元等。可见，票据中载明的3115万元金额是双方合意认可的债务金额，除非无效或者撤销，否则法律应当予以保护。观判认为，虽然原债务仅有1952.3212万元，但经双方协商后约定偿还3115万元，并出具相应金额的票据，故本案不构成持票人应付对价而未付对价的事实。

第三，关于本案是否存在出于恶意取得票据的事实。本案查明事实中，鑫海公司出具案涉票据之时，该公司的公章由顶善公司的法定代表人郭某持有，票据上的公章系由郭某加盖。观判认为，假设没有还款协议，即使该票据本身确属鑫海公司，但加盖印章并非鑫海公司行为，则据此等事实是不能完全排除非法取得票据的可能；但是，本案亦查明，确实存在鑫海公司签订还款协议的事实，其中不仅确认 3115 万元债务，而且还约定开具商业承兑还款 3115 万元，甚至约定了具体的票据票号。可见，仅以票据上的公章是由郭某加盖为由，不能认定顶善公司是恶意取得票据。

观判警语

本案中，债务人经过对账和计息，明确具体债务的金额后，又签订新协议自愿主动加大债务金额，并出具票据，但事后反悔，主张返还票据，并提出票据上的公章系由债务人法定代表人控制并加盖等。可见，本案确实不同于普通的商业行为，虽然不排除存在法院依据证据查明事实之外的其他隐情，但鑫海公司并未举证还款协议签订过程中可能存在的瑕疵，是导致再审败诉的关键因素。

律师在一项委托事务中有损害委托人利益的行为的，该行为可构成受托人解除其他的委托事务的理由

◇ 方燕　王新军

案例索引

最高人民法院（2020）最高法民再356号

案情摘要

2014年2月17日，文山中院受理陆河公司起诉晨光公司一案，诉讼标的85,623,808.33元。君山律所与陆河公司签订多份《委托合同》，主要约定君山律所指派律师刘某担任代理人，双方约定实行风险代理，如陆河公司胜诉即法院支持陆河公司的部分诉讼请求或全部诉讼请求，陆河公司均按生效法律文书确定标的金额的30%向君山律所支付代理费等。案件经过一审判决、二审发回重审后，文山中院于2017年3月6日作出一审判决，晨光公司不服提出上诉。陆河公司于2017年10月19日向云南高院发出文件，不再授权律师刘某为陆河公司诉讼代理人。云南高院于2017年12月11日作出终审判决，判决晨光公司应支付陆河公司的款项总计为50,189,148.41元。2015年12月18日，君山律所的律师刘某作为陆河公司法律顾问，代表公司与德源公司签订《并购专用协议》，后将德源公司打入陆河公司的9000万元退还7000万元给德源公司，但截留了2000万元未退还德源公司，致使德源公司起诉陆河公司，要求退还2000万元，并承担违约金1000万元。该案经法院

判决后，陆河公司支付德源公司2000万元，并承担1000万元违约金等。

君山律所向法院起诉，请求：判令陆河公司支付君山律所代理费24,717,499.45元（标的金额82,391,664.85元×30%）。

原审观点

本案一审判决认为，在履行《委托合同》过程中，君山律所律师刘某按照受托事项参加了一审、二审及发回重审后的一审诉讼活动，后因晨光公司不服一审判决上诉的二审审理中，陆河公司单方解除了委托合同，致使君山律所未能代理至二审终结。虽然君山律所律师刘某在与德源公司相关事务中有扣留2000万元的行为，但该行为属于在另一代理行为中所产生的法律关系，并不是君山律所律师在代理陆河公司与晨光公司联营合同纠纷一案中产生的行为，该行为与本案并无关联性，不能据此证明君山律所律师没有认真履行代理事项和没有维护好陆河公司权益。根据终审判决晨光公司应支付陆河公司的款项总计50,189,148.41元的最终诉讼结果，陆河公司应支付君山律所的代理费为15,056,744.52元（50,189,148.41元×30%）。一审法院判决：陆河公司支付君山律所诉讼代理费15,056,744.52元。

本案二审判决认为，君山律所在德源公司和陆河公司合同履行过程中扣划2000万元，陆河公司因此节事实已经将君山律所诉至法院，这同本案委托合同纠纷不属同一法律关系，不应据此认定君山律所在本案中存在违反《委托合同》义务的情形。根据法律规定和合同约定在君山律所不存在不当履约的情况下，陆河公司解除君山律所的委托，应赔偿因解除合同给君山律所造成的损失。《委托合同》载明君山律所有权按陆河公司同晨光公司案的胜诉金额来计算委托代理费用，原审判决按前案生效判决确定的金额计算损失为15,056,744.52元正确。二审法院判决：驳回上诉，维持原判。

再审焦点

本案再审审理的争议焦点为：陆河公司应否向君山律所支付费用，如应支付，金额如何确定。

改判要旨

最高人民法院再审认为，委托人的信赖具体表现为委托人对受托人专业能力、职业素养和个人品行的信任上。这种信赖性是委托法律关系的基础，也是委托合同解除后判定责任的重要标准。当委托人与受托人同时存在多项委托事务时，即使在其他委托事务中受托人存在损害委托人利益的行为，破坏了双方信赖关系，该行为仍然可能构成本委托事项解除的重要原因。陆河公司有权单方解除受托人君山律所关于晨光案的代理。合同解除后，君山律所请求依照合同约定判令陆河公司支付代理费，没有事实和法律依据，原审法院对此认定不当。君山律所另接受陆河公司委托，在向德源公司退还 9000 万元时，私自扣留了 2000 万元未予退还，破坏了双方之间的信赖关系，因此晨光案委托合同的解除不能完全归责于陆河公司。鉴于晨光案事实并不复杂，结合案涉委托合同解除的原因、君山律所完成的晨光案部分代理任务、律师收费市场的一般状况、本案实际情况等因素，从公平角度出发，本院酌定由陆河公司向君山律所支付相应报酬 100 万元。最高人民法院再审改判：撤销一审、二审判决，陆河公司向君山律所支付 100 万元。

观判解判

本案是委托合同纠纷，在委托人单方解除律师代理合同的情况下，对于如何认定解除理由以及相应法律责任，特别是律所如何主张给付报酬或赔偿损失等问题，本案一审、二审和再审法院提出了不同的观点。观判分析解读如下：

第一，一审判决的主要观点，认为君山律所律师刘某在另一委托事务中扣留 2000 万元的行为，不是君山律所律师在代理陆河公司与晨光公司联营合同纠纷一案中产生的行为，该行为与本案并无关联性，不能成为解除本案委托合同的依据。根据二审判决最终诉讼结果，陆河公司应按照合同约定，以 30% 比例支付代理费。

第二，二审判决的主要观点，认为对于君山律所扣划的2000万元，陆河公司已经将君山律所诉至法院，不应据此认定君山律所在本案中存在违反《委托合同》义务的情形。在君山律所不存在不当履约的情况下，陆河公司解除君山律所的委托，应赔偿因解除合同给君山律所造成的损失，损失计算为15,056,744.52元正确。

第三，最高人民法院再审改判的主要观点，认为君山律所另案私自扣留了2000万元未予退还，破坏了双方之间的信赖关系，晨光案委托合同的解除不能完全归责于陆河公司。鉴于晨光案事实并不复杂，结合案涉委托合同解除的原因、君山律所完成的晨光案部分代理任务、律师收费市场的一般状况等因素，酌定由陆河公司向君山律所支付相应报酬100万元。

观判观点

本案纠纷的主要争议点，陆河公司在君山律所已经完成大部分代理事务时，以君山律所在另一委托关系中不当行为为理由，解除本案委托合同，并拒付本案全部风险代理费，是否有法律依据。最高人民法院通过对本案再审改判，从学理解释出发，提出了全新的审判实践标准。观判分析评价如下：

第一，关于解除委托合同后的给付责任。根据原《合同法》第410条的规定，陆河公司有权单方解除受托人君山律所关于晨光案的代理，故陆河公司解除通知送达时，委托合同即解除，但对君山律所给付责任并不当然全部消灭。在合同解除后，君山律所起诉请求判令陆河公司依照合同约定支付代理费，确实没有法律依据。一审判决认定陆河公司按照《委托合同》约定的计算方式，履行支付代理费的义务，混淆了解除合同后的法律责任。二审判决虽然采信一审应付金额，但将法律性质变更认定为赔偿责任。最高人民法院则对此定性为支付相应报酬的性质，与一审和二审观点均不同。

第二，关于委托合同中的律师信赖关系。通常的观点是，代理律师另案实施侵害当事人利益的不当行为，并不直接构成对其他委托合同的违约，这符合合同相对性的基本原则。最高人民法院则从委托合同订立所依据的信赖关系出发，认定律师在同时履行的另一委托关系中的不诚信行为破坏了双方信赖关系，该行为仍然可能构成委托事项解除的重要原因。观判认为，最高人民法院依据委托合同的法理理论，实质是提出了信赖关系为委托合同存续的事实基础，以及律师确保信赖关系是潜在的法律义务的审判观点；虽然并无具体法律规定，但从法理上也并非不成立。

第三，关于合同解除后应付金额如何确定的问题。最高人民法院再审酌定由陆河公司向君山律所支付相应报酬100万元，实质是在行使自由裁量权，依据是本案委托合同的解除不能完全归责于陆河公司，部分应归责于君山律所，故人民法院有权审理裁量双方各自分担的责任，并综合代理事项的复杂程度、律师收费市场情况等，最终酌定了100万元报酬，而没有采用委托合同中有关30%比例的计算方式。

观判警语

无论君山律所出于何等目的，私自扣留了当事人资金的行为，都是不妥当的。君山律所的行为后果，一是致使德源公司起诉陆河公司，法院判决陆河公司支付德源公司2000万元并承担1000万元违约金后，陆河公司又将君山律所诉至法院，君山律所面临赔偿1000万元损失的诉讼风险；二是陆河公司以此为理由，解除了晨光案委托合同，且具有一定法律依据，君山律所丧失了参照胜诉金额30%比例计算损失赔偿额的权利。这个教训可谓深刻。

人民法院认定缔约过失责任下信赖利益损失数额，应遵循不超过合同履行利益和过失相抵原则

◇ 方燕　王新军　郑妍

案例索引

最高人民法院（2020）最高法民再194号

案情摘要

2014年5月21日，杨某与广电公司签订《购房协议》，约定杨某向广电公司购买194间商铺房屋，总价为3亿多元。双方特别约定：杨某指定第三方与广电公司签订本协议所涉及物业的《商品房购销合同》，并办理登记备案手续。2014年6月19日、7月11日，文某与杨某分别签订两份《借款合同》，借款金额共3100万元，文某同意杨某以商品房购销合同备案登记的形式向文某提供借款担保。文某随后向杨某转账3100万元。同日，文某与杨某签订两份《委托付款协议》，约定文某为购买上述商铺，委托杨某向广电公司支付购房款，广电公司确认购房款已经全额付清。广电公司与文某签订了《商品房购销合同》，并将案涉商铺登记备案在文某名下。

2015年8月19日，文某因与杨某、广电公司就借款产生纠纷，向昆明中级人民法院提起诉讼，请求判令杨某、广电公司承担还款责任及担保责任。昆明中院审理后认定文某与杨某存在借款合同关系，广电公司没有共同借款及提供担保的意思表示，判决由杨某支付文某借款本金及利息。文某不服该

一审判决，随后提起上诉、申请再审，二审、再审判决均认为“文某基于对广电公司的信任，认为杨某已经付清全部购房款而签订担保条款，属于缔约过失责任问题，文某可就此另案追究杨某、广电公司的损害赔偿责任”。上述判决生效后，文某申请对杨某强制执行，因杨某名下暂无可供执行的财产，昆明中院裁定终结本次执行。

文某随后向法院提起本案诉讼，请求：判令广电公司赔偿因缔约过失行为给文某造成的损失。

原审观点

本案一审判决认为，广电公司在明知杨某未付清房款的情况下，与文某签订了《商品房购销合同》及出具了支付购房款的收据，并办理备案登记，导致文某错误认为杨某已向广电公司全额支付了购房款，进而错误认识将买卖案涉商铺作为担保，据此向杨某支付了借款。广电公司的行为违反了诚实信用原则，隐瞒了杨某未付清购房款的事实，导致文某产生了错误认识，应承担缔约过失责任。法院酌情判令其对杨某未能偿还的借款本金向文某承担80%的赔偿责任。一审法院判决：广电公司向文某赔偿未能受偿借款的损失2480万元并支付利息。

本案二审判决认为，案涉《借款协议》与《商品房购销合同》并非孤立的，杨某作为借款方，为了使文某出借款项，故意隐瞒案涉房屋购房款未付清的真实情况，致使文某相信出借的款项有保障，从而借款3100万元给杨某，导致该款项无法收回产生损失，杨某存在重大过错，应承担相应主要的缔约过失责任。广电公司隐瞒杨某未付清房款的事实，在广电公司的营业场所配合杨某与文某签订《商品房购销合同》，出具17份收据，并办理了备案登记，足以使文某相信杨某系案涉房屋的所有权人，故广电公司存在过错，应承担相应的缔约过失责任。文某就房款是否已足额付清没有尽到充分审查义务，也存在一定过错。综上分析，二审法院认定广电公司对文某的损失承担30%的缔约过失责任。二审法院判决：撤销一审判决，由广电公司向文某赔偿损失930万元。

再审焦点

本案再审审理的争议焦点为：广电公司是否应当承担缔约过失责任及赔偿范围。

改判要旨

最高人民法院再审认为，文某与广电公司签订《商品房购销合同》是为了将杨某从广电公司购买的房屋通过合同登记备案到自己名下的方式，为其向杨某提供借款进行担保。因此，文某订立《商品房购销合同》的前提是确信杨某向广电公司付清了房款，且取得了案涉房屋的处分权。广电公司明知文某订立《商品房购销合同》的目的和前提，却未向其披露杨某未足额支付购房款的事实，未尽到先合同义务；广电公司向文某出具了 17 份付清购房款的收据并于签约当天就办理了合同登记备案，进一步印证了广电公司存在故意隐瞒杨某未付清房款的事实。广电公司的行为违反了诚实信用原则和先合同义务，由此给文某造成的损失，应承担赔偿责任。

广电公司的赔偿范围应限于文某的信赖利益损失。文某向杨某支付了 3100 万元，经强制执行，杨某仍不能清偿上述款项。文某的信赖利益损失应为其未能追回的 3100 万元本金及相应的法定孳息。缔约过失责任也应遵循过失相抵原则。文某未对杨某是否付清购房款尽到充分的审查义务，亦存在一定过错，可酌情减轻广电公司的赔偿责任。另案已判决杨某承担借款本金和利息的全部清偿责任，在无财产可供执行的前提下，才形成本案文某的损失。因此，不宜就同一笔款项在本案中再认定杨某承担赔偿责任。二审法院认定杨某对文某损失存在重大过错，应承担主要的缔约过失责任不当，应予纠正。最高人民法院再审改判：撤销二审判决，维持一审判决。

观判解判

本案是缔约过失责任所引发的争议，争议点在于缔约过失责任中各方如何按照过错程度承担赔偿责任的问题。本案一审、二审和再审法院提出了不同的观点。观判分析解读如下：

第一，一审判决的主要观点，认为广电公司在明知杨某未付清房款的情况下，与文某签订了《商品房购销合同》及出具了支付购房款的收据，并将案涉商铺备案登记至文某名下，导致文某错误认识将买卖案涉商铺作为担保，据此向杨某支付了借款。广电公司的行为违反了诚实信用原则，导致文某产生了错误认识，一审法院酌情判令其对杨某未能偿还的借款本金向文某承担80%的赔偿责任并支付利息。

第二，二审判决的主要观点，认为杨某作为借款方，为了使文某出借款项，故意隐瞒案涉房屋购房款未付清的真实情况，致使文某的款项无法收回产生损失，杨某存在重大过错。广电公司隐瞒杨某未付清房款的事实，出具17份收据，且将涉案房屋备案登记在文某名下的行为，足以使文某相信其可以实现担保物权，故广电公司存在过错。文某就杨某是否已足额付清房款没有尽到充分审查义务，也存在一定过错。二审法院认定广电公司承担30%的赔偿责任。

第三，最高人民法院再审改判的主要观点，认为广电公司明知文某订立《商品房购销合同》的目的和前提，却未向文某披露杨某未足额支付购房款的事实，且广电公司向文某出具付清购房款的收据，并办理了备案登记，导致文某产生错误认识，产生损失。文某未尽到充分的审查义务，亦存在一定过错。因另案已判决杨某对文某承担还款责任，不宜就同一笔款项在本案中再认定杨某承担赔偿责任。再审法院认为二审判决杨某承担主要责任不当，应予纠正。

观判观点

对于缔约过失责任如何承担的问题，需要从是否违反先合同义务、是否遭受信赖利益损失、因果关系三方面进行分析，对信赖利益损失的赔偿则应当考虑过错程度并遵循过失相抵原则。最高人民法院通过本案的再审改判，树立了此类案件的审判标准。对此，观判分析评价如下：

第一，关于缔约过失责任的认定标准。缔约过失责任是对交易当事人所遭受的信赖利益损失进行救济的责任形式，由于当事人开始为缔结合同而进行磋商时，已处于超越普通人之间的一般关系的信赖关系中，这种关系虽不以给付为内容，但依据诚实信用原则，当事人应负有必要的协助、通知、说明、照顾、保护等义务。本案中，广电公司之所以承担了缔约过失责任，系由于其存在故意隐瞒杨某未付清房款的事实，违反了诚实信用原则和先合同义务，导致文某基于错误判断签订了《商品房购销合同》，且《商品房购销合同》最终也因未付清房款被解除，文某权益受损。因此，广电公司行为符合缔约过失责任的认定标准。

第二，关于缔约过失责任的损害赔偿数额。广电公司应对文某承担缔约过失责任，对于具体损害赔偿的数额，要客观评价合同未曾发生时的状态，通常包括缔约费用、履约费用、利息等。本案中，一审和二审判决认定的损失数额的依据是相同的，均是根据另案裁决杨某应对文某承担债务，但因无可供执行财产被终结本次执行的债务金额；区别在于认定广电公司在混合过错中的责任比例。但是，本案一审、二审和再审判决均存在一个程序上的潜在争议：如果另案恢复执行并通过执行杨某财产使文某获得了部分赔偿，那么广电公司应当依据何等程序救济？观判认为，由于这属于审判范围的事项，应当通过实体的审判程序救济，而不应是执行程序，但本案已经是再审判决。再审判决对此等可能情形未作出释明，未免遗憾。

第三，缔约过失责任中的过失相抵原则。本案中，文某未对杨某是否付清购房款，核对相关的银行付款转账记录，未尽到充分的审查义务，亦存在一定过错。对此，再审判决认可一审判决的2∶8的混合过错的责任分配比例，不认可二审判决的比例，观判认为符合本案的实际情况。

观判警语

本案中再审判决认为文某对于付清购房款事宜未尽到充分的审查义务，应承担部分责任，导致文某未能得到足额的赔偿。文某在审查杨某是否付清房款时仅查阅了收据，听取了广电公司的陈述，并未查看银行转账凭证、银行流水等文件；反之，则本案纠纷或可避免，20%比例的自担损失或可避免。

确定可得利益损失起始时间的标准，不仅应满足合同约定的履行条件，还须满足法律的强制规定

◇ 方燕　王新军　张艳利

案例索引

最高人民法院（2020）最高法民再246号

案情摘要

2009年8月5日，顺通公司与九联公司签订《煤气输送管道项目合作协议书》，由顺通公司投资建设煤气输送管道，产权归顺通公司所有，九联公司租赁使用该煤气管道作为向宝山公司供应煤气的专用输送管道，按煤气输送量结算价款；合作协议明确约定煤气输送管道交工时间为2009年11月10日，使用的起止时间自2009年12月1日起初步合作年限为10年，并约定管道如期完工后，如九联公司不能如期供气，直至合同不能履行，则九联公司应赔偿顺通公司管道铺设及设计所发生的全部相关费用。合同签订后，顺通公司依约定投资建设煤气输送管道工程。2009年11月5日，顺通公司接收第三方公司施工的管道工程。2010年2月27日，赤峰市特种设备检验所对煤气输送管道项目进行气密试验检测，试验结果：合格。2011年11月，安全评价公司完成项目的《安全验收报告》。2011年12月15日，赤峰市安监局对于《安全验收报告》进行评审，结论为："该报告予以通过"，同意《安全验收报告》备案。但是，直到2012年5月18日，九联公司才正式使用顺

通公司建设的管道输送煤气。

顺通公司向一审法院提起诉讼，请求：九联公司赔偿顺通公司经济损失7,112,000元（2009年12月1日至2012年5月18日，按每日8000元计算）。

原审观点

本案一审判决认为，协议系双方真实意思表示，不违反法律法规强制性规定，合法有效。依据合同约定，顺通公司所建工程符合使用条件，九联公司即应使用并依约定支付租金；煤气输送管道虽然于2009年11月5日竣工，但获得特种检验所试验合格是其投入使用的前提条件，2010年2月27日顺通公司取得特种检验所对所建管道检测合格的报告，即视为管道已符合合同约定的使用条件，因此，顺通公司要求九联公司赔偿损失的请求日期，应自2010年2月27日计算。顺通公司是否备案，只是履行行政法律义务，不是九联公司履行合同必备的前提条件。一审法院判决：九联公司赔偿顺通公司损失640万元（自2010年2月28日至2012年5月17日，每天8000元）。

本案二审判决认为，管道输送煤气涉及公共安全，其运营应当具备国家规定的条件，应当接受安全生产监督管理部门的监督和管理。由此，案涉管道在没有得到赤峰市安监局已完成备案的通知前，即2011年12月15日前，是不得投入使用或运营的，这期间不存在可得利益损失的问题。而在赤峰市安监局完成备案后，证明赤峰市安监局已同意案涉的管道投入使用。由于九联公司的原因导致从完成备案的次日起至2012年5月17日止，顺通公司未能使用案涉管道进行煤气输送，造成了顺通公司的可得利益损失，应予以赔偿。二审法院改判：九联公司赔偿顺通公司可得利益损失123.2万元（自2011年12月16日至2012年5月17日，每天8000元）。

本案内蒙古高级人民法院再审认为，双方的合作期限是相对固定的，顺通公司的预期收益也是依附于合作期限所形成，且预期利益的起算时间为完工后。根据已查明的事实，顺通公司如期完成合作协议约定的管道建设后，于2009年11月5日形成《竣工验收报告》，于2010年2月27日通过特种检验所的气密试验测试合格。至此，顺通公司已完成了合作协议约定的建设义务，而九联公司未按合作协议的约定如期供气，构成违约。合作协议中并未将竣工验收评价和安监局备案设定为双方结算和付款的前提条件，也未明确备案主体是哪一方。根据《安全生产法》《建设项目安全设施“三同时”监督管理暂行办法》和相关政府文件，案涉管道是否予以备案应属于管理型的强制性规定，如果存在违规应属于行政处罚的范畴，并不影响本案可得利益的形成和付款条件的成就。内蒙古高级人民法院再审判决：撤销二审判决，维持一审判决。

再审焦点

本案再审审理的争议焦点为：顺通公司主张的可得利益损失应从何时起算。

改判要旨

最高人民法院再审认为，约定的双方合作期限虽然是固定的，但依照《安全生产法》（2014 年修正）第 28 条“生产经营单位新建、改建、扩建工程项目（以下统称建设项目）的安全设施，必须与主体工程同时设计、同时施工、同时投入生产和使用”和《建设项目安全设施“三同时”监督管理暂行办法》第 26 条“建设项目的安全设施有下列情形之一的，竣工验收不合格，并不得投入生产或者使用：……（四）未选择具有相应资质的安全评价机构进行安全验收评价或者安全验收评价不合格的”的规定，案涉煤气输送管道应自通过安全评价机构进行的安全评价验收后，方可投入生产使用。本案顺通公司完成案涉煤气输送管道建设后，于 2009 年 11 月 5 日形成《竣工验收报告》，于 2010 年 2 月 27 日通过特种检验所的气密试验测试，至 2011 年 11 月取得《安全验收报告》。至此，顺通公司已按照协议约定和法律规定的条件完成案涉煤气输送管道的建设，并按照相关法律法规的规定，进行安全验收评价，九联公司未按约定如期供气，应对给顺通公司造成的可得利益损失承担赔偿责任。赤峰市《关于赤峰安顺煤气输送有限责任公司焦化煤气输送管道建设项目备案的通知》及《关于〈赤峰安顺煤气输送有限责任公司焦化煤气输送管道建设项目验收评价报告〉备案的通知》均明确案涉项目属于备案类，但并未载明案涉项目的正常运营是以备案为前置程序和必要条件。故，案涉煤气输送管道是否备案属于管理型的强制性规定，并不影响案涉合同的效力和可得利益起算时间的认定。

最高人民法院再审改判：撤销二审、内蒙古高级人民法院再审判决，变更一审判决，改判九联公司赔偿顺通公司可得利益损失 159.2 万元（自 2011 年 11 月 1 日至 2012 年 5 月 17 日，每天 8000 元）。

观判解判

本案属于管道运输合同纠纷，合同明确约定了煤气输送管道使用的起始时间，但一方违约未能如期供气，导致守约方可得利益的损失，其可得利益损失从何时起算的问题，本案一审、二审、内蒙古高级人民法院再审和最高人民法院再审，提出了不同的观点。观判分析解读如下：

第一，一审判决的主要观点，认为根据合同约定，管道工程完工后九联公司即应供气使用，煤气输送管道于 2010 年 2 月 27 日获得特种检验所试验合格，即为符合投入使用条件，顺通公司有权将该检验合格之日作为请求赔偿的起算日。

第二，二审判决的主要观点，认为管道安全涉及公共安全，其运营应当得到安监部门的备案，在 2011 年 12 月 15 日完成备案之前，也就不存在顺通公司可得利益损失的问题，九联公司应自安监部门备案完成之日起赔偿顺通公司可得利益损失。

第三，内蒙古高级人民法院再审判决的主要观点，认为合作协议中并未将竣工验收评价和安监局备案设定为双方结算和付款的前提条件，也未明确备案主体是哪一方，故采信了一审判决认定的 2010 年 2 月 27 日通过特种检验所的气密试验测试合格的时间。

第四，最高人民法院再审改判的主要观点，认为根据《建设项目安全设施“三同时”监督管理暂行办法》的规定，案涉煤气输送管道应通过安全评价机构进行的安全评价验收后，方可投入生产使用，案涉管道于 2011 年 11 月取得《安全验收报告》，应当以此时间作为本案可得利益损失的起算时间。

观判观点

本案纠纷的主要争议点，表面上是可得利益损失应从何时起算的问题，实质上则是当事人虽然在合同中约定了煤气输送管道的使用时间，但在法律对煤气管道使用另有强制性规定的情况下，如何根据法律规定的强制标准判断合法使用管道的时间的问题。最高人民法院通过对本案的改判，树立了明确的法律适用标准。观判分析评价如下：

第一，关于合同约定不能排除法律的强制性规定。案涉合同仅约定了煤气输送管道使用的起始时间自 2009 年 12 月 1 日起，但对相关安全评价验收、竣工验收、备案等均未作出约定。本案一审法院和内蒙古高级人民法院再审亦忽略了煤气管道运输业务的特殊性，忽略了我国《安全生产法》《建设项目安全设施“三同时”监督管理暂行办法》等相关规定的行业安全硬性要求，认为案涉协议未将验收评价列为合同内容，就应充分尊重当事人的合意表示，遵守当事人约定的管道使用起始时间。观判认为，即便当事人订立合同时未将法律法规的强制性规定纳入具体条款，但均不能以当事人合意约定排除或降低法律强制要求，应当竞合地均予以满足，即认定案涉管道的合法使用时间，不仅应当满足合同约定，还应当满足法律规定的强制性的使用条件。

第二，关于可得利益起算应以同时满足合同约定和法律规定。可得利益的法理基础是主张权利的一方已经完成一定的义务而达到可以开始收取利益的条件，如果此时未获取收益，便已开始造成可得利益的损失，故有权主张赔偿。本案中，交易当事人的义务除了合同约定的建设和交付的约定义务外，还必须履行法律规定的法定义务。根据《安全生产法》的“三同时”制度，本案煤气输送管道主体工程的使用前提必须包括安全设施的同时投入生产和使用，即使顺通公司满足合同约定的使用条件，但安全设施未达到“投入生产和使用”的法定要求的，煤气管道工程仍然不符合法律规定，仍不能投入生产使用；相应地，不得开始计算可得利益的损失。

第三，关于对行政法律强制性规定的理解问题。本案二审认为，应以安监部门备案完成之日，作为计算可得利益损失的起始日。最高人民法院提出不同观点，认为案涉煤气输送管道是否备案属于管理型的强制性规定，并不影响案涉合同的效力和可得利益起算时间的认定。观判认为，就本案管道的合法使用，当然应当以满足“三同时”的强制性规定作为起算日的必要条件，但不宜据此作出扩大理解。因为无论是管理型还是效力性的规定，只要不满足行政强制性规定的，均可能会被政府主管部门责令停止生产经营，故可以考虑以是否触犯导致被政府主管部门责令停止生产经营的情形，作为是否适用该强制性规定的主要评判标准。

观判警语

本案因法律强制规定的法定义务未体现在双方合同中，造成各级法院对当事人义务和法律适用的理解不同，致使四级法院四种不同裁判结果的出现。因此，实践中，尤其涉及公共安全、社会公共利益等特殊行业的合同签订中，要充分了解可能的法律法规规定和要求，在必要的情况下可以纳入具体的合同条款，并可将达成相应的标准要求作为合作成本体现在交易中，综合考量履行成本和履约风险的平衡。

“一房二卖”下，占有人善意占有房屋期间，无须向产权人返还利益

◇ 方燕　王新军　张汇子

案例索引

最高人民法院（2021）最高法民再249号

案情摘要

1995年6月7日，长青公司与兰州银行签订《商品房产买卖合同》，将由其开发建设的位于兰州市城关区武都路长青大厦一层面积240平方米房产出售给兰州银行，兰州银行款项付清后，该房屋自1998年1月23日至今由兰州银行占有使用，并于2011年10月11日就该房产登记办理房屋所有权证，证载建筑面积为282平方米。在办理登记过程中，2010年10月18日，兰州市住房保障和房地产管理局向该市政府请示称：兰州银行提供的房屋申请资料没有一处完全符合登记条件，无法按照正常程序办理房屋登记。但该公司又无法提供房屋登记的完整资料，希望我局按照特殊问题为其办理房屋产权登记，并承诺上述房屋无质量问题和产权纠纷，由此发生的一切问题由该公司承担，我局提出以下意见：由该公司向登记机关出具承诺书，公告期满无异议后，颁发《房屋所有权证》等。1996年4月30日，长青公司与靖远二电签订《购买商品房合同》，将长青大厦一层面积564.17平方米商品房出售给了靖远二电，靖远二电于1998年1月23日取得了上述房屋的所有权证。2014年9月19日，靖远二电以兰州市不动产登记管理局向兰州银行颁发房屋所有权证的房屋登记行为错误为由，对兰州市房管局及兰州银行提起

诉讼，经两审判决撤销登记行为。2018年11月2日，兰州市不动产登记管理局公告作废兰州银行房屋所有权证。此后，兰州银行作为承租方与靖远二电于2019年2月21日签订《房屋租赁合同》，期限自2018年9月1日起至2020年12月31日止。靖远二电多次要求兰州银行支付自1998年2月以来的房屋占有使用费，兰州银行未支付。

靖远二电向一审法院起诉请求：判令兰州银行支付占用靖远二电公司房屋使用费6,978,372元，及自1998年2月起至拖欠房屋使用费付清止期间内产生的利息等。

原审观点

本案一审判决认为，兰州银行所取得房屋所有权证书已于2018年11月2日被依法撤销，故兰州银行应向靖远二电公司承担其占用期间的使用费及利息。因此，靖远二电参照与涉案房屋同一地段房屋租金价格，主张兰州银行向其支付房屋使用费人民币6,978,372元，有事实和法律依据。因兰州银行持有的房屋所有权证，已被兰州市不动产登记管理局于2018年11月2日作废，故利息起算时间从2018年11月3日计算，按照中国人民银行同期存款利率计算。一审法院判决：兰州银行向靖远二电支付占用房屋使用费、租金6,978,372元及利息（自2018年11月3日起算，按照中国人民银行同期存款利率计算）。

本案二审判决认为，若取得利益一方有法律根据，则应认定不构成不当得利。兰州银行签订购房合同的时间早于靖远二电公司签订购房合同的时间，在长青公司存在“一房二卖”的情况下，两份房屋买卖合同均合法有效，靖远二电公司和兰州银行都与长青公司之间形成了买卖合同法律关系。虽然兰州银行取得房屋物权的登记行为被相关登记机关依法撤销，从物权登记公示性和对抗性来看，兰州银行对案涉房屋不享有物权法意义上的所有权，但是其基于买卖合同关系占有使用案涉房屋并非没有法律根据，兰州银行有权依据该合法有效的合同法律关系占有使用该房屋，且兰州银行房屋物权登记被撤销是由于登记机关违反了一物一权的物权原则，故兰州银行占有使用案涉房屋有法律根据。二审法院判决：撤销一审判决，驳回靖远二电的诉讼请求。

再审焦点

本案再审审理的争议焦点主要为：兰州银行是否构成不当得利，以及如构成不当得利其应返还的利益如何认定。

改判要旨

最高人民法院再审认为，本案认定兰州银行是否构成不当得利的关键在于，兰州银行对案涉房屋的占有是否具有法律根据。从物权的角度，兰州银行的房屋权属登记被撤销后，溯及至登记之时自始不具有法律效力，故其自不得依据已被撤销的房屋登记，主张基于物权而对案涉房屋的占有具有法律根据。兰州银行所签订的合同并不能成为其取得占有以及因占有而减少的费用支出等利益的法律根据。但是，由于靖远二电自 1998 年 1 月被登记为该房屋所有权人后，并未及时向其合同相对人长青公司以及房屋的实际占有人兰州银行提出相应的权利主张。兰州银行基于与长青公司签订的购房合同自 1998 年 1 月起占有案涉房屋，在无证据证明其明知该房屋已经登记为靖远二电公司所有的情况下，自不宜认定其当时就该占有存在恶意。但根据 2010 年 10 月 18 日兰州市住房保障和房地产管理局向该市政府的请示、兰州银行出具的《承诺书》，可认定兰州银行在占有案涉房屋后明知其无法正常办理登记手续，至迟于 2010 年 10 月 18 日其亦知道案涉房产登记在其他主体名下，故至迟自 2010 年 10 月 18 日起，兰州银行对该房产的占有不再具有善意，其就此获取的消极得利依法应予返还。考虑到本案不当得利的发生亦与长青公司就案涉房屋“一房二卖”以及靖远二电在取得房屋登记后长期未积极行使权利等因素相关，对上述占用费的利息本院不再支持。最高人民法院再审改判：撤销一审、二审判决，兰州银行向靖远二电支付 3, 331, 209. 60 元等。

观判解判

本案的核心争议焦点即兰州银行是否构成不当得利，以及如构成不当得利其应返还的利益如何认定。对此，一审、二审和再审法院提出了不同观点。观判分析解读如下：

第一，一审判决的主要观点认为，兰州银行所取得的房屋所有权证书已于2018年11月2日被依法撤销，故兰州银行应向靖远二电公司承担其占用期间的使用费及利息，使用费可参照与涉案房屋同一地段房屋租金价格计算，利息应从兰州银行持有的房屋所有权证作废次日计算。

第二，二审判决的主要观点认为，在"一房二卖"的情况下，靖远二电和兰州银行都与长青公司之间形成了合法有效的买卖合同法律关系，房屋所有权证被撤销仅代表兰州银行对案涉房屋不享有物权法意义上的所有权，但兰州银行仍有权依据该合法有效的合同法律关系占有使用房屋，兰州银行不构成不当得利。

第三，最高人民法院改判的主要观点认为，房屋权属登记被撤销的法律后果溯及至登记之时，故兰州银行对案涉房屋的占有不具有物权上的法律根据，构成不当得利；但兰州银行于2010年10月18日出具《承诺书》之前具有善意，故仅应对2010年10月18日之后不当得利承担返还利益的责任。

观判观点

本案实质的争议点是，不当得利构成要件中的没有法律根据应如何认定，以及不当得利中的善意及恶意认定的争议问题。对此，观判分析评价如下：

第一，关于"一房二卖"之下的不当得利构成要件的认定。在长青公司存在"一房二卖"的情况下，最终靖远二电是无争议人物权权利人，兰州银行的登记被依法撤销，由于房屋权属登记被撤销的法律后果溯及至登记之时，故兰州银行自始就对案涉房屋不具有法律上的物权权利。靖远二电作为物权权利人，当然有权主张不当得利。因此，一审和再审判决对于本案构成不当得利是符合法律规定的。对于二审判决从合同债权角度的观点，即提出兰州银行基于买卖合同合法取得了房屋的占有使用权，具有合同法依据，故不构成不当得利，其观点错误在于违背了合同不得对抗第三人的合同相对性原则，尤其是不能对抗物权权利人，故无论兰州银行以何等合同依据占有房屋，均对物权登记的所有权人是没有约束力的。兰州银行的权利救济的正确途径，是应通过向长青公司主张合同违约责任以及赔偿责任。

第二，不当得利之下的善意和恶意的区别问题。最高人民法院提出不当得利中的善意和恶意下的责任有所区别的观点，具体以兰州银行明知案涉房产登记在其他主体名下的时间为标准，2010 年 10 月 18 日之前为善意，无须承担返还责任，2010 年 10 月 18 日之后为恶意，承担不当得利的返还责任。对此，观判认为，我国目前的法律中，并无不当得利中的善意和恶意下的责任有所区别的规定，也没有区别大到了有和无的程度，最高人民法院是在实践中提出突破性的司法观点。但是，作为一个整体的法律体系的角度看，原本长青公司应当对兰州银行承担全部的法律责任，但由于兰州银行的损失仅限于 2010 年 10 月 18 日之后，导致反而降低了长青公司作为“一房二卖”责任人的赔偿金额的问题，以及导致靖远二电在无任何过错的情况下，其对于 2010 年 10 月 18 日之前的损失，如何得以追偿的问题……可见，最高人民法院的突破性司法观点在整个法理体系中可能会引起一系列的连锁反应，有待进一步研究。

第三，不当得利之下的占用费的利息认定问题。本案系兰州银行客观占有属于靖远二电的房产且未支出占有使用费而消极得利，属于因得利人的事实行为造成的非给付型不当得利，故实际上产生了不当得利请求权和侵权损害赔偿请求权的竞合。且从再审判决记载的内容上看，兰州银行最迟自 2010 年 10 月申请办理房产登记时就明知该房产已经登记给靖远二电，其执意要求办理登记并出具承诺书的行为，已经具有主观恶意；同时，经检索相关案例，兰州银行在此期间还提起确认合同无效、确认产权归属等诉讼，故意对已经取得房屋所有权的靖远二电进一步造成恶意侵害。因此，结合《民法典》第 987 条规定的可以请求返还的利益不仅包括得利人取得的利益，还包括得利人依法应赔偿的损失。因此，观判认为再审以酌定方式未支持占有使用费的利息一节，观判亦有所疑惑。

观判警语

不当得利制度为调整因特定情形下的财产流转引发的利益失衡提供了法律依据，能够有效规制以他人受损而获利的不良现象。本案一波三折的审判结果也警示了权利人，必须积极和及时主张权利，本案的靖远二电在取得房屋登记后长期未积极行使权利的行为，在司法实践上已经成为对其不利的因素，对此付出巨大代价。

四、知识产权篇

权利人将知名商品特有名称另行注册为商标的，其作为知名商品特有名称在注册之前仍受《反不正当竞争法》的保护

◇ 方燕　王新军　郑妍

案例索引

最高人民法院（2019）最高法民再337号

案情摘要

冠芳可乐公司的“冠芳”商标于2014年11月取得天津市著名商标证书。冠芳可乐公司于2010年推出山楂果汁果肉饮料命名为“山楂树下”，并且投入市场进行宣传、销售。自2011年起，“山楂树下”饮品通过山东影视频道、山西卫视两个电视台进行了电视广告宣传；通过户外及公交车车体广告进行宣传，宣传的地点为河北省高碑店、容城、涿州、新乐、邢台等地，宣传的时间均为半年至一年。“山楂树下”饮品主要销售地点集中在河北省保定、承德、涞源、高碑店、沧州、涿州，其余地点为北京、大连、威海等。此后，冠芳可乐公司取得了“山楂树下”的注册商标，核定使用商品/服务为第32类。山楂树下饮品公司成立于2016年12月2日，经营范围为果汁饮品新技术研发、预包装食品批发兼零售，成立时即使用现有名称，住所地在天津市，生产和销售山楂果汁饮料。

冠芳可乐公司一审起诉请求：山楂树下饮品公司立即停止使用“山楂树下”公司名称的不正当竞争行为，并向冠芳可乐公司赔偿因侵权所获得的

利润。

原审观点

本案一审判决认为，冠芳可乐公司没有提供证据证明相关注册商标的使用情况，也没有证明其知名度，因此在案证据不能证明上述注册商标经过使用建立了与其标识的产品之间的联系，不能证明山楂树下饮品公司使用“山楂树下”作为企业字号容易引起相关公众的混淆。冠芳可乐公司没有提供证据证明其商品的知名度，也没有证明其将“山楂树下”作为商品名称使用的情况，因此在案证据不能证明“山楂树下”为冠芳可乐公司的知名商品特有名称。冠芳可乐公司提交了使用“山楂树下”作为商品名称的实物，但该证据不能证明冠芳可乐公司将“山楂树下”作为商品名称使用的情况，不能证明该商品为知名商品以及“山楂树下”为知名商品特有的名称。冠芳可乐公司主张山楂树下饮品公司使用“山楂树下”作为字号构成不正当竞争的证据不足。一审法院判决：驳回冠芳可乐公司的诉讼请求。

本案二审判决认为：（1）冠芳可乐公司的山楂树下果肉饮料不构成知名商品。首先，由于“山楂树下”的产品实物实际使用的商标为“冠芳”二字，并未标注第847137号商标（天津市著名商标），因此，不能认定产品实物上的“山楂树下”为知名商品名称。其次，冠芳可乐公司的产品实物为商标“冠芳”的“山楂树下”山楂果汁果肉饮料，即该“冠芳”商标能够指示、识别“山楂树下”产品源于冠芳可乐公司，因此，在冠芳可乐公司的“山楂树下”不具有识别商品来源的情况下，不能作为我国反不正当竞争法调整的知名商品名称进行保护。最后，冠芳可乐公司对其冠芳品牌的“山楂树下”商品无论从广告宣传时间、程度、地域范围以及商品销售的区域等方面认定，尚不能达到在我国境内具有一定市场知名度，为相关公众所知晓的程度。（2）冠芳可乐公司“山楂树下”不构成知名商品特有名称。首先，“山楂树下”不构成知名商品的情况下，冠芳可乐公司主张“山楂树下”构成知名商品特有名称，该项主张显然不能成立。其次，商标注册时对显著性的审查，考虑的主要因素是商标的标志本身与商标指定商品之间的关联性，并非考察名称的实际商业使用行为和商品名称的知名度，故“山楂树下”商标标识获准注册，并不能成为商品名称具有特有性认定的依据。最后，依据《国家工商行政管理局关于禁止仿冒知名商品特有的名称、包装、装潢的不正当竞争行为的若干规定》第3条第3款的规定，“山楂树下”已经获得了商标专用权，故“山楂树下”不能认定为知名商品特有名称。二审法院判决：驳回上诉，维持原判。

再审焦点

本案再审审理的争议焦点为：冠芳可乐公司使用的“山楂树下”饮品名称是否属于《反不正当竞争法》规定的知名商品特有的名称。

改判要旨

最高人民法院再审认为，在我国境内具有一定市场知名度，并非要求相关产品在全国范围内均具有一定的市场知名度。根据冠芳可乐公司对其冠芳牌的“山楂树下”商品广告宣传时间、程度、地域范围以及商品销售的区域等方面的证据，可以认定其在2016年以前我国境内具有一定的市场知名度。原审法院认为“山楂树下”商品尚不能达到在全国范围内知名，不符合《反不正当竞争法》及相关司法解释对知名商品地域范围的规定，适用法律错误。相关知识产权法并不禁止同一客体同时受到不同知识产权法的保护，也不禁止在同一商品上权利人享有不同知识产权，故原审法院认为使用了注册商标的商品，其知名商品的名称无论是否特有均不能发挥识别商品来源的作用，该认定无事实和法律依据，适用法律错误。《国家工商行政管理局关于禁止仿冒知名商品特有的名称、包装、装潢的不正当竞争行为的若干规定》第3条第3款的含义是指某一名称已经作为商标注册的，不再作为知名商品的特有名称受到保护，并非指作为商标注册则丧失了特有性和显著区别性，故“山楂树下”已经被核准注册为商标的事实，一方面说明了该标识的显著性和特有性，另一方面也并不妨碍其在被核准注册之前作为知名商品受到反不正当竞争法的保护。原审法院对此认定适用法律错误。

最高人民法院再审改判：撤销一审和二审判决；山楂树下饮品公司赔偿冠芳可乐公司的经济损失及合理维权费用，停止使用天津山楂树下饮品科技有限公司企业名称。

观判解判

本案中，对于“山楂树下”饮品名称，是否属于知名商品特有的名称，本案一审、二审和再审判决提出不同的观点。观判分析解读如下：

第一，本案一审判决的主要观点，认为冠芳可乐公司没有提供证据证明“山楂树下”为其知名商品特有的名称，不能证明山楂树下饮品公司使用“山楂树下”作为企业名称中的字号容易导致相关公众混淆、误认，冠芳可乐公司主张山楂树下饮品公司使用“山楂树下”作为字号构成不正当竞争的证据不足。

第二，本案二审判决的主要观点，认为产品实物为商标“冠芳”的“山楂树下”山楂果汁果肉饮料，即该“冠芳”商标能够指示、识别“山楂树下”产品来源于冠芳可乐公司，因此“山楂树下”不具有识别商品来源的情况下，不能作为我国反不正当竞争法调整的知名商品特有名称进行保护。在二审期间，“山楂树下”已经获得了商标专用权，故“山楂树下”不能认定为知名商品特有的名称。

第三，最高人民法院再审改判的主要观点，认为在我国境内具有一定市场知名度，并非要求相关产品在全国范围内均具有一定的市场知名度。根据冠芳可乐公司对其“冠芳”牌的“山楂树下”商品广告宣传时间、程度、地域范围以及商品销售的区域等方面的证据，可以认定其在2016年以前我国境内具有一定的市场知名度。“山楂树下”已经被核准注册为商标的事实，并不妨碍其在被核准注册之前作为知名商品受到反不正当竞争法的保护，故构成不正当竞争。

观判观点

本案争议的情形，可概括为是否属于知名商品需依据何等因素判断和认定？在知名商品名称已经注册为商标的情况下，商品名称是否仍具备识别商品来源的功能，是否还能认定为《反不正当竞争法》规定的知名商品特有名称？最高人民法院通过对本案的改判，解答了上述问题，厘清了知名商品特有名称的认定因素。观判分析评价如下：

第一，关于知名商品的认定标准。知名商品的认定的标准，并不必须以商品在全国范围内享有知名度，在一定的地域范围，如省、地市等特定市场范围内享有知名度即可。判断在一定的地域范围内属于知名商品，应当考察该具体商品的广告量、销售时间、销售量、市场占有率、声誉等因素，予以进行综合判断。

第二，关于知名商品的名称又注册为商标之前的权利保护。知名商品的名称基于其具有显著性和特有性的特征，注册为商标的，并不必然导致其享有特有名称的法律属性丧失。根据本案的具体事实，争议的侵权行为发生在商品名称注册为商标之前，故本案只审查侵权时的法律关系，故知名商品名称在被注册为商标之前，当然受到反不正当竞争法的保护。对于知名商品名称在被注册为商标之后，如何受到保护，本案因不涉及，故最高人民法院亦没有作出认定。

第三，关于知名商品的名称又注册为商标之后的权利保护。知名商品特有名称与商标均属于知识产权中商业标识类的权利客体，《反不正当竞争法》对于知名商品特有名称的保护相对于《商标法》对注册商标的保护而言具有补充作用。因此，观判认为，虽然成为注册商标后一般是不再作为知名商品特有名称进行保护，但要从保护权利人的角度以及权利人的意思表示，并综合考虑商品名称及其成为注册商标的时间先后、实际商业使用、竞争方对于案涉名称的使用情况等因素。

观判警语

本案中争议双方当事人均为从事饮料生产的公司，两者明显属于同一行业之内的竞争对手，这是法院认定不正当竞争行为成立的前提。但《反不正当竞争法》并未限制经营者之间必须具有直接的竞争关系，也没有要求其从事相同行业，如果本案被告从事其他领域的经营，则仅凭企业商号为“山楂树下”，不足以判断双方构成不正当竞争行为，还需要考虑经营者之间面对的客户是否相同，是否存在“搭便车”行为，公众是否有可能产生混淆和误认等。

分支机构设立晚于他人商标注册的时间，该新设分支机构使用他人商标的，不属于在原使用范围内继续使用该商标

◇ 方燕　王新军　郑妍

案例索引

最高人民法院（2021）最高法民再3号

案情摘要

1992年5月，上海华联商厦设立上海华联超市公司。1992年11月11日，上海时装（集团）公司成立，于1993年12月改制为上海时装股份有限公司，并于1993年12月14日领取营业执照。2000年10月，上海时装股份有限公司受让上海华联超市公司全部股权，并更名为“华联超市股份有限公司”。2000年10月，上海市工商行政管理局向上海华联超市公司核发《企业法人营业执照》，显示成立时间为1992年11月11日。2006年8月17日，上海华联超市公司与百联集团有限公司发起设立上海华联超市股份有限公司，后上海华联超市股份有限公司变更为华联公司。2012年2月14日，华联公司注册了“华联超市”文字及字母图形商标，服务项目（第35类）。肥城华联公司是成立于2000年3月8日的有限责任公司。2002年1月8日，肥城华联公司下属的新超市在山东省肥城市开业。肥城华联公司在其超市招牌使用“华联”字样、在小票中使用了“华联超市”字样。肥城华联公司先后获得泰安市工商行政管理局、山东省消费者协会等部门颁发的多项

荣誉。肥城华联公司春秋古城店是成立于2016年4月1日的有限责任公司分公司。

华联公司向法院起诉请求：判令肥城华联公司及其春秋古城店立即拆除门头招牌中“华联”文字，立即停止在网络支付账单、购物小票上使用“华联超市”文字商标，即停止对华联公司拥有的“华联超市”商标专用权的侵害。

原审观点

本案一审判决认为，华联公司的成立时间以及其取得注册商标的时间均晚于肥城华联公司的成立时间和使用其企业字号“华联超市”的时间，通过肥城华联公司获得的企业荣誉亦可以看出肥城华联公司及其字号“华联超市”经过多年的经营活动，在华联公司注册涉案“华联超市”商标之前已经在本区域内具有一定影响力。华联公司认可其在肥城市区域并没有经营活动，亦无任何使用其涉案“华联超市”注册商标的行为，更未进行过任何广告宣传等投入。肥城华联公司自核准成立以来，没有在肥城市区域以外的地区营业。肥城华联公司使用的企业字号“华联超市”属于在先使用。华联公司并无证据证明其在全国尤其是案涉地区山东省肥城市存在知名度和影响力，在一般消费者心目中，也几乎不会对华联公司经营的“华联超市”与涉案地区的华联超市产生混淆和误认。故肥城华联公司使用“华联超市”字样的行为不构成商标侵权。一审法院判决：驳回华联公司的诉讼请求。

本案二审判决认为，肥城华联公司成立时间早于华联公司，其使用“华联超市”的时间亦早于华联公司取得案涉商标专用权的时间。肥城华联公司一审提交的荣誉显示其在山东省肥城市范围内具有一定的影响力，且自该公司成立以来并未在山东省肥城市以外的区域开展经营活动。而华联公司在山东省肥城市区域未开展经营活动，可见肥城华联公司与华联公司的经营并未导致相关公众对二者产生混淆和误认。肥城华联公司使用“华联超市”作为其企业字号属于在先使用，且肥城华联公司在之后的经营中亦未超出其原有范围。二审法院判决：驳回上诉，维持原判。

再审焦点

本案再审审理的争议焦点为：肥城华联公司对“华联”字号及“华联超市”标识是否享有在先使用权；肥城华联公司春秋古城店使用“华联”“华联超市”标识是否属于《商标法》第59条第3款规定的“在原使用范围内继续使用该商标”的情形。

改判要旨

最高人民法院再审认为，华联公司与其前身各主体之间存在紧密的承继关系，现华联公司使用“华联”字号的时间应追溯至其前身成立之时。华联公司从成立时起，在全国范围内开设诸多门店，其“华联超市”品牌获得了大量荣誉。经过长期经营，“华联”“华联超市”与华联公司及其前身已经形成对应关系，并具有较高知名度。对于上述事实，相关法院在先生效判决已经作出相应认定，肥城华联公司及其春秋古城店均未提交足以推翻上述认定的相反证据。肥城华联公司成立于2000年3月8日，晚于华联公司前身及其关联企业的成立时间，故其关于对“华联”字号享有在先使用权的主张不能成立。肥城华联公司关于“华联超市”标识的部分证据未显示时间或晚于案涉商标申请注册日、部分证据未完整清晰地显示“华联超市”标识。相关荣誉与“华联超市”标识并无直接关联。因此，肥城华联公司关于其对“华联超市”标识享有在先使用权的主张亦不能成立。肥城华联公司在案涉商标申请注册之后开设肥城华联公司春秋古城店作为分支机构，并在该分支机构的经营中使用“华联”“华联超市”标识，不属于“在原使用范围内继续使用该商标”的情形；而且肥城华联公司亦无法证明其在案涉商标申请注册之前已经在超市行业将“华联”“华联超市”作为商标使用并具有一定影响。

最高人民法院再审改判：撤销一审、二审判决，改判肥城华联公司、春秋古城店立即停止使用“华联”“华联超市”等侵害华联公司注册商标专用权的标识。

观判解判

本案属于商标标识在先使用权及商标使用范围的纠纷，本案一审、二审和再审法院提出了不同的观点。观判分析解读如下：

第一，一审判决的主要观点为，华联公司的成立时间以及其取得注册商标的时间均晚于肥城华联公司的成立时间和使用其企业字号“华联超市”的时间，且肥城华联公司获得多项荣誉，其字号“华联超市”经过多年的经营活动，在华联公司注册涉案“华联超市”商标之前已经在本区域内具有一定影响力，未在本区域外经营。肥城华联公司使用的企业字号“华联超市”属于在先使用，不构成商标侵权。

第二，二审判决的主要观点，与一审判决观点基本一致，认为肥城华联公司成立时间早于华联公司，其使用“华联超市”的时间亦早于华联公司取得涉案商标专用权的时间，两公司的商标使用区域并无交叉，肥城华联公司使用“华联超市”字样的行为属于在先使用，不构成商标侵权。

第三，最高人民法院再审改判的主要观点，认为华联公司与其前身各主体之间存在紧密的承继关系，华联公司使用“华联”字号的时间应追溯至其前身成立之时，“华联”“华联超市”与华联公司及其前身已经形成对应关系，并具有较高知名度。肥城华联公司成立于 2000 年 3 月 8 日，晚于华联公司前身及其关联企业的成立时间，故其关于对“华联”字号享有在先使用权的主张不能成立。此外，肥城华联公司在涉案商标申请注册之后开设春秋古城店作为分支机构，并在该分支机构的经营中使用“华联”“华联超市”标识，不属于“在原使用范围内继续使用该商标”的情形。

观判观点

本案属于商标在先使用权的典型案例，本案再审中，华联公司对其与上海华联超市公司的承继关系等，提交了新证据，成为促成本案改判的关键。

再审法院结合本案证据对于商标在先使用权的认定提出了不同于原审的意见，观判分析评价如下：

第一，关于华联公司与上海华联超市公司的主体关系。华联公司的工商登记中记载的成立时间是2006年8月17日；上海华联超市公司登记成立时间为1992年11月11日；肥城华联公司的登记成立时间为2000年3月8日。可见，肥城华联公司的成立时间早于华联公司，晚于上海华联超市公司。最高人民法院认定上海华联超市公司使用“华联超市”字号的时间更早，且华联公司与其前身各主体之间存在紧密的承继关系，肥城华联公司成立时间晚于华联公司前身及其关联企业的成立时间等，故不是在先使用人。观判认为，对于上海华联超市公司和华联公司的主体关系的问题：如果是前身关系，通常是同一主体的变更或改制关系；如果是承继关系，通常是存在合并或分立等情形；如果是关联企业，则是直接或间接的股东交叉等情形。以上三种关系是不完全相同的，且法律依据也不完全相同。最高人民法院同时以前身、承继关系、关联企业三种概念表述两公司之间的关系，但没有充分说明上述三种定性的具体事实依据，确有遗憾。

第二，关于设立分支机构使用商标的性质。《商标法》第59条第3款规定了注册商标专用权人无权禁止该使用人在原使用范围内继续使用该商标的情形。本案中，肥城华联公司在案涉商标申请注册之后开设肥城华联公司春秋古城店作为分支机构，并在该分支机构的经营中使用“华联”“华联超市”标识。对此，最高人民法院明确认定为不属于《商标法》第59条第3款规定的“在原使用范围内继续使用该商标”的情形。观判认为，分支机构虽然不具有法人资格，但属于具有独立经营权的主体，故以新设分支机构方式使用注册商标，应属超出原使用范围的情形。

观判警语

本案中“华联”“华联超市”字号自1992年开始，由上海华联超市公司使用，但其未及时申请商标注册。本案原告华联公司，其工商登记记载的成立时间为 2006 年，故无法直接得出华联公司与上海华联超市公司为同一公司的结论。虽然最高人民法院以上海华联超市公司为华联公司前身为依据，认定华联公司在 1992 年已使用商标，但这毕竟是再审诉累的结果。试想，如果上海华联超市公司作为先使用人，自行及时注册商标，再转让给华联公司，则本案纠纷或不会如此一波三折。

包装、装潢的显著识别部分具有《商标法》规定的不良影响情形的，该包装、装潢不具有获得法律保护的正当性基础

◇ 方燕　王新军　郑妍

案例索引

最高人民法院（2020）最高法民再133号

案情摘要

苏萨公司成立于2014年10月9日，与湛江苏萨公司、广东苏萨公司共同负责“特种兵生榨椰子汁”的生产、销售和品牌推广。自2013年起，湛江苏萨公司及广东苏萨公司先后签订多份《电视广告播出合同》，约定各广告公司负责为其在安徽、福建、江苏、浙江、黑龙江、湖南、江西、湖北等地电视媒体投放广告，并邀请明星代言。湛江苏萨公司先后与多地经销商签订《产品经销合同书》，授权上述经销商销售“特种兵生榨椰子汁”系列产品。湛江苏萨公司授权苏萨公司排他使用生榨椰子汁产品的知名商品特有包装装潢，且双方均可以自己的名义对其进行维权。南方果园公司成立于2015年5月14日，生产“椰侬”生榨椰子汁。经浙江省杭州市东方公证处公证，“椰侬”生榨椰子汁瓶身整体采用蓝白色相间迷彩图案为背景。瓶身正面中部显示“椰侬及图”标识，其中椭圆内有一椰农怀抱一个椰子，绿色彩带上书写“椰侬”二字。瓶身下方为长方形框，框内左右分别为黑色和白色底两

部分框，左边黑色框内有白色字体的“生榨”字样，右边白色框内有黑色字体的“椰子汁”字样。北京市高级人民法院在（2017）京行终4383号行政判决书中认定“特种兵”是众所周知的兵种名称，苏萨公司将其使用在相关商品上可能对公共利益和公共秩序产生不良影响，认定“特种兵”商标无效。

苏萨公司向法院起诉请求：南方果园公司立即停止生产、销售并销毁未销售的侵权产品，消除影响，赔偿经济损失。

原审观点

本案一审判决认为，“特种兵生榨椰子汁”产品为知名商品。“特种兵生榨椰子汁”产品包装、装潢由一系列要素构成，各要素在文字图形、色彩、大小、比例等方面的排列组合具有独特性，形成了显著的整体形象，经过长时间使用和大量宣传，足以使相关公众将上述包装、装潢的整体形象与苏萨公司“特种兵生榨椰子汁”产品联系起来，可以认定其具有区别商品来源的特有性。南方果园公司未经许可擅自在相同商品上使用近似的包装、装潢，足以造成相关公众混淆，已构成不正当竞争行为。一审法院判决：南方果园公司立即停止生产、销售并销毁侵权商品并赔偿苏萨公司损失。

本案二审判决认为，“特种兵生榨椰子汁”产品在同行业和同类产品中拥有较高的知名度，涉案包装、装潢经过其长期使用具备了区别商品来源的特有性。“特种兵”商标因具有不良影响而被判决无效，但涉案包装、装潢起主要识别作用的系蓝白相间的迷彩图案和中部较为显著的“生榨椰子汁”字体、大小及排列方式以及各部分组合之后形成的整体标识形象。这些起主要识别作用的包装、装潢并不会使相关公众将该商品与军事物资联系起来而产生不当联想或误会，仍应依法得到保护。因此，案涉包装、装潢属于“有一定影响”的包装、装潢。南方果园公司作为同业竞争者，在明知的情况下仍使用与涉案包装、装潢相近似的被诉侵权包装、装潢，容易使消费者产生混淆，误认为其产品与苏萨公司存在某种关联关系。二审法院判决：驳回上诉，维持原判。

再审焦点

本案再审审理的争议焦点为：涉案包装、装潢是否构成受《反不正当竞争法》保护的包装、装潢。

改判要旨

最高人民法院再审认为，适用《反不正当竞争法》不仅要区分竞争行为的表征，也要审查经营者主张遭受损害的利益是否属于正当的竞争利益。如果主张受到保护的竞争利益非法或缺乏正当性，对此类竞争利益的争夺通常不构成不正当竞争行为。判断案涉包装、装潢能否获得《反不正当竞争法》保护的基础，应当以苏萨公司一审阶段明确主张的包装、装潢的构成要素为准。“特种兵”文字及盾牌图形元素是案涉包装、装潢的显著识别部分。苏萨公司在产品代言合同、经销合同，以及在产品包装印刷合同等交易文件中都突出使用了“特种兵”文字，因此“特种兵”文字在其中发挥主要识别作用。案涉包装、装潢的其他元素，或是与特种兵相关的元素，或是商品名称，识别性均较弱。“特种兵”文字及图形部分为案涉包装、装潢的核心组成部分，而非可以随意替换的要素。如果包装、装潢的显著识别部分是可能损害公共利益的商业标识，包装、装潢与该商业标识均不具有获得法律保护的正当性基础。在已有生效判决认定“特种兵”文字及盾牌图形作为商标注册将产生不良影响的情况下，案涉包装、装潢将与上述商标构成完全相同的文字及图形部分作为显著识别部分，同样不应当作为《反不正当竞争法》意义上的具有一定影响的包装、装潢进行保护。

最高人民法院再审改判：撤销一审、二审判决，驳回苏萨公司的诉讼请求。

观判解判

本案争议点在于，与案涉包装、装潢图样相同的其他类别商标，已经被生效判决认定具有不良影响和商标无效的情况下，案涉包装、装潢是否可以得到《反不正当竞争法》保护。对此一审、二审和再审法院提出了不同的观点。观判分析解读如下：

第一，一审判决的主要观点，认为案涉包装、装潢由一系列要素构成，各要素的排列组合具有独特性，形成了显著的整体形象，足以使相关公众将上述包装、装潢的整体形象与案涉产品联系起来，可以认定其具有区别商品来源的特有性。南方果园公司未经许可擅自在相同商品上使用近似的包装、装潢，足以造成相关公众混淆，已构成不正当竞争行为。

第二，二审判决的主要观点，认为虽然苏萨公司“特种兵”商标因具有不良影响而被判决无效，但与案涉包装、装潢起主要识别作用的图案有别，故案涉包装、装潢仍应依法得到保护。

第三，最高人民法院再审改判的主要观点，认为“特种兵”文字及图形部分为案涉包装、装潢的核心组成部分，在已有生效判决认定“特种兵”文字及盾牌图形作为商标注册将产生不良影响的情况下，其作为包装、装潢亦不具有获得法律保护的正当性基础。

观判观点

当产品包装、装潢中的核心图形文字内容，被法院另案生效判决认定为具有不良影响的图形文字时，该包装、装潢是否可以得到《反不正当竞争法》的保护？最高人民法院通过本案的再审改判，树立了此类案件的审判标准。对此，观判分析评价如下：

第一，关于包装、装潢中的图形文字的合法性审查。若权利人主张包装、装潢被仿冒，则须确保被仿冒的包装、装潢本身具有合法性。本案中，与案涉包装、装潢中图形文字等主要识别特征相同的商标，被另案判决认定为具有不良影响，依商标法属于不得作为商标使用的标志的情况，由于该图形文字也是本案包装、装潢的主要识别特征，本案包装、装潢是否可以直接被认定为亦不具有合法性？对此，最高人民法院提出的再审思路是：如果该种情形的包装、装潢仍受保护，则将导致无法依据《商标法》获得保护的标志，反而能够通过《反不正当竞争法》获得保护的不良导向，故认为不具有合法性。对此，观判认为，最高人民法院的观点在法律逻辑上是成立的，但是仅适用于本案的个案情形，是否可以推而广之仍有待商榷，因为商标合法性的审查标准与包装、装潢合法性的审查标准，在法律上并不是完全相同的同一标准。

第二，关于包装、装潢主要识别特征的认定标准。本案二审法院提出了被另案判决认定具有不良影响的商标与本案案涉包装、装潢之间，在识别特征上有所差异的观点，并据此认定另案判决认定"特种兵"商标的标识具有不良影响，但与本案包装、装潢的识别特征不完全相同，故不能直接认为本案包装、装潢也具有不良影响。对此，最高人民法院提出了不同观点，认为"特种兵"文字发挥主要识别作用，而其他元素识别性较弱，"特种兵"文字及图形部分属于案涉包装、装潢的核心组成部分，据此直接参照了另案判决认定的标识具有不良影响的结论。对此，观判认为，"特种兵"的文字部分是核心的识别特征，至于在相关图形上组合几位特种兵的形象或者图形选择何种颜色等，均属于次要的识别特征。而且，另案判决认定商标具有不良影响，也是主要基于"特种兵"的文字部分，故认定"特种兵"文字发挥主要识别作用，是符合本案事实的。

观判警语

本案案涉产品具备一定的市场影响力和知名度，销售区域也很广泛，但因为其不当使用了"特种兵"作为包装装潢，导致市场上存在与案涉产品整体包装类似的同类产品，仍然未能获得法律保护，品牌的多年积累功亏一篑，未免可惜。观判提示，经营者在注册商标的过程中，在设计商品的包装、装潢时，应分别避免采用《商标法》所禁止的文字图形，否则可能面临既无法获得《商标法》保护，也难以得到《反不正当竞争法》保护的境地。

五、诉讼程序篇

执行异议之诉中，买受人名下其他房屋不满足合理居住条件的，可适用“买受人名下无其他用于居住的房屋”的规定

◇ 方燕　王新军

案例索引

最高人民法院（2019）最高法民再255号

案情摘要

叶某与众力公司于2013年2月2日签订商品房买卖合同，众力公司将案涉房产以60万元的价格出售给叶某，同时双方在合同中备注：双方待房产局撤销该套房屋网上备案后，再签订网备合同。叶某支付全部购房款，并最迟于2013年6月对案涉房屋接收使用。叶某名下尚登记有房屋一套。因未执行另案判决，法院根据债权人广厦公司申请，查封众力公司11处房产，其中包括案涉房屋。叶某遂提出执行异议申请，法院作出执行裁定，驳回叶某执行异议申请。

叶某提起执行异议之诉，请求法院判决不得执行案涉房屋，并解除对该房屋的查封。

原审观点

本案一审判决认为，根据《最高人民法院关于人民法院办理执行异议和

复议案件若干问题的规定》（以下简称《执行异议和复议规定》）第29条规定："金钱债权执行中，买受人对登记在被执行的房地产开发企业名下的商品房提出异议，符合下列情形且其权利能够排除执行的，人民法院应予支持：（一）在人民法院查封之前已签订合法有效的书面买卖合同；（二）所购商品房系用于居住且买受人名下无其他用于居住的房屋；（三）已支付的价款超过合同约定总价款的百分之五十。"本案中，叶某作为案外人，对案涉商品房提出执行异议，虽然可以认定叶某在法院查封房屋之前已经签订合法有效的书面买卖合同，并已支付全部房款，所购房屋系用于居住，但叶某名下尚有一套用于居住的房屋，因此不符合《执行异议和复议规定》第29条规定的可以排除执行的情形，叶某就执行标的不享有足以排除强制执行的民事权益，其诉讼请求依法不能成立。一审法院判决：驳回叶某的诉讼请求。

本案二审判决认为，在本案金钱债权执行中，众力公司是房地产开发企业，因案涉商品房登记在其名下，故一审法院适用《执行异议和复议规定》第29条的规定处理，并无不当。在一审法院查封案涉房屋时，叶某名下确有位于合肥市房屋一套。根据《物权法》相关规定，叶某为该房屋的所有权人，可以用于自身居住，并且根据《执行异议和复议规定》司法解释精神以及合肥市当前廉租房、公租房有关政策标准，叶某及家人的居住权基本可以得到保障。关于叶某诉请是否符合《执行异议和复议规定》第28条规定条件的问题。因叶某与众力公司在签订商品房买卖合同时双方在合同中备注，双方待合肥市房产局撤销该套房屋网上备案后，再签订网备合同。故叶某购房时应该知道该房屋存在权利瑕疵，其对此后不能正常过户登记的结果应承担风险，故其不满足《执行异议和复议规定》第28条第4项"非因买受人自身原因未办理过户登记"的条件。二审法院判决：驳回上诉，维持原判。

再审焦点

本案再审审理的争议焦点为：原审认定叶某不能排除广厦公司对案涉房屋的执行是否正确。

改判要旨

最高人民法院再审认为，叶某对未能办理过户登记不具有明显过错。虽然双方在商品房买卖合同中备注“双方待合肥市房产局撤销该套房屋网上备案后，再签订网备合同”，但并不能因此而得出原审法院认为的不满足“非因买受人自身原因未办理过户登记”的结论。第一，上述备注仅能够说明叶某知晓该房屋存在权利瑕疵，但不能得出未过户系叶某自身原因所导致。第二，从备注的内容来看，备注中仅说明当前房屋存在网上备案，待撤销当前备案后，再与叶某签订网上备案合同，而并未约定由叶某承担不能网上备案以及过户的风险，叶某对网上备案合同的签订以及后续房产的过户登记具备合理的信赖和期待。第三，本案已查明，房屋原网上备案的权利人是淮南市巨源建设项目投资管理有限公司，而非案涉小区建筑工程的承包人广厦公司；在本案叶某起诉之前，该备案已经被撤销，未办理过户登记的原因与叶某知晓房屋存在权利瑕疵之间不再存在关联。第四，从价值取向的层面而言，《执行异议和复议规定》第 28 条旨在保护已经支付了大部分购房款的消费者，因此，对其构成要件的解读应遵从该价值取向并结合个案情形予以判断。

对于《执行异议和复议规定》第 29 条中“买受人名下无其他用于居住的房屋”，亦应结合个案具体情形综合评判。叶某名下虽登记有一套住房，但该房屋建于 1995 年，年代久远，且房屋面积仅为 49.27 平方米，长期由其母亲居住，尚无法满足叶某及其母亲、儿子三代人正常的居住需求，而对于公民的居住权应当优先予以保障。因此，结合本案的客观实际，原审判决认定叶某不符合《执行异议和复议规定》第 29 条规定的可以排除执行的情形错误。最高人民法院再审改判：撤销一审、二审判决，改判对案涉房屋不得执行，并解除对该房屋的强制执行措施。

观判解判

本案的基础事实清楚，并无争议，且各级法院均认同本案适用《执行异议和复议规定》第 28 条和第 29 条的规定审理，但对于本案情形是否符合排除执行的规定情形，各级法院的认定均有所不同。观判分析解读如下：

第一，本案一审判决的主要观点，认为案涉房屋不符合“所购商品房系用于居住且买受人名下无其他用于居住的房屋”的规定，依据是已查明叶某名下尚有另一套用于居住的房屋。

第二，本案二审判决的主要观点，增加认定案涉房屋不符合“非因买受人自身原因未办理过户登记”的规定，依据是叶某的商品房买卖合同中备注认可“双方待合肥市房产局撤销该套房屋网上备案后，再签订网备合同”，故叶某明知房屋的权利瑕疵，应自行承担风险。

第三，最高人民法院再审改判的主要观点，认为叶某对未能办理过户登记不具有明显过错，不属于买受人自身原因；并认为叶某名下另一套住房长期由其母亲居住，故结合叶某家庭及居住的实际情况，不能认定叶某个人具有其他用于居住的房屋。

观判观点

本案属于创新的新型案例。观判认为，基于本案相关事实，再审判决与一审、二审判决作出了完全不同的论述，主要在于对《执行异议和复议规定》第28条和第29条存在不同的理解和适用。

第一，对于“非因买受人自身原因未办理过户登记”规定的理解和适用。本案相关事实是：叶某付清全款购买案涉房屋，购买后长期用于自住，但一直未能办理合同备案，最初原因是购房时案涉房产已经备案于第三方名下，尚未撤销备案，后虽然撤销了第三方备案，但仍未及时办理叶某的合同备案手续。对此，叶某在购房时基于众力公司作出的承诺，并以备注方式作出约定，并不违法和违规，不能认为叶某对此存在任何责任；而且第三方备案在本案起诉前已经撤销，可以办理备案，故与叶某知晓房屋存在第三方已备案之间不再存在关联，此时众力公司应当履行为叶某办理备案的承诺。可见，未及时办理备案的实际原因是众力公司行为，并非叶某自身原因。因此，最高人民法院认定案涉房屋未过户系属于非因买受人自身原因，是符合本案事实的。

第二，对于“买受人名下无其他用于居住的房屋”规定的理解和适用。本案相关基本事实是：叶某名下登记有一套住房，但该房屋建于1995年，且房屋面积为49.27平方米，长期由其母亲居住。对此，如果从表面事实上看，叶某符合“买受人名下有其他房屋”，但对于是否符合“用于居住的房屋”，最高人民法院通过本案改判的论述，给出了新的理解和使用，即该房屋面积仅为49.27平方米，年代久远，且长期由叶某母亲居住，如果叶某及其儿子也一起居住，将导致一家三代人居住在49.27平方米的房屋内，将不能实现对公民居住权的合理保障，故不属于合理居住条件下的“用于居住的房屋”。

观判非常认同最高人民法院对公民居住权给予合理保障的立场，本案再审改判充分体现了对公民居住权的人文关怀。但从事实上似乎还可对叶某母亲名下是否拥有房产，也作出查明和认定，或使相关案件事实更为完整。

观判警语

本案是一件典型的购房人执行异议之诉，即购房后没有及时办理备案和过户，房屋尚在开发商的名下，开发商的债权人将房屋作为开发商的财产强制执行，导致购房人财产发生灭失的法律风险。最高人民法院对本案再审改判，最终保护了叶某的财产权利，但并不是所有购房人都如叶某如此“幸运”。故本案警示的意义在于，个人在购置房产时须及时办理合同备案和过户，如因故不能及时办理，应当尽快提起诉讼并保全房产，防止法律风险。

当事人在另案审理中明确认可的事实，亦属于当事人自认事实的证据，在其他案件中可直接作为证据使用

◇ 方燕　王新军

案例索引

最高人民法院（2017）最高法民再200号

案情摘要

2011年二安陕西分公司、华宇阎良分公司双方口头约定，由二安陕西分公司承建华宇阎良分公司发包的1号楼工程，后二安陕西分公司进行了该1号楼的建设施工。二安陕西分公司于2011年11月16日向华宇阎良分公司账户汇入50万元保证金。2012年7月4日，二安陕西分公司收到华宇阎良分公司支付工程进度款300万元，2012年8月10日收到30万元。该工程正在建设施工中，二安陕西分公司起诉要求华宇阎良分公司返还保证金50万元。2013年10月23日，某中级人民法院作出第00446号生效民事判决书，认定华宇阎良分公司与二安陕西分公司之间具有事实上的建设工程施工合同关系，判令华宇阎良分公司返还二安陕西分公司保证金50万元。2012年11月，案涉1号楼工程竣工。二安陕西分公司起诉华宇阎良分公司等，请求：支付工程款11,892,169.91元及利息。

原审观点

本案一审法院认为，由于第00446号民事判决书已确认二安陕西分公司

进行了案涉工程建设施工，结合二安陕西分公司汇入保证金，华宇阎良分公司向二安陕西分公司支付工程进度款 330 万元，及 2011 年 1 月至 2012 年 10 月二安陕西分公司向计某发放工资等事实，故认定案涉工程的实际施工人是二安陕西分公司，不是计某。一审法院判决：华宇阎良分公司支付工程款 11,892,169.91 元及利息。

本案二审判决认为，二安陕西分公司汇入保证金的凭证，主体工程劳务分包合同、塔吊租赁合同和安装劳务承包合同，华宇阎良分公司支付工程进度款 330 万元的凭证，二安陕西分公司向计某发放工资等凭证，形成证据链，证明二安陕西分公司对案涉工程进行施工建设；第 00446 号民事判决书，也确认二安陕西分公司对案涉工程建设施工。因此，认定二安陕西分公司是案涉工程的施工人。二审时，华宇阎良分公司又提出案涉工程在 2012 年 6 月底之前由二安陕西分公司建设施工，自 2012 年 7 月起已经变更为计某个人施工，纯系自相矛盾。华宇阎良分公司上诉称其除向二安陕西分公司账户支付 330 万元外，还向计某支付了其余工程款 1273 余万元，则该部分款项也应视为已经支付给二安陕西分公司。因华宇公司、华宇阎良分公司该项上诉主张既没有当事人的约定，又没有相关法律规定，缺乏依据。一审法院认定计某不是案涉工程的实际施工人并无不妥，况且华宇阎良分公司也认可计某曾代表二安陕西分公司负责对案涉工程施工组织管理，因此追加计某为本案当事人没有必要。二审法院判决：驳回上诉，维持原判。

再审焦点

本案再审审理的争议焦点为：二安陕西分公司是否于 2012 年 7 月中途退场。

改判要旨

最高人民法院认为：

第一，二安陕西分公司一直主张 2012 年 7 月之后计某是作为该公司的员工而代表该公司在现场组织施工，但其既未提供二安陕西分公司与再审申请人之间能覆盖 2012 年 7 月之后的工程的施工、结算等方面的文件，亦未能提供计某与二安陕西分公司之间存在劳动关系的劳动合同、社保记录等关键性证据。

第二，二安陕西分公司虽然提供了所谓 2011 年 1 月至 2012 年 10 月其向计某发放了工资的证据材料，但仅以 2011 年 4 月为例，其付给计某 2000 元，如计某果系其主张的代表该公司组织案涉工程施工的负责人，钱款数额上即不合常理，且计某对此种款项为工资的属性予以否认，并当庭给出了系其他项目帮忙跑腿的酬劳的合理解释。

第三，在另案第 00446 号民事判决中，二安陕西分公司在法院询问时已经明确认可该公司已于 2012 年 7 月退出案涉工地，此节自认的事实，也与本案中华宇阎良分公司的主张和计某的证言相互印证吻合。

第四，本案二审认定二安陕西分公司要求华宇阎良分公司支付拖欠工程款理由正当，系以另案第 00446 号生效民事判决已经认定二安陕西分公司与华宇阎良分公司之间具有事实上的建设施工合同关系为佐证，而该另案判决虽然确认了二安陕西分公司进行了部分劳务施工，其与华宇阎良分公司之间具有事实上施工合同关系，但并未认定二安陕西分公司完成了案涉工程的全部施工，反而恰恰确认了二安陕西分公司中途撤场的事实。因此，本案应当认定二安陕西分公司已于 2012 年 7 月中途从案涉工程退场，故原审认定二安陕西分公司应取得案涉工程的全部工程款，属认定事实错误。最高人民法院再审改判：撤销一审和二审判决，驳回二安陕西分公司的诉讼请求。

观判解判

本案一审判决的主要观点，认为根据第 00446 号民事判决书，已确认二安陕西分公司进行了案涉建设施工，且根据华宇阎良分公司向二安陕西分公司支付工程进度款 330 万元，以及二安陕西分公司向计某发放工资等事实，认定二安陕西分公司是实际施工人，计某不是实际施工人。

本案二审判决的主要观点，除了支持一审观点外，针对华宇阎良分公司上诉主张的案涉工程在 2012 年 6 月底之前由二安陕西分公司建设施工，自

2012 年 7 月起已经变更为计某个人施工的主张，认为华宇阎良分公司二审时变更了原陈述，纯系自相矛盾，不予支持。

最高人民法院再审改判的主要观点，认定原审判决事实不清，主要包括：其一，对于二安陕西分公司主张的 2012 年 7 月之后计某是作为该公司的员工而代表该公司在现场组织施工，认为无任何证据支持和佐证；其二，对于二安陕西分公司向计某发放了工资的证据材料，认为计某当庭给出了系其他项目帮忙跑腿的酬劳的合理解释，不予采信；其三，第 00446 号生效民事判决并未认定二安陕西分公司完成了案涉工程的全部施工，反而恰恰确认了二安陕西分公司中途撤场的事实，故认定二安陕西分公司已于 2012 年 7 月中途从案涉工程退场，并不再继续施工，其当然无权主张此后的工程款。

观判观点

本案属于以另案生效判决作为本案审理依据的典型案例。虽然本案的原审法院和再审法院均依据和援引了另案生效判决，但所依据和援引的内容却不尽相同，由此导致判决结果完全不同。对此，观判作出分析如下：

第一，本案原审判决未能准确依据和援引另案生效判决。另案判决在对保证金是否应当返还的案件审理中，认定二安陕西分公司是案涉工程的实际施工人。但是，却实际上存在逻辑错误，因为另案判决并没有认定二安陕西分公司是全部案涉工程的施工人，并且查明了二安陕西分公司中途撤场的事实。既然二安陕西分公司在施工尚未完成时中途撤场，那么此后最终完成全部工程的施工人是谁呢？此非另案判决的审理内容，审理中也并未涉及。因此，原审判决依据另案判决得出二安陕西分公司是全部案涉工程的施工人，存在以偏概全的逻辑错误。

第二，再审判决对另案判决的审查更为准确和全面：一方面认可另案判决认定实际施工人为二安陕西分公司的事实，另一方面也认定该公司中途撤场，以及此后的施工人并不是二安陕西分公司的事实。最高人民法院突出了该焦点争议的重要性，并将二安陕西分公司是否于 2012 年 7 月中途退场的问题，直接列为再审的焦点问题，凸显了本案再审判决改判所依据的关键点。

最高人民法院经过对另案判决的全面审查，进一步认定二安陕西分公司于2012年7月退出案涉工地，属于其自认的事实，且与华宇阎良分公司和计某的本案陈述相互印证吻合，故直接采信作为本案的定案证据。

第三，原审判决在事实认定方面，除了上述漏审了二安陕西分公司中途撤场的事实外，还存在其他瑕疵。例如，片面采信二安陕西分公司2011年1月至2012年10月向计某发放工资的证据材料及证明目的。对于计某是不是二安陕西分公司中途撤场后的实际施工人的争议，应以撤场后的具体实际施工过程的相关证据为定案依据，不能仅以二安陕西分公司向计某付款款项，就轻易认定属于工资性质，否定计某是实际施工人的身份，更不能隐晦地将计某的后续实际施工认定为“职务行为”。

观判警语

引发本案诉讼的起因，系二安陕西分公司在施工未完成时中途撤场，计某参与过施工，并在撤场后作为实际施工人接手完成了后续全部工程，华宇阎良分公司向计某结清了后续工程款，但原施工人二安陕西分公司起诉主张向其支付后续工程款，由此造成华宇阎良分公司面临重复支付工程款的诉讼风险。本案波折的诉讼过程，警示施工合同的各方当事人在出现中途撤场及施工人变更等特殊情况时，需增强风险意识，注意完善交接手续，避免产生纷争诉讼。

承租房屋被政府依法征收，承租人直接起诉政府主张给予独立补偿利益的，人民法院应当予以受理

◇ 方燕　王新军

案例索引

最高人民法院（2020）最高法行再110号

案情摘要

2014年12月31日，关族图书馆作为甲方与乙方隐没堂茶馆经营者厉某签订《房屋租赁协议书》一份，约定：甲方自愿将案涉商铺房屋出租给乙方；租期为10年，自2014年1月1日起至2024年1月1日止；如政府确有政策行为的，甲方必须在第一时间内通知乙方，并有责任和义务共同协商解决办法，同时共同协商补偿协议。甲方不可擅自单方签订任何协议与合同。2017年3月31日，开平市政府因赤坎镇文物保护与整体改建项目建设需要，作出《开平市人民政府房屋征收决定书》，决定征收赤坎镇圩范围内国有土地上的3981户房屋。房屋征收部门为开平市赤坎古镇文化旅游开发建设管理委员会，房屋征收实施单位为开平市赤坎镇人民政府。隐没堂茶馆租用关族图书馆的房屋位于上述房屋征收决定的范围内。2017年8月30日，关族图书馆与开平市赤坎镇人民政府针对案涉房屋达成了产权置换的补偿协议。

隐没堂茶馆起诉开平市政府，请求：判令开平市政府依法履行向隐没堂茶馆进行补偿和赔偿的法定职责。

原审观点

本案一审判决认为，征收补偿决定只能对被征收人即房屋所有权人进行补偿。房屋承租人与房屋所有权人之间的房屋租赁关系属于民事关系，应当依据双方租赁合同的约定通过民事诉讼程序另行解决。隐没堂茶馆系被征收国有土地上房屋的承租人，不具有直接向征收人提出补偿请求的权利。依照《行政诉讼法》第49条第1项、《最高人民法院关于适用〈中华人民共和国行政诉讼法〉若干问题的解释》第3条第1款第1项的规定，一审法院裁定：驳回隐没堂茶馆的起诉。

本案二审判决认为，《国有土地上房屋征收与补偿条例》第17条规定的补偿项目中包含了属于实际经营者的损失补偿内容，如对被征收房屋的装饰部分的价值补偿，对停产停业损失的补偿等。因此，房屋实际经营者可通过房屋所有权人即被征收人向政府房屋征收机构提交相关证据材料，并提出相应的补偿要求，经协商一致达成补偿协议或者由作出房屋征收决定的人民政府依法作出补偿决定。隐没堂茶馆并未根据上述条例的规定或《房屋租赁协议书》的约定，通过涉案房屋所有权人向房屋征收机构提出相关的补偿要求，且案涉房屋所有权人关族图书馆正在与政府房屋征收机构协商补偿事宜，尚未达成具体的补偿协议。隐没堂茶馆提起本案诉讼主张开平市政府未依法履行征收补偿的法定职责，缺乏事实根据。二审法院裁定：驳回上诉，维持一审裁定。

再审焦点

本案再审审理的争议焦点为：隐没堂茶馆是否有权以自己的名义起诉开平市政府主张独立的补偿利益。

改判要旨

最高人民法院再审认为，《行政诉讼法》第25条第1款规定，行政行为的相对人以及其他与行政行为有利害关系的公民、法人或者其他组织，有权提起诉讼。所谓“有利害关系”，可以理解为被诉行政行为有可能对起诉人的权利义务造成区别于其他人的特别损害或者不利影响，且起诉人无法通过其他有效方式寻求救济。在房屋征收补偿案件中，一般而言，只有房屋所有权人才与征收行为和补偿行为有利害关系，可以针对征收行为或者补偿行为提起行政诉讼。房屋的市场化承租人通常并不与补偿行为有利害关系，其可以通过民事诉讼解决其与房屋所有权人之间的房屋租赁合同纠纷，并按照法律规定和租赁合同的约定来解决所租赁房屋上的添附以及因征收而造成的停产停业损失的补偿或赔偿问题。但是，补偿义务主体在知道或者应当知道存在房屋承租人且承租人具有独立的补偿利益后，既不在其与房屋所有权人签订的安置补偿协议或者作出的补偿决定中给付上述独立的补偿利益，也不另行与承租人签订安置补偿协议或者作出补偿决定解决上述独立的补偿利益问题的，房屋承租人有权以自己的名义主张上述独立的补偿利益。

本案中，开平市政府已经明知承租人厉某在被征收房屋上具有不可忽略的添附并且依法经营隐没堂茶馆，也明知厉某在本次征收补偿中存在独立于房屋所有权人的、根据《国有土地上房屋征收与补偿条例》有关规定应当享有的添附补偿和停产停业损失补偿等重大补偿利益。但是，开平市政府在与厉某协商未能达成协议后，径行与房屋所有权人签订安置补偿协议；且该安置补偿协议也未约定有关隐没堂茶馆停产停业损失、装修费用等的补偿，其后又未就上述补偿问题另行对厉某（隐没堂茶馆）作出补偿决定，明显存在侵犯厉某（隐没堂茶馆）补偿利益的可能性。隐没堂茶馆的起诉符合法定条件，人民法院依法应当予以受理。依照《最高人民法院关于适用〈中华人民共和国行政诉讼法〉的解释》第123条第3项之规定，裁定如下：撤销一审和二审裁定，指令一审法院继续审理本案。

观判解判

本案一审裁定的主要观点，认为隐没堂茶馆系被征收国有土地上房屋的承租人，不具有直接向征收人提出补偿请求的权利，认定其不具有原告主体资格。

本案二审裁定的主要观点，认为房屋实际经营者可通过房屋所有权人即被征收人，向政府房屋征收机构提出相应的补偿要求；但是，隐没堂茶馆未根据《国有土地上房屋征收与补偿条例》规定或《房屋租赁协议书》的约定通过案涉房屋所有权人向房屋征收机构提出相关的补偿要求，故维持一审裁定。

最高人民法院再审裁定的主要观点，认为补偿义务主体既不在其与房屋所有权人签订的安置补偿协议或者作出的补偿决定中给付承租人独立的补偿利益，也不另行与承租人签订安置补偿协议或者作出补偿决定解决承租人独立的补偿利益问题的，房屋承租人有权以自己的名义主张独立的补偿利益。

观判观点

本案具有较高的社会关注度。对于政府在房屋征收过程中的承租人权利如何保护的问题，最高人民法院通过本案的再审改判，明确了承租人主张权利的主体、程序和路径等，树立了此类案件的审判标准和尺度，具有重大指导意义。对此，观判作出分析如下：

第一，在征收承租房屋中应予以补偿的范围上，承租经营者的装修装饰及停产停业损失均属于补偿项目。《国有土地上房屋征收与补偿条例》第 17 条第 1 款规定："作出房屋征收决定的市、县级人民政府对被征收人给予的补偿包括：（一）被征收房屋价值的补偿；（二）因征收房屋造成的搬迁、临时安置的补偿；（三）因征收房屋造成的停产停业损失的补偿。"可见，征收补偿项目中包含了属于承租经营者的损失补偿内容。例如，对被征收房屋的装修装饰部分的价值补偿，以及对停产停业损失的补偿等。

第二，在征收承租房屋中主张权利的程序上，承租经营者有权直接主张补偿的权利。最高人民法院通过本案明确否定了二审法院的观点，即否定了承租经营者只能通过房屋所有权人向房屋征收机构提出相关的补偿要求，而不能自行直接提出补偿要求的观点。因此，房屋征收机构或房屋所有权人在征收中怠于解决补偿承租人的损失的，承租人将有权直接起诉房屋征收机构，而无须取得房屋所有权人的配合或同意。

第三，在征收承租房屋中主张权利的主体上，如实际经营者与承租人不是同一主体，实际经营者可以作为原告起诉。本案中，厉某是签订租赁合同的承租人，但实际经营主体为隐没堂茶馆。正常情形下，厉某是合同中的承租人，应当作为原告起诉。但本案中，厉某系隐没堂茶馆的经营者，而且承租目的也是经营隐没堂茶馆，对案涉房屋进行装修投资的也是隐没堂茶馆，故选择隐没堂茶馆作为原告起诉；更为关键的是，各方亦对隐没堂茶馆是厉某租赁合同提前终止的受损害人的主体，均未提出异议。因此，三级法院均认可本案的适格原告是隐没堂茶馆，而不是承租人厉某。

第四，在征收承租房屋中的房屋性质上，本案属于征收商业性质房屋的情形，对于征收个人住宅的，承租人是否也可以参照本案的审判规则？对此，观判分析认为，根据《国有土地上房屋征收与补偿条例》第 18 条的“征收个人住宅，被征收人符合住房保障条件的，作出房屋征收决定的市、县级人民政府应当优先给予住房保障”等规定，个人住宅也同样适用，对于承租个人住宅并符合承租合同内的装修装饰，也应属于补偿的范围。

观判警语

政府征收房屋的情况非常普遍；被征收房屋属于承租房屋的情形，也是非常普遍的；特别是承租人根据约定租期投入了相应的装修装饰资金后，由于被征收导致经济损失的，如何依法维护合法权益和主张补偿损失，也是具有普遍性的问题。最高人民法院通过本案再审改判，对于承租人或实际经营者面临的如何确认适格起诉主体、如何启动法律程序、如何确定补偿范围等法律难题，一一树立了可参照的标准，非常具有现实的指导意义。

财产保全金额与生效判决虽然存在较大差距，但如不能证明申请人存在过错的，申请人不承担财产保全损害赔偿责任

◇ 方燕　王新军

案例索引

最高人民法院（2019）最高法民再252号

案情摘要

2009年4月15日，俊发公司与东方大地公司签订《合作开发协议》。双方在履行该协议中因东方大地公司未按协议约定完成前期出资而引发纠纷。2011年4月，东方大地公司提出诉前财产保全申请，对俊发公司20,655,000元的财产采取保全措施。2011年5月，人民法院查封俊发公司某项目100套总面积为12,316.70平方米的房屋预售许可。东方大地公司基于其变更后的诉讼请求，再次提出诉前保全，在之前保全基础上，申请继续对俊发公司25,445,000元的财产予以保全。2012年9月18日，经俊发公司申请，人民法院解除对俊发公司部分房屋产权的查封，最终查封的房产数量为50套。该案二审的最高人民法院（2013）民一终字第110号民事判决书于2013年11月作出，终审判决支持东方大地公司2,000,000元违约金的诉讼请求。人民法院于2013年12月对俊发公司被查封的50套房产中的45套予以解封，剩余5套房产现已由东方大地公司申请执行完毕。

俊发公司起诉东方大地公司，请求：判令东方大地公司赔偿俊发公司因申请保全错误造成的损失9,720,000元等。

原审观点

本案一审判决认为，东方大地公司在前后长达7年的频繁保全、解封、再保全、再解封过程中，致使俊发公司资金账户被冻结。因预售许可被保全，俊发公司所开发的房产无法销售，资金不能及时回笼，无法向银行偿还贷款，而以开发的房产抵押向小额贷款公司高息借款，而抵押房产又被保全，导致公司无法正常经营，给俊发公司造成的损失是已客观发生的损害事实，这种损失可能远远超过俊发公司所举证的同期银行贷款利息损失。财产保全申请在实体上是否正确，无法在法院作出财产保全裁定时进行判定，而只能在法院终审判决中得到验证，即如果财产保全申请人的诉讼请求全部得到终审法院的支持，其依据诉讼请求范围提出的财产保全申请在实体上是合理的、合法的；否则，无论是申请人的诉讼请求被法院生效裁判全部驳回或部分驳回，均说明申请人的诉讼保全申请合法性和合理性并不充分。结合最高人民法院（2013）民一终字第110号民事判决书最终判决的数额和东方大地公司申请的保全数额，二者相差悬殊，东方大地公司的绝大部分诉讼请求被人民法院生效裁判驳回；该判决确认了本案俊发公司在该纠纷中的违约责任及过错赔偿责任，东方大地公司提起诉讼并申请诉讼保全有部分事实依据，俊发公司对此亦有过错，依法亦应承担相应的责任，东方大地公司对其错误保全行为造成的后果应承担主要责任。《价格鉴定报告书》所作鉴定报告是以俊发公司同期向银行贷款实际产生的利息为依据计算的利息损失。一审法院判决：东方大地公司赔偿俊发公司经济损失6,803,678元（9,719,540元×70% = 6,803,678元）。

本案二审判决认为，在申请人对财产保全错误存在故意或重大过失的情况下，应当认定属于申请有错误。东方大地公司申请财产保全的数额为46,100,000元，而生效判决仅支持了东方大地公司2,000,000元违约金的诉讼请求，之间相差44,100,000元、22倍之多。东方大地公司多次变更诉讼请求。东方大地公司未尽到诚信善意的注意义务，致使其诉讼请求范围与人民法院生效判决之间产生了不合理的偏差，该差额范围内的财产保全申请有错误，致使俊发公司已经办理了预售手续的商品房无法销售，由此给俊发公司造成了损害，东方大地公司理应予以赔偿。对《价格鉴定报告书》不予采信，理由是金田价格评估公司并无财产损失鉴定的资质，《价格鉴定报告书》不能作为本案确定财产损失的依据。关于俊发公司实际损失数额，考虑到俊发公司在查封时的销售情况及可实际融资额度等综合因素，酌情判决东方大地公司承担60%的利息损失，即4,579,247.34元。二审法院判决：东方大地公司赔偿俊发公司经济损失4,579,247.34元。

再审焦点

本案再审审理的争议焦点为：东方大地公司是否应当承担财产保全损害赔偿责任。

改判要旨

最高人民法院再审认为，本案系申请人诉前财产保全损害责任纠纷案件，申请人仅在有过错的情况下才承担赔偿责任。俊发公司主张东方大地公司申请诉前财产保全行为存在过错，应当承担举证责任。本案原审判决认定东方大地公司构成保全侵权的主要依据，是东方大地公司“反复变更增加诉讼请求”存在“限制俊发公司处分财产并给俊发公司造成不必要重大负担的主观意图”，不能成立。本案财产保全数额与生效判决最终支持的数额之间存在较大差距，但如果仅以保全申请人的诉讼请求是否得到法院支持作为判断申请保全是否存在过错的唯一依据，并以诉讼请求与人民法院生效判决之间的差值确认财产保全申请人过错的有无与过错程度，实际上否定了对申请人主观因素的考察，容易导致以最终裁判结果来判断保全申请人是否构成侵权的结果归责。原审判决在俊发公司没有充分证据证明东方大地公司存在故意或过失的情况下，以法院生效判决仅支持东方大地公司诉讼请求的一部分作为判断其诉前财产保全申请错误的主要依据，对保全申请人设定了过于严苛的注意义务，不符合《民事诉讼法》对于保全制度的立法目的，亦不利于实现诉讼保全制度保障未来生效裁判文书得以执行的制度功能。本案现有证据不能证明东方大地公司诉讼请求的变更以及相关财产保全的提出存在过错。最高人民法院再审改判：撤销一审、二审判决，驳回俊发公司的诉讼请求。

观判解判

本案属于为数不多的最高人民法院再审改判的财产保全损害责任纠纷案件，对于财产保全金额与生效判决支持金额之间存在较大差距的，如何定性和认定保全申请人的赔偿责任，本案一审、二审和再审法院提出了不同的观点。观判分析解读如下：

第一，本案一审判决的主要观点，认为财产保全金额与终审判决支持金额悬殊，即可说明申请人的诉讼保全申请合法性和合理性并不充分；并根据司法鉴定的损失金额，判决东方大地公司按照鉴定金额的70%比例承担赔偿责任。

第二，本案二审判决的主要观点，认为须在申请人对财产保全错误存在故意或重大过失的情况下，才属于申请错误；并根据东方大地公司多次变更诉讼请求的行为，认定未尽到诚信善意的注意义务；在诉讼请求与人民法院生效判决的差额范围内，认定财产保全申请错误。另基于鉴定机构的资质问题等，不能采信鉴定报告，故酌定损失金额。

第三，最高人民法院再审改判的主要观点，认为申请人仅在有过错的情况下才承担赔偿责任。俊发公司主张申请诉前财产保全行为存在过错，应当承担举证责任。但俊发公司举证的东方大地公司“反复变更增加诉讼请求”的行为本身，以及法院生效判决仅支持东方大地公司诉讼请求的一部分的事实，均不能作为判断东方大地公司存在故意或者过失的主要依据，故不支持俊发公司的赔偿请求。

观判观点

对于财产保全损害责任纠纷案件，财产保全金额与生效判决支持金额之间存在较大差距，仅为赔偿损失的必要条件之一，还需证明申请人存在主观上的故意或者过失，否则不能证明保全申请错误。最高人民法院通过对本案的改判，明确了“申请人存在过错”的必要条件。观判分析评价如下：

第一，在法律适用方面。诉前财产保全损害责任案件，适用原《侵权责任法》第6条第1款“行为人因过错侵害他人民事权益，应当承担侵权责任”的规定，是属于一般侵权的范畴，一般侵权以过错原则为归责原则，财产保全侵权应当以过错为责任要件，即申请人仅在有过错的情况下才承担赔偿责任。因此，按照一般侵权的证明规则，俊发公司负有证明东方大地公司存在过错的举证责任，否则将承担不利诉讼后果。

第二，在举证证明的证据方面。最高人民法院在本案再审中明确认定，保全金额与判决支持金额之间是否存在差额，以及申请人是否反复变更诉讼请求等诉讼中的事实，均不能作为认定申请人存在过错的事实依据。故认定俊发公司未完成一般侵权的基本证明责任，即未能证明东方大地公司的保全申请存在过错。

第三，如何举证证明申请人保全申请存在过错？在本案再审改判中，最高人民法院认定了本案中的两种事实不具有证明效果，但未对如何证明作出进一步的论述。对此，观判认为，假设申请人提出诉讼请求及保全金额上存在过错，例如，在计算依据上采用了伪造的证据；又如，在金额计算方式上存在数据或计算错误的，均属于保全申请存在过错的典型情形。

观判警语

本案的财产保全的金额超过法院生效判决支持金额的22倍之多，似乎明显保全错误，但最高人民法院全部未予支持和保护。最高人民法院在本案改判中论述的过错原则、举证责任，明确了是不能以法院生效判决仅部分支持诉讼请求作为判断财产保全申请错误的主要依据，而应以申请人有过错为必要条件，而且明确不能对保全申请人设定过于严苛的注意义务，以利于实现诉讼保全制度的保障功能。

社保部门在行政管理过程中有权直接确认劳动关系是否存续，无须以劳动仲裁程序为前提

◇ 方燕　王新军　张艳利

案例索引

最高人民法院（2020）最高法行再507号

案情摘要

海南省社保局于2017年9月25日作出《限期申报补缴社会保险费通知书》，告知益威公司根据海口中院作出的（2015）海中法民一终字第2442号民事判决（以下简称2442号判决），确认益威公司与许某自2000年8月起至2013年3月31日止存在劳动关系，限期要求益威公司为许某补缴2010年9月至2013年3月时间段内的社会保险费等。

益威公司提起本案诉讼，请求：判令确定海南省社保局作出的《限期申报补缴社会保险费通知书》违法，依法撤销该通知。

原审观点

本案一审判决认为，《社会保险法》第58条第1款规定："用人单位应当自用工之日起三十日内为职工向社会保险经办机构申请办理社会保险登记。未办理社会保险登记的，由社会保险经办机构核定其应当缴纳的社会保险费。"第63条第1款规定："用人单位未按时足额缴纳社会保险费的，由社

会保险费征收机构责令其限期缴纳或者补足。”《社会保险费征缴暂行条例》第12条规定：“缴费单位和缴费个人应当以货币形式全额缴纳社会保险费。缴费个人应当缴纳的社会保险费，由所在单位从其本人工资中代扣代缴。社会保险费不得减免。”根据上述规定，为职工缴纳社会保险费是用人单位的法定义务。本案中，海口中院业已生效的2442号判决确认益威公司与许某2000年8月至2013年3月31日存在劳动关系，其中2010年9月至2013年3月益威公司未为许某缴纳社会保险。因此，海南省社保局根据申请、核查发现益威公司存在漏缴社会保险费问题，作出补缴通知，该行政行为认定事实清楚，程序合法。一审法院判决：驳回益威公司的诉讼请求。

本案二审判决认为，许某在2010年8月31日劳动合同期限届满后未再向益威公司提供劳动；且在2442号判决中，许某并未请求、判决亦未作出确认许某与益威公司自2010年9月至2013年3月31日存在劳动关系。此后，许某虽起诉请求确认其与益威公司自2010年9月至2013年3月31日存在劳动关系，但因未经仲裁前置程序，该诉求亦经海口中院作出的（2017）琼01民终1635号民事判决（以下简称1635号判决）予以驳回。因此，海南省社保局认定许某自2010年9月至2013年3月31日与益威公司存在劳动关系，证据不足。二审法院判决：撤销一审判决，撤销海南省社保局作出的补缴社保通知书。

再审焦点

本案再审审理的争议焦点为：海南省社保局作出补缴通知的行政行为是否合法。

改判要旨

最高人民法院再审认为，2442号判决、1635号判决等裁判文书主文和判项中包括“限益威公司在本判决书生效之日起十日内与许某签订无固定期限劳动合同”“双方自2010年9月1日起至今仍存在劳动关系”“限益威公司于本判决生效后十日内支付许某未签订无固定期限劳动合同自2010年10月1

日至2011年8月31日期间的二倍工资和自2011年9月1日至2013年3月31日期间的工资”“致使双方劳动关系于2013年3月31日终止”等内容，尽管未在判项中明确表述许某与益威公司自2010年9月1日至2013年3月31日存在劳动关系的字句，但从判决主文和判项内容中可以明确得出这一结论。故在该期间内许某仍为公司职工，益威公司仍负有为许某缴纳社会保险费的法定义务。海南省社保局要求益海公司补缴申报，理据充分，程序合法。

关于海南省社保局在作出本案催缴社会保险费决定程序中能否直接认定双方存在劳动关系。本院认为，海南省社保局能够直接认定双方存在劳动关系，理由：（1）其系根据前述生效裁判作出的认定，理据充分且于法有据；（2）现行法律关于社保部门在行使该项职权时就双方间的劳动关系并未规定需先经仲裁裁决程序；（3）社保部门经审查直接作出处理决定符合行政效率的原则，也与劳动法等保护劳动者合法权益的立法目的一致。另外，《最高人民法院行政审判庭关于劳动行政部门在工伤认定程序中是否具有劳动关系确认权请示的答复》认定，劳动行政部门在工伤认定程序中，具有认定受到伤害的职工与企业之间是否存在劳动关系的职权。该答复尽管是针对工伤认定，但亦能佐证本案行政行为的合法性。最高人民法院再审改判：撤销二审判决，维持一审判决。

观判解判

本案属于社保机构作出要求用人单位补缴社保的决定，用人单位不服提起行政诉讼的典型案件。本案的关键焦点争议，在于劳动关系存续尚有争议的情况下，社保机构在催缴社会保险费决定程序中能否直接认定双方存在劳动关系，并在此基础上作出催缴决定？本案原审和再审法院提出了不同的观点。观判分析解读如下：

第一，本案一审判决的主要观点，认为基于2442号判决，可确认益威公司与许某之间自2000年8月至2013年3月31日存在劳动关系，故海南省社保局有权要求益威公司进行社保补缴。

第二，本案二审判决的主要观点，认为许某在2010年8月31日劳动合同期限届满后未再向益威公司提供劳动，且许某起诉请求确认其与益威公司自2010年9月至2013年3月31日存在劳动关系的案件，因未经仲裁前置程序，该诉求被驳回，故不能认定许某自2010年9月至2013年3月31日与益威公司存在劳动关系。

第三，最高人民法院再审改判的主要观点，认为根据2442号判决、1635号判决等判决论述内容，确认许某与益威公司自2010年9月1日至2013年3月31日存在劳动关系；并认为海南省社保局在作出本案催缴社会保险费决定程序中，有权直接认定双方存在劳动关系。

观判观点

对于社保部门向用人单位作出补缴社保通知，本属于正常的行政管理行为，但本案存在一项特殊事实：许某在2010年8月31日劳动合同期限届满后未再向益威公司提供劳动，且对于是否存在劳动关系，相关裁判文书未在判项正文中予以明确。在本案的再审改判中，最高人民法院明确了如何准确理解和认定裁判文书确认的事实，以及明确了社保部门在行使催缴社保职权程序中能够直接认定劳动关系存续。本案具有非常重大的指导意义，观判分析评价如下：

第一，在2010年9月后许某与益海公司之间是否存在劳动关系的事实认定上，基于2442号判决的判项正文，二审法院认为该判决未判决确认劳动关系；基于1635号判决的判项主文，二审法院认为该判决判项结果为驳回了许某关于确认该时间段内存在劳动关系的诉讼请求，故二审法院未认定存在劳动关系。但是，最高人民法院对相关生效判决的审查角度与二审法院存在实质性的不同，最高人民法院不仅限于对判项正文进行审查，而是扩大为依据生效判决的“本院查明事实”和“本院认为”部分，并认为其中载明的“至今存在劳动关系、给付至2013年3月31日期间的工资、劳动关系于2013年3月31日终止”等内容，亦足以得出2010年9月后双方仍存在劳动关系的结论。

第二，在海南省社保局能否直接认定双方存在劳动关系的职权范围上，最高人民法院从三个角度作出了创新的解释和论述，树立了类似案件的标杆：一是在法律的禁止性规定上，明确现行法律并未规定必须且唯一由仲裁裁决程序认定劳动关系；二是在最高人民法院的类似司法解释中，参照了最高人民法院曾认定劳动行政部门在工伤认定程序中具有认定存在劳动关系的职权的内容，引申为劳动行政部门在其他行政管理中也应当具有同类的职权；三是从提高行政效率的观点立场上，认为社保部门经审查直接作出处理决定符合行政效率的原则，也与保护劳动者合法权益的立法目的一致。

第三，对于许某于2010年8月31日后未实际提供劳动的事实瑕疵，最高人民法院提出了确认劳动关系是否存在，不以劳动者实际提供劳动为必要条件的观点，即尽管许某于2010年8月31日后未实际提供劳动，但该期间内益威公司应与许某签订劳动合同而未签订，且责任在于益威公司，故应认定该期间双方存在劳动关系这一法律事实。

观判警语

本案事实情节虽然简单，但涉及的争议是非常有代表性的。从用人单位角度看，在本案的特殊情形下，劳动者多年一直未实际提供劳动，用人单位依然承担缴纳社会保险费的责任。从劳动者的角度看，本案讼争标的是3年的社保费，涉及金额并不大，造成劳动者耗时耗力的三级诉讼，时间成本并不低。因此，不论对于用人单位，还是普通职工，在劳动合同期限届满后，应及时按照劳动合同法等法律规定形式确定双方劳动关系是否存续或终止，以免造成不必要的损失或诉累。

如受诉法院收取行政诉状后未立案也未作出裁定的，行政起诉人无责，再次起诉将不受2年起诉期限限制

◇ 方燕　王新军

案例索引

最高人民法院（2020）最高法行再168号

案情摘要

周某等7人的房屋于2008年4月11日被宁德市蕉城区人民政府等强制拆除。周某等7人曾于2010年3月18日向宁德中院提起诉讼，要求确认强制拆除房屋的具体行政行为违法和行政赔偿；宁德中院未予立案，也未作出裁定。2017年3月，与周某等7人房屋同一批被强制拆除、同一地段、同一个理由、同一个公告对象的58幢房屋中，已有10幢房屋的强制拆除行政行为被法院生效判决确认违法。

周某等7人于2017年向本案一审法院起诉，请求：确认宁德市城乡规划局、宁德市住房和城乡建设局、宁德市国土资源局、宁德市蕉城区人民政府强制拆除其某村某号房屋的具体行政行为违法。

原审观点

本案一审裁决认为，根据《行政诉讼法》第46条的规定，公民、法人或者其他组织直接向人民法院提起诉讼的，应当自知道或者应当知道作出行

政行为之日起6个月内提出。被诉行为作出时生效的《最高人民法院关于执行〈中华人民共和国行政诉讼法〉若干问题的解释》（以下简称《执行解释》）第41条规定，行政机关作出具体行政行为时，未告知公民、法人或者其他组织诉权或者起诉期限的，起诉期限从公民、法人或者其他组织知道或者应当知道诉权或者起诉期限之日起计算，但从知道或者应当知道具体行政行为内容之日起最长不得超过2年。本案中，被诉行政强制行为发生于2008年4月，周某等7人直至2017年方才提起本案诉讼，已超过法定起诉期限且无正当理由，其起诉应予驳回。周某等7人称其曾于2010年3月18日就被诉行为向福建省宁德市中级人民法院提起诉讼，但未能举证证明其曾就人民法院不立案亦不作出裁定的行为向上一级人民法院起诉或者申诉，故不构成其起诉超过法定起诉期限的正当理由。一审法院裁定：驳回周某等7人的起诉。

本案二审裁决认为，本案被诉行政强制行为发生于2008年4月，周某等7人到2017年才提起本案诉讼，已经超过法定起诉期限。周某等7人称其曾于2010年3月18日就被诉行政行为向宁德中院提起诉讼，宁德市中级人民法院既不立案，又不通知周某等7人，故本案被耽误的期限不属于其自身的原因，其起诉没有超过起诉期限。《执行解释》第32条第3款规定："受诉人民法院在7日内既不立案，又不作出裁定的，起诉人可以向上一级人民法院申诉或起诉。上一级人民法院认为符合受理条件的，应予受理；受理后可以移交或者指定下级人民法院审理，也可以自行审理。"因此，周某等7人虽主张宁德中院一直未对其在法定期限内提起的诉讼予以立案受理，但未能提供证据证明其曾向福建省高级人民法院申诉或起诉，故不构成其起诉超过法定起诉期限的正当理由。据此，根据《行政诉讼法》第89条第1款第1项的规定，二审法院裁定：驳回上诉，维持原裁定。

再审焦点

本案再审审理的争议焦点为：对《执行解释》第32条第3款规定如何理解。

改判要旨

最高人民法院改判认为，本案的焦点问题是对《执行解释》第32条第3款规定的理解。《执行解释》第32条第3款规定，受诉人民法院在7日内既不立案，又不作出裁定的，起诉人可以向上一级人民法院申诉或起诉。上一级人民法院认为符合受理条件的，应予受理；受理后可以移交或者指定下级人民法院审理，也可以自行审理。首先，从目的解释的角度出发，该款是权利性规定。虽然行政诉讼法规定法院收到当事人的起诉后，对于符合起诉条件的，应当予以立案受理，但考虑到存在特殊情况，《执行解释》第32条第3款规定的主要目的是赋予当事人在法院违法不受理情形下，“越级”向上一级法院申请救济的权利。如果将该款理解为义务性规定，则失去制定的必要性。而对于程序权利，当事人有选择适用的自由。其次，从文义解释的角度出发，该款是任意性规定，而非强制性规定。起诉人“可以”向上一级人民法院申诉或起诉，而非“必须”或者“应当”，此系赋予当事人选择的权利。即当事人可以向上一级人民法院申诉或起诉，也可以不向上一级人民法院申诉或起诉。最后，从立法修改的角度出发，现行《行政诉讼法》第52条对《执行解释》第32条第3款进行了修改完善，这也反映了立法机关认同如果超过起诉期限是由于法院不立案造成的，责任不在起诉人，应当允许其通过继续起诉的形式寻求救济。

本案中，周某等7人已在法定期限内（2010年3月18日）向人民法院提起诉讼，起诉时未超过起诉期限。周某等7人为维护其权益于2017年再次起诉，两次起诉虽相隔7年，但第一次起诉时，宁德中院对周某等7人的起诉未予立案、审理，并未作出书面裁定明确告知不予立案，周某等7人其间也一直通过相关途径主张权利。此外，房屋同时被强拆而另案起诉的部分当事人，相关诉求已经得到法院支持。本案当事人非因自身原因不能立案，应当对其权利予以保障。最高人民法院再审改判：撤销一审、二审判决，本案指令福建省福州市中级人民法院继续审理。

观判解判

对于原《执行解释》第32条第3款规定的“受诉人民法院在7日内既不立案，又不作出裁定的，起诉人可以向上一级人民法院申诉或起诉”如何理解，本案一审、二审和再审判决提出不同的观点。观判分析解读如下：

第一，本案一审裁决的主要观点，认为被诉行政强制行为发生于2008年4月，虽于2010年起诉，但未就人民法院不立案亦不作出裁定的行为向上一级人民法院起诉或者申诉，故周某等7人直至2017年方才提起本案诉讼，不构成其起诉超过法定起诉期限的正当理由。

第二，本案二审裁决的主要观点，认为周某等7人虽主张宁德中院一直未对其在法定期限内提起的诉讼予以立案受理，却未能提供证据证明其曾向福建省高级人民法院申诉或起诉，根据原《执行解释》第32条第3款的规定，不构成其起诉超过法定起诉期限的正当理由。

第三，最高人民法院再审改判的主要观点，认为原《执行解释》第32条第3款规定，是权利性规定，当事人有选择适用的自由，且超过起诉期限是由于法院不立案造成的，责任不在起诉人，应当允许其通过继续起诉的形式寻求救济。

观判观点

本案的争议，表面上系行政起诉是否超过诉讼时效的争议，实质是对法律含义的理解问题。最高人民法院通过对本案的改判，定性原《执行解释》第32条第3款规定是权利性规定，而非义务性规定，实际是以本案树立了新的司法解释，具有指导意义。观判分析评价如下：

第一，原《执行解释》第32条第3款不是诉讼程序中的义务性规定。对于上述的起诉人“可以”向上一级人民法院申诉或起诉的规定，是赋予当事人的诉讼程序中的权利，但当事人未按照该规定行使权利的，将产生何等的法律后果和责任？对此，实际并无明确的规定。而且，当事人如果没有向上一级人民法院申诉或起诉的，是否将导致诉讼时效中断或中止，实际也没有明确规定。观判认为，最高人民法院再审改判的依据，并非将本案情形定性为诉讼时效中断或中止，而是在认定本案超过起诉期限的基础上，由于超期的责任不在起诉人，故“应当允许其通过继续起诉的形式寻求救济”。可见，最高人民法院实际行使自由裁量权。

第二，按照最高人民法院在本案中的说理论述，在诉讼法中以“可以”方式表述的程序性规定属于程序权利，当事人有选择适用的自由，由此能否一概而论地定性为“对于程序权利，当事人有选择适用的自由”等？对此，观判认为，仅限于对原《执行解释》第 32 条第 3 款的理解和适用，而不能推而广之的作出扩大理解。

第三，按照最高人民法院在本案中的说理论述，当事人按期起诉后，受诉人民法院在 7 日内既不立案，又不作出裁定，而且起诉人也未向上一级人民法院申诉或起诉的，起诉人是否可以在以后的无限制期限内随时另行起诉？对此，观判认为，从最高人民法院对本案论述的逻辑关系上看，实际是对法律条款的解释，故具有了普遍适用的特征，类似案件的当事人是可以主张参照适用的，但是我国毕竟不是判例法国家，此判决不能作为法律依据。

观判警语

当事人认为合法权利被侵害的，应当在规定的期限内主张权利，超过期限则丧失了程序性或实体性的权利，这是我国基本的法律制度。本案于 2017 年起诉时，明显超过了法律规定的起诉期限。最高人民法院通过行使自由裁量权，对相关法律规定进行了新的解释，特别保障了当事人的权利。但是，本案显然是特例，当事人还是应当严格遵守法律规定的时效和期限，避免丧失合法权利。

公安机关就涉嫌刑事犯罪立案侦查，并非人民法院裁定驳回民事案件原告起诉的充分条件

◇ 方燕　王新军

案例索引

最高人民法院（2020）最高法民再247号

案情摘要

2017年年初曹某以腾安公司、哈你公司的名义与瑞熠公司签订《关于收购天津哈你科技发展有限公司之框架协议》，约定瑞熠公司收购腾安公司、哈你公司全部经营性资产的80%，收购价格为5000万元；约定瑞熠公司于2017年5月15日支付首笔收购款3000万元，2018年11月15日支付剩余的2000万元。后瑞熠公司向曹某支付部分款项。其后，由曹某与瑞熠公司指定人员办理了腾安公司股权变更、法人变更等事宜，王某成为腾安公司的最终股东，取得腾安公司100%股权。瑞熠公司成为腾安公司、哈你公司的实际控制人，但瑞熠公司仅支付定金、部分收购款合计1000万元，抵扣瑞熠公司代还贷款及规范费用775万元，瑞熠公司欠支付收购尾款3225万元。

曹某向人民法院起诉，请求：判令瑞熠公司、王某共同向曹某支付3225万元等。

原审观点

本案一审裁定认为，曹某基于框架协议提起本案诉讼，瑞熠公司就案涉

合同已向天津市公安局报案，天津市公安局已经对瑞熠公司被合同诈骗案立案侦查。因刑事案件与本案审理范围系基于同一事实，曹某所主张的事实涉嫌经济犯罪，目前本案不属于经济纠纷案件。依照《最高人民法院关于在审理经济纠纷案件中涉及经济犯罪嫌疑若干问题的规定》第11条规定，一审法院裁定：驳回曹某的起诉。

本案二审裁定认为，曹某依据框架协议提起民事诉讼，瑞熠公司依据框架协议举报合同诈骗，且公安机关已经刑事立案，本案与刑事案件属于同一法律关系。在此情况下，本案不宜继续审理。二审法院裁定：驳回上诉，维持原裁定。

再审焦点

本案再审审理的争议焦点为：本案争议焦点在于合同一方当事人以合同相对方为被告提起民事诉讼，人民法院立案受理后，公安机关基于合同相对方的举报以涉嫌合同诈骗立案侦查期间，受诉人民法院如何处理已受理的民事案件。

改判要旨

最高人民法院再审认为，根据《最高人民法院关于在审理经济纠纷案件中涉及经济犯罪嫌疑若干问题的规定》第12条规定："人民法院已立案审理的经济纠纷案件，公安机关或检察机关认为有经济犯罪嫌疑，并说明理由附有关材料函告受理该案的人民法院的，有关人民法院应当认真审查。经过审查，认为确有经济犯罪嫌疑的，应当将案件移送公安机关或检察机关，并书面通知当事人，退还案件受理费；如认为确属经济纠纷案件的，应当依法继续审理，并将结果函告有关公安机关或检察机关。"可见，公安机关就涉嫌刑事犯罪立案侦查并不是人民法院裁定驳回民事案件原告起诉的充分条件。瑞熠公司就案涉合同向天津市公安局报案后，天津市公安局虽然已经立案侦查，但是并没有就所立刑事案件"说明理由附有关材料函告受理该案的人民法院"，受诉法院也没有在审查中发现本案涉嫌经济犯罪证据而得出本案确有经济犯罪嫌疑的结论。本案并不具备移送公安机关处理的法定条件。原审仅以公安机关已经立案为由，认定本案与刑事案件属于同一法律关系，裁定将本案移送公安机关处理，驳回曹某起诉，适用法律错误。最高人民法院再审改判：撤销一审、二审裁定，指令天津市第二中级人民法院对本案进行审理。

观判解判

本案系典型的民事纠纷中的涉及刑民交叉的案件，即一方以案涉合同履行纠纷提起民事诉讼，另一方以案涉合同涉嫌刑事犯罪提起刑事控告，且人民法院和公安机关均分别民事诉讼立案和刑事侦查立案的，受诉人民法院如何处理民事案件？本案一审、二审和再审法院提出了不同的观点。观判分析解读如下：

第一，一审裁定的主要观点，认为公安机关已经对瑞熠公司被合同诈骗案立案侦查，且刑事案件与本案审理范围系基于同一事实，曹某所主张的事实涉嫌经济犯罪，本案不属于经济纠纷案件。

第二，二审裁定的主要观点，认为本案曹某依据框架协议提起民事诉讼，瑞熠公司依据框架协议举报合同诈骗，且公安机关已经立案，本案与刑事案件属于同一法律关系。在此情况下，本案不宜继续审理。

第三，最高人民法院再审改判的主要观点，认为公安机关虽然已经立案侦查，但是并没有就所立刑事案件“说明理由附有关材料函告受理该案的人民法院”，且受诉法院也没有在审查中发现本案涉嫌经济犯罪证据而得出本案确有经济犯罪嫌疑的结论，故原审法院仅以公安机关已经立案为由，认定本案与刑事案件属于同一法律关系，裁定将本案移送公安机关处理，适用法律错误。

观判观点

最高人民法院通过本案的再审改判，进一步明确了公安机关函告法院刑事立案事实的必备内容及标准，否则将不产生相应法律效果。通过对本案再审的说理，进一步明确驳回起诉的适用标准，确保正确执行驳回起诉并移送公安机关的审理规则。对此，观判分析评价如下：

第一，关于函告受理该案的人民法院的主体及内容。根据《最高人民法院关于在审理经济纠纷案件中涉及经济犯罪嫌疑若干问题的规定》的规定，须为公安机关认为有经济犯罪嫌疑，并非一方当事人主张有经济犯罪嫌疑，故形式上应当是由公安机关向法院提交刑事犯罪嫌疑证明的函件，并非由当事人提交刑事立案证明材料；从相关材料的内容上，该函件还必须“说明理由附有关材料”，故仅提交刑事立案证明，亦是不符合规定的文件内容要求的。对此，观判认为，对于类似本案的刑民交叉案件，应由公安机关出具书面函件，并附交涉嫌犯罪嫌疑的材料，或提交受害人的报案材料等，以说明进行刑事立案的事实依据及相关理由等，以便人民法院判断是否属于同一法律关系。

第二，关于是否属于同一法律关系的认定规则。是否属于同一法律关系，是法院裁定是否驳回起诉并移送公安机关处理的关键审查内容。本案中，瑞熠公司主张对方存在披露信息严重不符、隐瞒重要事实乃至欺诈的行为，据此已向公安部门报案，并已立案侦查等。可见，从主张的形式内容上属于虚构事实、隐瞒真相的性质，系指向案涉合同签订及履行中的行为是否构成诈骗的问题，由此导致签订合同及获得价款均属被诈骗嫌疑的结果，故形式上属于同一法律关系。但在本案中，由于仅提交了立案证明，并未附带其他任何材料，故人民法院无法依据现有材料判断是否属于同一法律关系。

第三，关于受诉法院须作出确有经济犯罪嫌疑结论。根据《最高人民法院关于在审理经济纠纷案件中涉及经济犯罪嫌疑若干问题的规定》的规定，受诉法院驳回起诉的依据，是法院应作出确有经济犯罪嫌疑的结论，方可驳回起诉并移送公安机关。但是，本案一审、二审裁定中，均没有对是否确有经济犯罪嫌疑作出明确结论，甚至二审裁定还作出“本案不宜继续审理”的含混表述，并未明确作出人民法院经审查认为确有经济犯罪嫌疑。因此，最高人民法院再审中，依据仅“已经立案侦查”并不具备移送公安机关处理的法定条件而作出改判，是符合相关规定的。

第四，关于刑民交叉案件是否移送公安机关或检察机关处理的诉讼程序。

结合本案最高人民法院再审，根据《最高人民法院关于在审理经济纠纷案件中涉及经济犯罪嫌疑若干问题的规定》第 11 条、第 12 条规定，观判认为，对于法院已经受理的经济纠纷案件，有经济犯罪嫌疑的，分两种情形：第一种情形为未经刑事立案的或仅有当事人提供的刑事报案或受理立案证明材料的，法院审理认为不属经济纠纷案件而有经济犯罪嫌疑的，应当裁定驳回起诉，将有关材料移送公安机关或检察机关。第二种情形为公安机关或检察机关“说明理由附有关材料函告”法院的，法院应当认真审查，认为确有经济犯罪嫌疑的，应当将案件移送公安机关或检察机关；如认为确属经济纠纷案件的，应当依法继续审理，并将结果函告有关公安机关或检察机关。

观判警语

刑民交叉案件的基本处理规则是“先刑后民”，如一方当事人主张民事案件的法律关系是涉嫌经济犯罪的，除了及时向公安机关或检察机关刑事报案外，确属立案侦查的，高效直接的途径是申请由公安机关或检察机关函告法院，并提交有助于人民法院判断是否属于同一法律关系涉嫌刑事犯罪的说明及材料，争取人民法院的移送支持。

刑民交叉案件中，先行刑事案件未明确认定的事实，对后行民事案件不具有预决力

◇ 方燕　王新军　张艳利

案例索引

最高人民法院（2019）最高法民再135号

案情摘要

2010年9月29日，宋某与大西洋公司签订《备忘录》，约定宋某与大西洋公司解除聘用关系。同日，双方签订《离职后义务协议》，约定宋某担任大西洋公司高级管理人员职务并全面知晓大西洋公司的技术秘密和其他商业秘密，承诺离职后，不得有任何损害大西洋公司利益的行为，并对保密约定的范围、技术秘密的范围作了约定；关于竞业限制，约定自宋某离职之日起2年内，不得到与大西洋公司生产或者经营同类产品、从事同类业务的其他用人单位内担任任何职务，不得为同类经营性组织提供咨询、建议服务等；大西洋公司给予宋某经济补偿和奖励。恒瑞谷公司及杨某涉嫌侵犯大西洋公司商业秘密罪的刑事立案侦查和起诉后，法院作出（2016）鄂0102刑初17号判决书认定，恒瑞谷公司及杨某构成侵犯大西洋公司商业秘密罪，该判决书已经生效。

大西洋公司向法院起诉请求：判令宋某向大西洋公司返还已收取的奖励款10,514,462.44元及支付违约赔偿金。

原审观点

本案一审判决认为，恒瑞谷公司及杨某涉嫌侵犯商业秘密罪刑事案，经公安机关侦查终结，侦查结果并未涉及宋某，亦无宋某侵犯大西洋公司商业秘密的事实认定。根据该刑事案件的侦查结果，恒瑞谷公司及杨某涉嫌侵犯商业秘密的行为与宋某无涉。一审法院判决：驳回大西洋公司的诉讼请求。

本案二审判决认为，大西洋公司列举的大量证实宋某违约行为的证据源于刑事侦查阶段卷宗及单方鉴定结论，而刑事起诉书并不涉及对宋某的指控，亦无宋某侵犯大西洋公司商业秘密的事实认定。二审中，大西洋公司不能举出充分证据证明宋某存在违反竞业限制义务或侵犯商业秘密的行为，仅凭刑事侦查阶段的笔录、证言、非要式邮件文稿或资金流向等并不能证明宋某出资设立恒瑞谷公司并系该公司实际控制人，违反约定另行组建与大西洋公司具有同业经营性的其他公司，或在类似公司中担任职务及提供技术性服务。二审法院判决：驳回上诉，维持原判。

再审焦点

本案再审审理的争议焦点为：宋某是否违反了《离职后义务协议》中的竞业限制约定和保密约定。

改判要旨

最高人民法院再审认为，与本案相关的刑事案件，刑事起诉并未指控宋某，刑事判决自然不可能涉及宋某是否参与实施犯罪行为，亦不会就宋某的行为是否违反《离职后义务协议》作出明确认定。因此，宋某与恒瑞谷公司是否有关、关系如何这部分事实在先行刑事案件中未涉及，更不能据此直接在后行民事案件中认定宋某与恒瑞谷公司无关。根据（2016）鄂0102刑初17号刑事案件侦查卷宗中的资金流向图等，可以认定恒瑞谷公司的1000万元注册资金全部源于与宋某或其配偶密切相关的公司；根据公安机关对杨某使用的邮箱××××@163. com远程勘验记录显示，内有以“宋某”命名的来自××××@126.com邮箱的关于恒瑞谷公司的“股权代持协议书”等材料。现有证据已足以认定宋某是恒瑞谷公司的实际出资人，其在离职后2年内以隐蔽手段隐名组建了恒瑞谷公司，违反了竞业限制的约定。基于已经生效的（2016）鄂0102刑初17号判决书认定的恒瑞谷公司构成侵犯大西洋公司商业秘密罪，特别是在恒瑞谷公司发现了大西洋公司技术图纸的基本事实，结合本案前述宋某隐名出资设立恒瑞谷公司，是恒瑞谷公司的实际控制人，违反竞业限制约定的认定，可以推定宋某的行为亦违反前述《离职后义务协议》第2条关于保密义务约定这一待证事实存在高度可能性。最高人民法院再审改判：撤销一审、二审判决，判令宋某向大西洋公司支付应退还的奖励补偿款及违约金共计13,668,801.17元。

观判解判

本案属于刑民交叉案件中，先行刑事案件未明确认定的事实能否直接对后行民事案件构成预决力，本案一审、二审和再审法院提出了不同的观点。观判分析解读如下：

第一，一审判决的主要观点，认为恒瑞谷公司侵犯商业秘密罪刑事案的侦查结果并未涉及宋某，亦无宋某侵犯大西洋公司商业秘密的事实认定，故根据该刑事案件的侦查结果，认定宋某与恒瑞谷公司的侵犯商业秘密的行为无涉。

第二，二审判决的主要观点，认为刑事起诉书并不涉及对宋某的指控，亦无宋某侵犯大西洋公司商业秘密的事实认定，故仅凭刑事侦查阶段的笔录、证言、非要式邮件文稿或资金流向等并不能证明宋某出资设立恒瑞谷公司并系该公司实际控制人。

第三，最高人民法院再审改判的主要观点，认为根据（2016）鄂0102刑初17号刑事案件侦查卷宗中的证据材料，恒瑞谷公司的1000万元注册资金全部源于与宋某或其配偶密切相关的公司，且有宋某的关于恒瑞谷公司的“股权代持协议书”等材料，足以认定宋某是恒瑞谷公司的实际出资人，以隐蔽手段隐名组建了恒瑞谷公司，违反了竞业限制的约定；并根据恒瑞谷公司发现了大西洋公司技术图纸的基本事实，可以推定宋某违反保密义务存在高度可能性。

观判观点

本案纠纷的主要争议点，即在先行刑事案件中，仅判决恒瑞谷公司及杨某构成侵犯大西洋公司商业秘密罪，但未对宋某是否侵犯大西洋公司的商业秘密作出认定的情况下，是否可以在针对宋某的民事案件中，据此直接认定宋某未实施侵犯大西洋公司商业秘密的行为？最高人民法院通过对本案的改判，根据分析和说理的内容，树立了明确的审判实践标准。观判分析评价如下：

第一，关于先行刑事案件对后行民事案件的预决力。先行刑事案件中预决的事实对于后行的民事案件具有预决效力，这是基本的原则，其构成条件包括：先行刑事判决已经生效，先行刑事案件裁判所确定的事实与后行民事案件事实存在相关性，预决事项的证明已遵循了法定程序等。其中，有罪的事实认定，当然地构成预决力；而无罪的事实认定，则需要区分是确实未参与未实施犯罪，还是证据不足。在本案中，先行刑事案件并未对宋某实施侵犯大西洋公司商业秘密作出结论，也并未对宋某未实施侵犯作出结论，属于上述的证据不足的情形，故宋某在本案中的争议事实则不构成先行刑事案件预决事项，更不能据此直接在后行民事案件中作为承担民事责任的依据，而应该回归民事案件程序和依据民事案件证据规则进行评判和认定。

第二，关于刑事案件预决事项的判断标准。本案刑事案件中，不仅未指控宋某侵犯商业秘密，且对宋某与恒瑞谷公司是否有关、关系如何等事实也未涉及，因而这部分内容是刑事判决未明确认定的事实，故该情形不构成刑事案件的预决事项。换言之，如果刑事判决中明确认定宋某未实施侵犯行为，则构成刑事案件认定的事实，则属于预决事项；否则，不属于预决事项。

第三，民事案件和刑事案件的认定事实的标准差异。基于刑事案件侦查卷宗中的资金流向图等，民事案件认定了宋某是恒瑞谷公司的实际出资人的事实，刑事案件则未予认定；基于恒瑞谷公司发现了大西洋公司技术图纸的基本事实，民事案件推定宋某违反保密义务存在高度可能性，并认定了违反保密义务，刑事案件则未予认定。可见，民事案件和刑事案件的认定事实的标准差异明显，高度可能性或高度盖然性等，均是民事案件认定事实的标准依据之一。

观判警语

本案对于董监高和技术人员等具有竞业限制和保密义务责任人员的离职事宜的妥善处理，具有特别的警示意义。对于发现可能出现商业秘密泄露或被侵犯的可能性时，做好目标企业的背景调查和证据收集等，在具备事实依据的情况下，在刑事报案时应将具有犯罪嫌疑的全部人员均列为被控告人，避免遗漏嫌疑人，并力争在刑事案件中对嫌疑人得出罪与非罪的明确结论。